PPP 模式及其发展趋势研究

王文彬　许　冉　著

中国水利水电出版社
www.waterpub.com.cn
·北京·

内 容 提 要

PPP（Public-Private Partnership，政府与社会资本合作）模式自1984年在中国成功应用以来，为我国公共项目的发展贡献了重要力量，也在很大程度上推动了地方经济的增长。但是，伴随着PPP模式的广泛应用，泛化滥用PPP、借PPP变相融资等问题也开始出现。当前世界经济形势错综复杂，中国乃至世界各国均面临着巨大的经济发展压力，鉴于此，作者特撰写本书，系统梳理PPP模式在中国的产生、发展与应用，并对其发展趋势进行了研究。内容主要包括PPP模式的基本概念和特征、PPP模式在中国的发展、PPP应用地区差异及影响因素、PPP应用地区差异的政府解释等。

本书系统全面、理论与实际相结合，可供国家商务部门工作人员、经济学相关的领域的专家学者、在校学生参考阅读。

图书在版编目（CIP）数据

PPP模式及其发展趋势研究 / 王文彬，许冉著. --
北京：中国水利水电出版社，2020.7
ISBN 978-7-5170-8579-9

Ⅰ．①P… Ⅱ．①王… ②许… Ⅲ．①政府投资—合作
—社会资本—研究—中国 Ⅳ．①F832.48②F124.7

中国版本图书馆CIP数据核字(2020)第081827号

责任编辑：陈 洁　　　　封面设计：邓利辉

书　　名	**PPP 模式及其发展趋势研究** PPP MOSHI JI QI FAZHAN QUSHI YANJIU
作　　者	王文彬　许 冉 著
出版发行	中国水利水电出版社 （北京市海淀区玉渊潭南路 1 号 D 座　100038） 网址：www.waterpub.com.cn E-mail：mchannel@263.net（万水） 　　　　sales@waterpub.com.cn 电话：(010) 68367658（营销中心）、82562819（万水）
经　　售	全国各地新华书店和相关出版物销售网点
排　　版	北京万水电子信息有限公司
印　　刷	三河市元兴印务有限公司
规　　格	170mm×240mm　16 开本　15 印张　265 千字
版　　次	2020 年 7 月第 1 版　2020 年 7 月第 1 次印刷
印　　数	0001—3000 册
定　　价	68.00 元

凡购买我社图书，如有缺页、倒页、脱页的，本社营销中心负责调换

前　言

PPP（Public-Private Partnership，政府与社会资本合作）模式是筹集公共项目建设资金的融资模式，也是公共产品的一种供给方式，是伴随着公共项目需求的多元化而产生的私人部门和公共部门的合作。PPP被认为是能够实现风险共担、利益共享、社会共赢的融资与管理模式，具有节约交易成本、改善社会福利、提升公共服务供给效率等优点。以1984年"建设—运营—移交"（Build-Operate-Transfer，BOT）方式建设的深圳沙头角B电厂为标志，中国就开始了基础设施公私合作的实践尝试，至今已有30多年的历史。

PPP事业的快速发展对地区经济增长起到了一定的推动作用，但地方政府泛化滥用PPP、借PPP变相融资等问题也随之产生。相应地，地方债务风险防控也超过财政融资成为政府近年来关注的重点。随着财办金〔2017〕92号文件的出台，大量PPP项目停滞或清退，PPP热度随之逐渐下降，投资渐趋理性。目前，全球经济形势仍不明朗，中美贸易摩擦、金融市场去杠杆导致流动性趋紧等因素影响明显，地方政府债务压力并未减轻。因此，在当前特殊经济背景下对中国30多年的PPP发展历程进行梳理、对地方政府参与行为进行描述与归纳、对地区差异进行总结与分析、对国外其他中低收入国家应用状况进行对比研究，具有较强的理论价值和实践意义。

第1章为PPP模式基本概念与研究趋势。本章首先对PPP的基本概念和特征进行了梳理，并对PPP一般实施过程及其注意事项进行了简要说明。最后，着重对当前PPP理论研究领域的主要研究议题、研究视角和研究方法进行了归纳、整理，对于理论研究者有一定的借鉴意义。

第2章为PPP模式在中国的发展。本书研究的数据主要来源于中国财政部PPP中心（CPPPC）和世界银行基础设施投资（Private Participation in Infrastructure）数据库。因此首先对PPP和PPI的基本概念进行界定，对两个数据分析对象的差异进行说明，结合世界银行PPI数据和中国财政部PPP数据，对中国政企合作事业发展的特征进行分析。

第3章为PPP应用地区差异及影响因素。本章首先对中国PPP项目在各地数量、行业、参与时间、回报机制、示范项目数量以及合作年限等方面的差异进行了初步分析。然后基于CPPPC项目库生态项目数据，以各省生态项目、重大项目以及国有企业参与程度的差异性为研究对象，探究省际差异的特征及影响因素。结果表明：生态项目主要集中在西部欠发达地区，重大项目主要集中在东部发达地区，国企在社会投资群体中处于主导地位。进一步分析发现：生态项目立项受GDP发展速度、人均财政收入、地方债务占GDP比重、受教育水平及自然资源因素影响；重大项目立项除受上述因素影响外，还受地方政府效率影响；国有企业参与积极性受地方债务占GDP比重、政府效率和自然资源因素影响。结合分析，认为政府应避免把PPP当成单纯的融资工具，而是需要提高政府效率，优化项目质量，发挥PPP模式最大效用，服务生态建设。

第4章为PPP应用地区差异的政府解释。本章基于2014—2017年中国省级面板数据，分别研究了政府动力和政府能力对地方政府参与PPP的影响及其区域差异，构建了地方政府PPP参与度的动力-能力矩阵，分析了区域差异形成的原因。结果显示：

（1）动力和能力都对地方政府PPP参与度有着显著影响，在全国层面上，能力比动力对地方政府 PPP 参与度影响更大。

（2）动力和能力的影响存在区域差异性。东部地区主要受基础设施建设、债务负担、政策导向、公共服务及财政收入水平影响；中部地区主要受政绩导向和公共管理服务水平影响；西部地区主要受债务负担影响。基于上述结论，提出了相应的对策建议。

第 5 章为 PPP 参与主体间关系网络分析。本章基于中国财政部 PPP 中心数据库国家级 PPP 示范项目，运用社会网络及计量研究方法，考察了企业构成的复杂组织网络结构及企业间的关系，分析了企业在网络中所处地位对绩效的影响。研究结果证实了企业在网络中的地位对绩效存在影响，但构成地位的三个因素中，只有中间中心度影响显著。结果同时表明，企业性质和规模对绩效同样存在着显著影响，而资历及参与形式影响并不显著。

第 6 章为世界其他典型国家 PPP 发展状况分析。本章主要利用世界银行 PPI 数据，对主要的中低收入国家 PPP 应用状况应用分析。在各地区分别选择典型国家进行案例分析，对相关国家应用 PPP 的主要特征、使用差异及形成原因进行探讨。通过对其他中低收入发展中国家应用的分析，能够达到取长补短、学以致用的目的。同时，结合"一带一路"，以 PPP 为纽带，促进中国与世界各国在基础设施建设方面的交流与合作。

本书是河南省科技厅软科学项目（河南省生态水利行业系统性风险传染机理与阻断策略研究，202400410129）、河南省教育厅人文社会科学研究项目（复杂网络视阈下 PPP 系统性风险传导机理及防控策略研究，2020-ZZJH-251）的部分成果。全书的内容和结构由华北水利水电大学王文彬、许冉负责完成，由王文彬负责构思，提出写作大纲并统稿。具体分工为：第 1 章由王文彬编写；第 2 章由许冉编写；第 3 章由马歆、李晶慧编写；第 4 章由王雅华、孙志鹏编写；第 5 章由王韵、张盟编写；第 6 章由胡亚兰、罗昭君编写。

研究生张宾宾、李俊朋也在文字校对工作中作出了贡献，一并表示感谢。

由于 PPP 行业发展迅速，且本书作者水平有限，虽经作者反复审核、修改，但仍可能存在疏漏和不足之处，望广大读者和同仁给予批评指正。

作者

2020 年 4 月

目　录

前　言

第1章　PPP 模式的基本概念与研究趋势 ……………………… 1

1.1　PPP 模式概念 ……………………………………………… 1
1.2　PPP 实施过程 ……………………………………………… 3
　1.2.1　项目识别 ……………………………………………… 3
　1.2.2　项目准备 ……………………………………………… 5
　1.2.3　项目采购 ……………………………………………… 6
　1.2.4　项目执行 ……………………………………………… 8
　1.2.5　项目移交 ……………………………………………… 9
1.3　PPP 理论研究趋势 ………………………………………… 9
　1.3.1　研究分布 ……………………………………………… 9
　1.3.2　研究方向 ……………………………………………… 10
　1.3.3　研究角度 ……………………………………………… 14
　1.3.4　研究方法 ……………………………………………… 16
参考文献 ………………………………………………………… 18

第2章　PPP 模式在中国的发展 ………………………………… 24

2.1　PPP 与 PPI 的联系与区别 ……………………………… 24
　2.1.1　中国情境的 PPP 模式 ………………………………… 24
　2.1.2　世界银行的 PPI 项目 ………………………………… 25
2.2　基于世界 PPI 数据库的分析 ……………………………… 27
　2.2.1　基本情况 ……………………………………………… 27
　2.2.2　行业发展 ……………………………………………… 27
2.3　基于 CPPPC 数据库的分析 ……………………………… 33
　2.3.1　基本情况 ……………………………………………… 33
　2.3.2　行业发展 ……………………………………………… 36
参考文献 ………………………………………………………… 50

第 3 章   PPP 应用地区差异及影响因素 ········· 52

3.1   PPP 应用的地区差异 ············· 52

3.1.1 在库数量 ··············· 52

3.1.2 行业分布 ··············· 54

3.1.3 参与时间 ··············· 58

3.1.4 回报机制 ··············· 58

3.1.5 示范项目 ··············· 62

3.1.6 合作年限 ··············· 64

3.2   地区差异影响因素分析——以生态项目为例 ······· 65

3.2.1 相关研究 ··············· 65

3.2.2 数据来源 ··············· 66

3.2.3 模型构建 ··············· 69

3.2.4 结果分析 ··············· 72

3.2.5 结论建议 ··············· 76

参考文献 ················· 80

第 4 章   PPP 应用地区差异的政府解释 ········· 82

4.1   政府参与 PPP 的逻辑 ············ 82

4.2   政府参与 PPP 的相关研究 ·········· 83

4.2.1 参与动力 ··············· 83

4.2.2 参与能力 ··············· 84

4.3   PPP 地区差异解释模型构建 ········· 85

4.3.1 基本模型 ··············· 85

4.3.2 变量设计 ··············· 85

4.3.3 数据来源 ··············· 114

4.4   模型的计量分析 ·············· 115

4.4.1 模型设定分析 ············· 115

4.4.2 基本回归分析 ············· 115

4.4.3 动力与能力的综合分析 ········· 119

4.5   结论与讨论 ··············· 125

4.5.1 主要结论 ··············· 125

4.5.2 对策建议 ··············· 125

参考文献 ················· 126

第 5 章 PPP 参与主体间关系网络分析 ·············· 129

5.1 社会网络分析 ······································ 129

　5.1.1 基本概念 ······································ 129

　5.1.2 构成元素及表达方式 ·························· 131

　5.1.3 主要研究内容 ································ 133

　5.1.4 主要研究工具 ································ 137

5.2 PPP 参与者关系网络构建 ························ 142

　5.2.1 关系构成 ······································ 142

　5.2.2 基本性质 ······································ 145

5.3 企业间关系构成 ································ 146

　5.3.1 研究假设 ······································ 146

　5.3.2 数据来源及处理 ·························· 147

5.4 模型构建及分析 ································ 153

　5.4.1 变量设置 ······································ 153

　5.4.2 模型检验 ······································ 154

　5.4.3 结果分析 ······································ 155

5.5 主要结论及建议 ································ 158

　5.5.1 主要结论 ······································ 158

　5.5.2 主要建议 ······································ 159

参考文献 ·· 159

第 6 章 典型国家 PPP 发展分析 ·············· 162

6.1 世界状况 ·· 162

　6.1.1 热点地区 ······································ 162

　6.1.2 发展趋势 ······································ 164

6.2 欧盟地区 ·· 165

　6.2.1 基本情况 ······································ 165

　6.2.2 典型分析——西班牙 ······················ 166

　6.2.3 典型分析——芬兰 ························ 168

6.3 亚太地区 ·· 170

　6.3.1 基本情况 ······································ 170

　6.3.2 典型分析——印度 ························ 171

　6.3.3 典型分析——马来西亚 ···················· 175

6.4 非洲地区 ·· 176

6.4.1 基本情况 ……………………………………………… 176

6.4.2 典型分析——加纳 ………………………………… 178

6.5 拉美地区 ……………………………………………… 181

6.5.1 基本情况 ……………………………………………… 181

6.5.2 典型分析——墨西哥 ………………………………… 183

6.5.3 典型分析——巴西 …………………………………… 186

6.5.4 典型分析——哥伦比亚 ……………………………… 191

参考文献 …………………………………………………… 194

附录 1　2014—2016 年各地 PPP 政策文件清单 ……………… 196

附录 2　3-派系分析结果 ……………………………………… 220

附录 3　UCINET 的基本操作与应用 ………………………… 223

第 1 章　PPP 模式的基本概念与研究趋势

1.1　PPP 模式概念

政府与社会资本合作(Public-Private Partnership，PPP)模式是筹集公共项目建设资金的融资模式，也是公共产品的一种供给方式，是伴随着公共项目需求的多元化而产生的私人部门和公共部门合作。早在 17 世纪，英国领港公会和私人投资者合作建造灯塔，开始了公共项目公私合作的实践。英国财政大臣肯尼斯·克拉克(Kenneth Clarke)为了提升基础设施水平、解决公共服务的资金匮乏和公共部门缺少有效性及资金效率等问题，率先提出"公私合作"的概念。1984 年我国以建设—运营—移交（Build-Operate-Transfer，BOT）方式建设的深圳沙头角 B 电厂是我国尝试实践基础设施公私合作的标志。

改革开放至今，PPP 在我国大致已经历了五个阶段（1984—2002 年探索阶段、2003—2008 年推广阶段、2009—2012 年停滞阶段、2013—2017 年突飞猛进阶段、2018 年至今规范成熟阶段），经过一段时间的发展，PPP 的概念和模式渐入人心。在此期间，国家发展改革委于 2015 年 5 月推出第一批 PPP 项目，数量多达 1043 个，总投资为 1.97 万亿元；同年 12 月再次推出第二批 PPP 项目，共计 1488 个，总投资达 2.26 万亿元。此外，根据民生证券研究院执行院长管清友的估算，目前国家推出的示范、推介项目与已签约但未纳入中央项目库的项目之和已经超过 2400 个，合计金额至少达 5 万亿元。法律法规方面，仅 2014—2016 年三年间，国务院、财政部、国家发展改革委、住建部、银监会等部门关于 PPP 的政策通知多达 54 个，如国务院下达的国发〔2014〕43 号文《国务院关于加强地方政府性债务管理意见》、财政部下发的财金〔2014〕113 号文《关于政府和社会资本合作模式操作指南（试行）通知》、国家发展改革委下发的发改投资〔2014〕2724 号文《国家发展改革委关于开展政府和社会资本合作的指导意见》以及财政部、住建部等发布的财建〔2015〕29 号文《关于市政公用领域开展政府和社会资本合作项目推介工作的通知》等，都表明 PPP 已经深入各行各业，方兴未艾之势已成。

1. PPP 的定义

由于制度差异及实践经验的不同，国内外学者关于 PPP 的定义略有差异。

（1）国外定义。国外主要从以下几个角度理解和定义：

1）从关系性合约理论角度，认为 PPP 是新型的合作伙伴关系及联盟，具有关系契约的特点，相应的治理方式也应吸收关系契约的治理原则（Tony Bovaird）。

2）从交易成本经济学角度，研究 PPP 交易成本的作用和关系合约中信任的重要性（Michael Essig, Alexander Batran）。

3）从产权经济学的角度，讨论私人部门参与政府提供公共产品的产权是怎样起作用的，即何种产权安排导致联合剩余最大（Peter Scharle）。

4）从博弈的角度，把 PPP 看作一个社会博弈，将 PPP 的现象、经验和讨论放到更广的博弈视角的环境中去分析（Grout）。

（2）国内定义。国内主要从以下几个角度理解和定义：

1）PPP 是公共部门与私人部门在基础设施建设中通过正式协议建立起来的一种长期合作伙伴关系［贾康、孙洁（2009）；邹慧宁（2011）；郑志强等（2011）；连红军（2011）；吴国方（2011）；刘娟（2011）］。

2）PPP 是公共部门与私营部门通过建立伙伴关系来提供基础设施产品或服务的一种运行机制［朱秀丽（2011）；袁永博（2011）；李凤兰（2011）；何寿奎（2009）］。

3）PPP 是企业获得政府的特许经营权，提供传统上由政府负责的基础设施、公用事业的建设与服务的方式［李金波（2011）；王守清（2011）；陈柳钦（2006）］。

4）PPP 是私人企业与公共部门合作的融资模式［汪耿（2011）；杨超，唐莹（2011）］。

5）PPP 是公共部门和私人部门为提供公共产品或服务、实现特定公共产品的公共效益而建立的项目全生命期合作的契约关系［姚媛媛（2011）；叶晓甦（2011）；马君（2011）］。

6）将投资新建 PPP 项目的决策问题定义为一个基于市场供需条件的公共产品服务的最优投资决策问题［姚鹏程（2011）］。

2. 由定义得出的结论

从上述定义的分析中，可以得出以下几点结论：

（1）PPP 不仅仅是融资模式的创新，也是管理模式和社会治理机制的创新，总体来看，具有至少三个基本特征，即伙伴关系、利益共享、风险分担。PPP 模式存在的最大价值则是用以缓解公共资金的约束，或提高其他设施及公共服务供给的效率。

（2）多数定义将模式的参与者定义为两个主体之间的合作，即公共部门与私人部门。公共部门多认同为政府，公众部门多认同为企业（初衷更偏向于民营企业）。在概念中少有提到除这两者之外的第三方，主要原因在于对 PPP 初始的定义将合作方限制在公共部门与私人部门之间。

（3）对于 PPP 的理解比较多元化，从不同的角度来理解，都有一定的可解释性，也都具有相应的理论和现实意义。

涉及实践领域，PPP 的支持者与反对者之间最大的分歧就在于，前者认为 PPP 能够提高公共服务的效率，而后者则认为只是一场意识形态的阴谋，并将威胁公民所享有的社会福利（赖丹馨、费方域，2010）；也有分析指出，从成本、质量及期限方面考虑，PPP 模式并不一定优于其他模式（姚东旻、李军林，2015）。要进行 PPP 研究，就不能回避这个根本性的问题。然而效率究竟由什么来决定，工程实践中为何经常发生无休止的谈判以及由此带来的失败呢？

1.2　PPP 实施过程

一般情况下，PPP 项目运作应包括项目识别、项目准备、项目采购、项目执行及项目移交五个阶段。

1.2.1 项目识别

1.2.1.1 项目发起

政府和社会资本合作项目由政府或社会资本发起，以政府发起为主。政府和社会资本合作中心应负责向交通、住建、环保、能源、教育、医疗、体育健身和文化设施等行业主管部门征集潜在的政府和社会资本合作项目。行业主管部门可从国民经济和社会发展规划及行业专项规划中的新建、改建项目或存量公共资产中遴选潜在项目。

也有少数项目是由社会资本方发起的。在这种情况下，社会资本应以项目建议书的方式向政府和社会资本合作中心推荐潜在政府和社会资本合作项目。

1.2.1.2 项目筛选

政府和社会资本合作中心会同行业主管部门对潜在政府和社会资本合作项目进行评估筛选，确定备选项目。财政部门（政府和社会资本合作中心）应根据筛选结果制订项目年度和中期开发计划。对于列入年度开发计划的项目，项目发起方应按政府和社会资本合作中心的要求提交相关资料。新建、改建项目应提交可行性研究报告、项目产出说明和初步实施方案；存量项目应提交存量公共资产的历史资料、项目产出说明和初步实施方案。

对于投资规模较大、需求长期稳定、价格调整机制灵活、市场化程度较高的基础设施及公共服务类项目，适宜采用 PPP 模式。

1.2.1.3 物有所值评价

《PPP 物有所值评价指引（试行）》（财金〔2015〕167 号）：中华人民共和国境内拟采用 PPP 模式实施的项目，应在项目识别或准备阶段开展物有所值评价。物有所值评价包括定性评价和定量评价。现阶段以定性评价为主，鼓励开展定量评价。物有所值评价结论分为"通过"和"未通过"。"通过"的项目，可进行财政承受能力论证；"未通过"的项目，可在调整实施方案后重新评价，仍未通过的不宜采用 PPP 模式。物有所值评价资料主要包括：（初步）实施方案、项目产出说明、风险识别和分配情况、存量公共资产的历史资料、新建或改扩建项目的（预）可行性研究报告、设计文件等。

政府采购开展物有所值评价时，项目本级财政部门（或 PPP 中心）应会同行业主管部门，明确定性评价程序、指标及其权重、评分标准等基本要求。定性评价指标包括全生命周期整合程度、风险识别与分配、绩效导向与鼓励创新、潜在竞争程度、政府机构能力、可融资性等六项基本评价指标及补充性指标。补充评价指标主要是六项基本评价指标未涵盖的其他影响因素，包括项目规模大小、预期使用寿命长短、主要固定资产种类、全生命周期成本测算准确性、运营收入增长潜力、行业示范性等。在各项评价指标中，六项基本评价指标权重为 80%，其中任一指标权重一般不超过 20%；补充评价指标权重为 20%，其中任一指标权重一般不超过 10%。PPP 中心会同行业主管部门组织召开专家组会议，原则上，评分结果在 60 分（含）以上的，通过定性评价；否则，未通过定性评价。

定量评价是在假定采用 PPP 模式与政府传统投资方式产出绩效相同的前提下，通过对 PPP 项目全生命周期内政府方净成本的现值（PPP 值）与公共部门比较值（PSC 值）进行比较，判断 PPP 模式能否降低项目全生命周期成本。PSC 值是假设项目由政府融资、拥有和运营，并且能够运用最有效率的方式向公众提供产品或服务，再把政府和企业运作项目的区别和风险综合考虑进去的全项目生命周期现金流的净现值计算出来，进行综合评价。

1.2.1.4 财政承受能力评价

《政府和社会资本合作项目财政承受能力论证指引》指出：为确保财政中

长期可持续性，财政部门应根据项目全生命周期内的财政支出、政府债务等因素，对部分政府付费或政府补贴的项目，开展财政承受能力论证，每年政府付费或政府补贴等财政支出不得超出当年财政收入的一定比例。PPP 项目全生命周期过程的财政支出责任，主要包括股权投资、运营补贴、风险承担、配套投入等。

政府 PPP 合作中心负责组织开展行政区域内 PPP 项目财政承受能力论证工作。省级财政部门负责汇总统计行政区域内的全部 PPP 项目财政支出责任，对财政预算编制、执行情况实施监督管理。财政承受能力论证采用定量和定性分析方法，坚持合理预测、公开透明、从严把关，统筹处理好当期与长远关系，严格控制 PPP 项目财政支出规模。

财政承受能力评估包括财政支出能力评估以及行业和领域平衡性评估。财政支出能力评估是根据 PPP 项目预算支出责任，评估 PPP 项目实施对当前及今后年度财政支出的影响。每一年度全部 PPP 项目需要从预算中安排的支出责任，占一般公共预算支出比例应当不超过 10%。省级财政部门可根据本地实际情况，因地制宜确定具体比例，并报财政部备案，同时对外公布。

行业和领域均衡性评估，是根据 PPP 模式适用的行业和领域范围，以及经济社会发展需要和公众对公共服务的需求，平衡不同行业和领域 PPP 项目，防止某一行业和领域 PPP 项目过于集中。财政承受能力论证的结论分为"通过论证"和"未通过论证"。通过论证的项目，各级财政部门应当在编制年度预算和中期财政规划时，将项目财政支出责任纳入预算统筹安排。未通过论证的项目，则不宜采用 PPP 模式。

1.2.2 项目准备

1.2.2.1 组织实施机构

按照地方政府的相关要求，明确相应的行业管理部门、事业单位、行业运营公司或其他相关机构，作为政府授权的项目实施机构，在授权范围内负责 PPP 项目的前期评估论证、实施方案编制、合作伙伴选择、项目合同签订、项目组织实施以及合作期满移交等工作。考虑到 PPP 运作的专业性，通常情况下需要聘请 PPP 咨询服务机构。

项目组织实施通常会建立项目领导小组和工作小组，领导小组负责重大问题的决策、政府高层沟通、总体工作的指导等，项目小组负责项目公司的具体开展，以 PPP 咨询服务机构为主要组成部分。项目实施结构需要制订工作计划，包括工作阶段、具体工作内容、实施主体、预计完成时间等内容。

1.2.2.2 尽职调查

项目实施机构拟定调研提纲，应至少从法律和政策、经济和财务、项目自身三个方面把握，主要包括政府项目的批文和授权书，国家、省和地方对项目的关于土地、税收等方面的优惠政策，特许经营和收费的相关规定等；社会经济发展现状及总体发展规划、与项目有关的市政基础设施建设情况、建设规划、现有管理体制、现有收费情况及结算和调整机制等；项目可行性研究报告、环境影响评价报告、初步设计、已形成的相关资产、配套设施的建设情况、项目用地的征地情况等。

根据项目基本情况、行业现状、发展规划等，与潜在投资人进行联系沟通，获得潜在投资人的投资意愿信息，并对各类投资人的投资偏好、资金实力、运营能力、项目诉求等因素进行分析研究，与潜在合适的投资人进行沟通，组织调研及考察。

1.2.2.3 实施方案编制

通过前期的调查研究及分析论证，完成项目招商实施方案编制。招商实施方案主要内容包括：项目概况、风险分配基本框架、PPP 运作模式、PPP 交易结构、PPP 合同体系、PPP 监管架构、PPP 采购方式。

1.2.2.4 实施方案审核

为提高工作效率，财政部门应当会同相关部门及外部专家建立 PPP 项目的评审机制，从项目建设的必要性及合规性、PPP 模式的适用性、财政承受能力以及价格的合理性等方面对项目实施方案进行评估，确保"物有所值"。评估通过的由项目实施机构报政府审核，审核通过的按照实施方案推进。

1.2.3 项目采购

1.2.3.1 项目预审

项目实施机构应根据项目需要准备资格预审文件，发布资格预审公告，邀请社会资本和与其合作的金融机构参与资格预审，验证项目能否获得社会资本响应和实现充分竞争，并将资格预审的评审报告提交财政部门（政府和社会资本合作中心）备案。

项目有 3 家以上社会资本通过资格预审的，项目实施机构可以继续开展采购文件准备工作；项目通过资格预审的社会资本不足 3 家的，项目实施机构应在实施方案调整后重新组织资格预审；项目经重新资格预审合格社会资本仍不够 3 家的，可依法调整实施方案选择的采购方式。

资格预审公告应包括项目授权主体、项目实施机构和项目名称、采购需求、对社会资本的资格要求、是否允许联合体参与采购活动、拟确定参与竞争的合格社会资本的家数和确定方法，以及社会资本提交资格预审申请文件的时间和地点。提交资格预审申请文件的时间自公告发布之日起不得少于 15 个工作日。

1.2.3.2 项目采购文件编制

项目采购文件应包括采购邀请、竞争者须知（包括密封、签署、盖章要求等）、竞争者应提供的资格、资信及业绩证明文件、采购方式、政府对项目实施机构的授权、实施方案的批复和项目相关审批文件、采购程序、响应文件编制要求、提交响应文件截止时间、开启时间及地点、强制担保的保证金交纳数额和形式、评审方法、评审标准、政府采购政策要求、项目合同草案及其他法律文本等。

1.2.3.3 响应文件评审

项目 PPP 运作需建立方案评审小组，确定评审办法。评审小组由项目实施机构代表和评审专家共 5 人以上（应为单数）组成，其中评审专家人数不得少于评审小组成员总数的 2/3。评审专家可以由项目实施机构自行选定，但评审专家中应至少包含 1 名财务专家和 1 名法律专家。项目实施机构代表不得以评审专家身份参加项目的评审。项目评审办法应该反映项目物有所值的本意，体现项目绩效运营特性，促进市场竞争。

1.2.3.4 谈判与合同签署

项目实施机构应成立专门的采购结果确认谈判工作组。按照候选社会资本的排名，依次与候选社会资本及与其合作的金融机构就合同中可变的细节问题进行合同签署前的确认谈判，率先达成一致的即为中选者。确认谈判不得涉及合同中不可谈判的核心条款，不得与排序在前但已终止谈判的社会资本进行再次谈判。

确认谈判完成后，项目实施机构应与中选社会资本签署确认谈判备忘录，并将采购结果和根据采购文件、响应文件、补遗文件和确认谈判备忘录拟定的合同文本进行公示，公示期不得少于 5 个工作日。

公示期满无异议的项目合同，应在政府审核同意后，由项目实施机构与中选社会资本签署。需要为项目设立专门项目公司的，待项目公司成立后，由项目公司与项目实施机构重新签署项目合同，或签署关于承继项目合同的补充合同。

1.2.4 项目执行

1.2.4.1 项目公司设立

社会资本可依法设立项目公司。政府可指定相关机构依法参股项目公司。项目实施机构和财政部门（政府和社会资本合作中心）应监督社会资本按照采购文件和项目合同约定，按时足额出资设立项目公司。

1.2.4.2 项目融资管理

项目融资由社会资本或项目公司负责。社会资本或项目公司应及时开展融资方案设计、机构接洽、合同签订和融资交割等工作。财政部门（政府和社会资本合作中心）和项目实施机构应做好监督管理工作，防止企业债务向政府转移。

1.2.4.3 绩效监测与支付

社会资本项目实施机构应根据项目合同约定，监督社会资本或项目公司履行合同义务，定期监测项目产出绩效指标，编制季报和年报，并报财政部门（政府和社会资本合作中心）备案。项目合同中涉及的政府支付义务，财政部门应结合中长期财政规划统筹考虑，纳入同级政府预算，按照预算管理相关规定执行。项目实施机构应根据项目合同约定的产出说明，按照实际绩效直接或通知财政部门向社会资本或项目公司及时足额支付。

1.2.4.4 中期评估

项目实施机构应每 3～5 年对项目进行中期评估，重点分析项目运行状况和项目合同的合规性、适应性和合理性；及时评估已发现问题的风险，制定应对措施，并报财政部门（政府和社会资本合作中心）备案。

1.2.5 项目移交

项目移交时，项目实施机构或政府指定的其他机构代表政府收回项目合同约定的项目资产。

项目合同中应明确约定移交形式、补偿方式、移交内容和移交标准。移交形式包括期满终止移交和提前终止移交；补偿方式包括无偿移交和有偿移交；移交内容包括项目资产、人员、文档和知识产权等；移交标准包括设备完好率和最短可使用年限等指标。

项目实施机构或政府指定的其他机构应组建项目移交工作组，根据项目合同约定与社会资本或项目公司确认移交情形和补偿方式，制定资产评估和性能测试方案。

社会资本或项目公司应将满足性能测试要求的项目资产、知识产权和技术法律文件，连同资产清单移交项目实施机构或政府指定的其他机构，办妥法律过户和管理权移交手续。社会资本或项目公司应配合做好项目运营平稳过渡相关工作。

项目移交完成后，财政部门（政府和社会资本合作中心）应组织有关部门对项目产出、成本效益、监管成效、可持续性、政府和社会资本合作模式应用等进行绩效评价，并按相关规定公开评价结果。

1.3　PPP 理论研究趋势

1.3.1 研究分布

通过对 2001—2015 年发表在 WOS（Web of Science）的文献梳理来看，PPP 理论有以下几个特点：

（1）PPP 的研究热点从之前的财务管理、风险管理、要素分析正在向合约管理、绩效管理转移，相关研究也开始更多地关注人的因素。

（2）相关论文的主要来源地为中国、美国及英国，占比分别约为24.76%、10.56%和 10.17%，因此分析国内的相关研究动态基本能够代表相关领域的动向。

（3）在论文被引频次方面，国内的学者也表现出在该研究领域的引领地位，其中 Zhang Xueqing（2005）、Li Bing（2005）论文被引频次分别占第一和第三。论文产量方面国内的 Li Qiming（2007）、KeYongjian（2009）、Wang

Shouqing（2010）、Yuan Jingfeng（2008）、Zhang Xueqing（2001）等也占据产量前 10 中的 5 席，也表明了中国学者在相关领域的影响。

1.3.2 研究方向

国内关于 PPP 的研究与国际研究趋势相近，确切地说，由于国内研究在全球 PPP 研究中占有主导地位，因此国内研究也代表了该领域理论研究的全球风向。具体来说，主要集中在风险及分配研究（风险管理及评价、风险分担）、项目治理研究（内部治理、外部治理）、政府管理机制与监管研究（监管职能、激励措施、政府定位）等。

1.3.2.1 风险

目前，国内关于 PPP 风险的研究主要集中在以下几个方面：

（1）通过一系列量化模型，尽可能对项目各阶段的风险进行评估，在考虑相应风险的情况下，量化项目生命周期内各阶段的预期收益，以便参与方提前制定最优策略，如博弈、实物期权以及二者结合的期权博弈近来有着较多的研究。梁伟等（2012）应用实物期权的方法对北京 4 号线停车场工程在不同需求量下的 NPV 值进行了模拟，并与一般决策方法进行了比较；郭健（2013）针对公路基础设施行业的核心问题进行了分析，讨论了延迟投资对于项目价值的影响，进而确定合理的运营收益上限和下限；Liu 等（2014）对非充分竞争性市场条件下的 PPP 工程如何应用实物期权进行决策研究；李林等（2013）构建 PPP 项目博弈模型，讨论了完全信息及不完全信息条件下的参与方应承担的风险份额；相似的，李妍（2015）运用不完全信息条件下的讨价还价博弈理论，对子博弈精炼纳什均衡状态下双方的风险分担比例。王颖林等（2015）认为目前对期权的研究中较少考虑到项目参与方的风险偏好，因此引入博弈理论，将风险收益体现在期权价值中，并从政府的角度讨论了复合期权的价值。前述的研究中，期权的价值计算主要依赖于具有较大不确定性的需求量，阶段性的划分多为筹备期、运营期、移交期等，同样具有较大的不确定性，在实际操作中难以将期权合约写入条款。对于一类有着明确的阶段性建设约束的 PPP 项目，实物期权的适用性更加明显，投资窗口决策的研究也更加具有现实意义。

（2）在考虑到通过复杂的事前合同安排来规避所有风险并不现实的情况下，多数学者都认为应从不完全契约角度来考虑 PPP 工程项目的风险分担问题。张羽等（2012）对 PPP 四个阶段对不完全契约形成的影响因素进行了梳理；杜亚灵等（2012）从不完全契约的视角分析了工程项目缔约阶段和履约阶段风险的动态转移过程；孙慧等（2013）认为 PPP 工程中的核心问题是剩余控制权配置问题，通过博弈模型讨论了不同收益分配方案、技术因素及乐观程度下的最优剩余控制权配置；高颖等（2014）研究了在不完全契约背景下当需求量下降时，政府是否应对私人部门补偿，以及延长运营期能否实现帕累托改进；Elisabetta Lossa 等（2016）研究了不完全契约条件下 PPP 工程腐败的发生对项目影响，认为在此情况下不完全契约有更大的适用性；Niclas A. Krüger（2012）研究了相应期权价值下不完全契约对于控制权配置的影响，结合交通工程道路扩建方案进行了分析。目前对于不完全契约的研究主要有五种不同的视角，即法律干预、赔偿、治理结构、产权以及履约，其中应用较多的 GHM（Grossman 和 Hart，1986；Hart 和 Moore，1990）模型中净收益函数计算至关重要，而期权理论对此有一定的补充意义，可以考虑在引入期权价值后再进行剩余所有权的配置，从而将二者结合起来。

1.3.2.2 信任

信任被普遍认为是除物质资本和人力资本之外决定一个国家或地区经济增长和社会进步的主要社会力量。人与人之间、组织与组织之间的信任程度将决定其交易成本的高低。信任直接影响一个实体的规模、组织方式、交易范围和交易形式。

张维迎、柯荣住（2002）对信任产生的根源、经济绩效及不同地区之间的信任差异通过跨省域调查的方式进行分析，认为从经济学的角度，信任是人们为了追求长期利益进行重复博弈的结果，影响因素包括支付函数、当事人偏好以及信息结构。调查结果显示信任对经济绩效有明显的影响。胡祥培、尹进（2013）对信任传递的机理以及信任传递模型的研究进展进行了较为全面的论述，相关的应用范围已经从原有的 P2P 网络、无线传感器网络安全维护、电子商务、消费者行为预测等扩展向更宽广的领域。王雪青、魏喆（2007）通过博弈分析，认为传统建设工程合同双方的合作信任关系是不稳定的低效合作，而 Partnering 模式下的信任才是稳定的关系。张敦力、李四海（2012）借用张维迎等的研究数据，考察了社会信任与政治关系对民营企业银行贷款的影响，研究发现，社会信任与政治关系对民营企业银行贷款具有显著影响，且二者存在替代效应，但经济后果不同。研究结果对 PPP 领域为何缺乏民营企业的参与有着一定的解释意义。杜亚灵（2012，2014，2015）对 PPP 项目中的信任话题进行了持续的研究，认为 PPP 项目的治理机制之一，能够促进尽善履约，而控制只能实现敷衍履约，应当进行合理的机制设计，最大限度地发挥信任的作用，将交易风险降至最低。对项目中信任的初始信任的形成机理及动态演化过程运用结构方程（Structural Equation Model,

SEM）、多元回归、扎根理论等进行了分析，发掘出影响因素及驱动力。

夏梁省（2015）考察了信用共同体融资方式，分析共同体内部在面对 PPP 融资需求时产生的内生性契约，讨论了作为多维信用共同体存在的条件及作用机理，当面临不确定性时候，通过融资主体之间的内生性契约实现信息平衡，并通过信用共同体为规避网络融信前端风险提供组织保证。许聪、丁小明（2014）利用社会网络分析方法（SNA）对 PPP 项目利益相关者进行了分析，结合垃圾焚烧项目，认为政府和城管局居于网络中心地位，受到其他利益相关者的限制较小，而在建设阶段网络地位较差；项目公司在建设阶段和运营移交阶段均居于网络核心地位；银行作为主要资金提供方对项目的掌控力不足，在建设阶段和运营移交阶段网络地位较差且受到的限制度较高；周边居民虽然不是项目的实施主体，但是中心性较高，受到的限制较小，对项目顺利开展的影响较大。黄涛、颜源（2009）以及王永钦、刘思远、杜巨澜（2014）对信任品的竞争效应与传染效应进行了分析，认为市场的有效运行不仅依赖于同业竞争，也依赖于有效的监管制度和公众对监管制度的信任。若将 PPP 工程项目视为信任商品进行类似的分析，该分析框架也具有一定的借鉴意义。姜树广、韦倩（2013）认为参考者的效用不仅依赖于物质支付，还取决于参与者所持信念引发的心理状态。该思路对群体成员的心理博弈以及大量非市场决策行为的研究提供了新的视角。谢思全、陆冰然（2009）分析了个体社会资本进行市场交易时的社会偏好，随着网络中频繁交易互动和信息的广泛传播，网络中的信任呈现非均匀分布，部分个体成为信任网络中的权威节点。鄢章华、滕春贤、刘蕾（2010）对供应链成员间的信任关系进行定量刻画，利用信任度对信任关系进行描述，利用社会网络理论设计不同信任氛围下的传递机制和叠加机制，进而建立信任均衡模型，对供应链信任均衡进行求解，并分析了解的稳定性。戴会超、唐德善（2013）等运用系统理论、可持续发展理论与和谐理论，构建了人水和谐指标体系，从城市人水客观和主观两个方面建立评价模型。人水和谐的概念对于建立项目信任和谐水平度量有一定的借鉴意义。

1.3.2.3 绩效

张万宽、杨永恒、王有强（2010）通过文献回顾及访谈的方式，识别 17 个 PPP 绩效影响指标和 11 个绩效评价指标，通过对中国、俄罗斯、波兰以及美国、英国、瑞士等国的数据采集，采用 OLS 和 Logistic 回归分析了相关关键因素，研究认为知识获取、决策参与、代理成本、不确定性和政府信用对绩效有显著影响。叶晓甦、熊含梦（2013）进行了类似的研究，通过对西部地区 PPP 项目的调查，建立相应的结构方程模型，认为影响的关键因素包括：

政府部门的执行力度、公众意见、企业履约能力、特许政策的连续性和稳定性、公众监管机制。胡荣、胡康、温莹莹（2011）将社会资本和政府政绩作为预测变量，探讨了社会资本各个因素及政府绩效对居民信任状况的影响结果，通过社区调查及相关的回归分析，认为居民把政府看成统一的整体，而不会区别对待；社会资本能够有效地增进城市居民对政府的信任。张旭梅、陈伟（2011）以供应链企业间知识交易为视角，构建了信任、关系承诺、知识交易与合作绩效之间关系的理论模型。利用结构方程模型结合 256 家供应链上下游企业的调查数据对上述理论模型进行了实证研究。研究结果表明，供应链企业间信任对关系承诺、知识交易与合作绩效有显著的正向影响，研究结论对 PPP 项目有借鉴意义。胡振、王秀婧、张学清（2014）分析认为在 PPP 项目中，公私双方之间的信任与政府绩效成倒 U 型关系；信任作为专用资产投资产生正向影响；合作双方投入的专用资产与政府绩效成倒 U 形关系。王垚、尹贻林（2014）在不完全契约视角下，对风险分担进行动态解构，并引入组织间信任要素，构建了信任、初始风险分担、风险再分担及项目管理绩效理论模型。实证研究表明：信任对初始风险分担及绩效改善具有正向作用，而与风险再分担缺乏关联性。尹贻林、徐志超（2014）在关系治理理论的研究逻辑下，将信任划分为能力信任、诚信信任和制度信任，并引入合作作为关系行为，构建了"信任—合作—工程项目管理绩效"的理论模型。通过对工程项目中承发包双方问卷数据的独立处理，一方面证明了信任对工程项目管理绩效的积极促进作用，及合作在其中发挥的部分中介变量作用；另一方面，进一步揭示了承发包双方信任关注点的差异性，即发包人强调源于承包人能力和诚信的信任；承包人则关注源于发包人诚信和制度规范的信任。王渊（2015）基于 71 个临时性团队样本，探讨了团队情绪智力—团队快速信任—团队绩效之间的作用机制，并运用实证分析的方法，研究了知识共享的调节作用。研究结果显示：临时团队中，团队情绪智力对团队快速信任与团队绩效均有显著的正向影响，团队快速信任在团队情绪智力对团队绩效的作用关系中起到了中介作用。该研究结果对于将 PPP 项目参与方聚集群视为临时性团队，进行相应的信任与绩效的关联分析具有相应的借鉴意义。

　　根据发改委的披露，在第一批 1043 个推介项目中，签约 329 个，占比 31.5%（截至 2015 年 12 月 14 日），签约率不尽如人意，签约项目主要集中在市政设施、公共服务、交通设施等，其中污水、垃圾处理项目占比最大，约为 31.6%。在已签约的项目中（以财政部 PPP 项目库为例），虽然民企数量接近 46%，但国企的平均投资金额为 19.2 亿，民企的平均投资金额为 8.4 亿，小项目居多。根据相关研究表明［亓霞、柯永建、王守清（2009）；赵晔（2015）；陈辉（2015）］，我国 PPP 项目失败的各项原因中，法律变更、审批延误、政治反对、政府信用等居于前列。综合来看，根本的原因是由于政府、社会资本以及参与的社会公众三者之间的信任不足，视谈判为"零和博弈"，导致项目谈判前期产生较大的成本，依赖于"完美"合同以控制机会主义行为；反过来，社会资本方对于政府屡次发现的违约也充满了疑虑［杜亚灵、闫鹏（2014）］；同时，第三方的公众在此过程中，也可能会对项目产生推动、抑制、抵制或者监督的作用［叶晓甦、覃丹丹、石世英（2016）］。

对于项目参与方的关系分析有较多文献存在，但仍有以下几个方面不足：

（1）对于参与方之间的关系定位，多从利益的角度进行分析，侧重于"对立"而非"合作"［尹贻林、徐志超、邱艳（2014）］。

（2）也有部分学者对于 PPP 项目参与的三方进行分析，但多数将参与者定义为政府、社会投资方和关联第三方（以银行等金融机构为主）［张涵、赵黎明（2011）；朱向东、肖翔、征娜（2013）］，这与实际情况有所背离（在工程实践中，社会投资的主体多为国有企业，信用较有保证，银行贷款审批较易，资金往往是从"左口袋进入右口袋"［王守清（2016）］，部分将社会公众作为参与方的一个主体来进行分析的，也较为粗浅［李启明、熊伟、袁竞峰（2010）；霍艳芳、陈可彦（2016）］。

（3）在进行项目合作中的信任研究的时候多研究政府与企业之间的信任关系，未考虑或较少考虑公众利益。

1.3.3 研究角度

1.3.3.1 法律

由于我国是大陆法系，因此法律体系是否健全将在很大程度上制约 PPP 项目是否能够落地并良好的运营下去。彭涛（2006）讨论了法律框架的构建，认为主体资格需要界定清楚，究竟谁代表政府，谁代表私人部门；张守文（2015）认为 PPP 分别代表公共部门与私营部门的合作，法律的重点任务是进行合理的制度设计，确保公共部门依法正当行使公共权力。要以尊重私人权利为基础，以公共权力的依法正当行使为保障；石贤平（2015）较之前的研究，着重对政府的二重性进行分析，认为政府既承担交易角色，也承担监督角色，二者存在冲突，需要用法律在理念层面、制度层面加以规范。

1.3.3.2 契约

从契约的角度对公私合作进行分析，进而研究交易成本或建立博弈模型，也是当前研究的一个热点。Savas（2002）认为民营资本应当进入公共产品或服务的供给中，为保证民营企业的利益，应当以契约的形式与政府部门进行事先约定；Arping（2002）认为 PPP 模式的核心就是通过一系列的契约设计，消除或减少信息不对称引起的项目投资风险，减少各方的交易成本，并且提升对风险分担的认识和风险管理的技术，进而形成一个激励约束机制；安慧（2014）等从不完全契约角度出发，分析初始契约中未明确规定合作剩余收益问题；李延均（2010）从 PPP 项目实践出发，建立了行政契约、民事契约、社会契约三方授权和相互制约的契约治理结构，并在结构中增加了互动治理机制；王俊豪（2016）等讨论了 PPP 模式下政府和民营企业的契约关系，认为双方在目标导向方面的差异及可能采取的机会主义行为，是契约治理的核心问题，为鼓励民营企业积极参与 PPP 项目，政府应给予较大的股权比例，并形成政府与民营企业股权契约相互制衡的机制，以提高效率。

1.3.3.3　博弈

博弈分析是所有的关系分析方法中最常采用的方法。尹贻林（2014）等针对公共项目中承包商机会主义行为的策略与方法，运用演化博弈理论分析公共项目业主应对承包商机会主义行为的演化途径，以及在短期合作和长期合作情境下的演化均衡策略。研究结果表明，短期合作情境下公共项目业主加强对承包商机会主义行为的监管能够减少损失，但无法消除承包商的机会主义行为发生的可能，只有嵌入长期合作收益才有可能从根本上有效杜绝承包商机会主义行为的发生；李林（2013）等对有两个参与人（公共部门和私人部门）的经营活动构建了不完全信息条件下的 PPP 风险分配讨价还价模型，认为公共部门和私人部门对风险的承担比例与谈判损耗系数和地位非对称性程度相关；吴孝灵（2013）等基于公私博弈对政府补偿机制进行研究，认为政府对私人部门的补偿与项目风险并不一定总是正相关，政府的最优补偿应更加依赖于实际收益与特许收益的比较。向鹏成（2010）等讨论了有政府投资的项目主体三方即政府、项目主管部门及项目实施者的博弈关系，认为应建立完善的建设管理制度、事先监督机制和事后惩罚机制、激励机制和约束机制；朱向东（2013）以轨道交通 PPP 项目为例，将参与博弈的三方设定为项目所有者（政府）、项目公司（多方投资者）、项目关联方（贷款方、承包商），建立模型的局限在于将风险完全分担给单方，与实践不符。

1. 3. 4 研究方法

1. 3. 4. 1 不完全契约论

不完全契约理论是 20 世纪末在完全契约理论的基础上发展起来的。完全契约理论即委托–代理理论，其理论假设是契约设计的完全性。然而随着研究的深入，Williamson 和 Hart 等经济学家发现，现实中的契约往往是不完全的，这是由于缔约当事人并不能够成功预知未来所要发生的所有情况，也就是存在有限理性。经济学家指出，契约不完全会导致敲竹杠行为的产生，进而会造成投资效率的损失。不完全契约理论就是经济学家们在不断研究如何在契约不完全时减少投资效率的损失时逐渐建立起来的。

不完全契约与完全契约的根本区别在于：完全契约假设当事人具有完全理性，可以预知未来发生的所有情况，因此可以在事前对未来各种情况发生时当事人拥有的权利和承担的责任进行完美缔约，因此完全契约的重点就是事后监督；而在不完全契约下，由于存在当事人的有限理性，无法事前规定在未来各种情况发生时当事人的权利和责任，因此如果缔约双方发生争议和纠纷，就只能借助于后来的再谈判来解决，由此可见，不完全契约的关键就在于对事前的权利进行机制设计和安排。

不完全契约影响 PPP 效率的主要因素包括：建立合作的方式（招标、谈判、指定）、信息不对称、剩余控制权的分配、风险分担、利益分配、公共物品质量与服务标准的界定、违约行为和政府腐败、项目外部性、再谈判等。

1. 3. 4. 2 系统论

在参照生态系统相关理论的基础上，PPP 生态系统可以通过对经济领域具有的系统性特征进行阐述。PPP 模式中的各种组织为了生存和发展，与其生存环境之间及内部各组织之间在长期的密切联系和相互作用过程中，通过分工、合作所形成的具有一定结构特征，执行一定功能作用的动态平衡系统。同时，系统构成组织还具有演化性和协同性，系统的结构、状态特性、行为、功能随着时间的推移而发生变化，只要在足够大的时间尺度上看，任何系统都处于或快或慢的演化之中，都是演化系统。另外，系统内的各组织还表现出为实现共同目标、整体利益最大化的协作、沟通的影响效果。

经典系统论（贝塔朗菲，1945）的研究对象主要是整体和整体性问题。现代系统论（钱学森等，1982）的研究对象则是系统内部整体与部分的关系问题。它把系统概念与整体概念严格区分开来，视系统为整体和部分的统一。它认为，整体虽然是系统的核心属性，但它并不等于系统自身，系统论也不孤立地考察系统的整体性，而是在其与部分、层次、结构、功能、环境的相互关系中来考察其整体性的；现代系统论还认为，整体与部分的关系问题是系统论的核心问题，因而作为一种方法，人们只是把握了事物的整体性并不能达到把握事物系统的要求，而只有把整体与部分有机结合起来才能真正认识系统。

1.3.4.3 信任传递理论

信任的来源在不同学科中有不同的理解：文化和人类学家认为信任或者社会资本是一种历史遗产，它来自长期的文化积淀（Dore，1987）。经济学家则认为，信任跟文化有关，但更重要的是，信任往往是人们理性选择的结果。信任可以被定义为"一个社团之中，成员对彼此常态、诚实、合作行为的预期，基础是社团成员共同拥有的规范，以及个体隶属的那个社团的角色"（福山，1998）。信任可以改善谈判效率，最终提高项目绩效。

对于社会网络而言，信任还涉及传递的问题。信任传递（Trust Transitivity）指主体 A 借鉴主体 B 对主体 C 的感知信任，形成 A 与 C 之间间接的信任关系，描述的是信任在多个主体之间传递的过程。信任传递模型是对不同情境下主体间信任传递过程的抽象，通过提取特定情境中主体间的信任传递机制来构建信任度计算方法，计算随着时间的推演经过信任传递后各主体的信任度。信任传递研究起源于网络安全领域，在 P2P 网络安全领域得到了较好的发展，目前广泛应用于无线传感器网络安全、电子商务、移动商务以及供应链等研究领域，研究视角越来越注重主体感知的主观性。

1.3.4.4 扎根理论

扎根理论是由 Glaser 和 Strauss（1967）提出的。扎根理论对极端实证主义（Extreme Empiricism）与完全相对主义（Complete Relativism）进行了折中，提出了一整套系统的数据收集方法来帮助理论建构，并且强调"持续比较"（Constant Comparison）和"理论取样"（Theoretical Sampling）的重要性。与实证主义者把数据收集与分析分离开来的主张不同，扎根理论认为数据收集与理论形成应该是一个互动过程，也就是"收集数据—形成理论—再收集数据—完善理论"不断循环的过程。持续比较的思想要求研究者在收集数据时发现新的问题，就应该从其他信息来源寻找新的数据进行核实，不断拿新收集到的数据与根据已有数据所形成的类别或范畴（Categories）进行比较。

当出现与已有范畴不同的新范畴时，就对理论进行修正，把新的范畴纳入理论。这一过程反复进行直至达到理论饱和。适用扎根理论的纵向理论建构情景常见的有组织事件发展研究和组织事件之间的因果关系研究。

整套运用扎根理论进行研究的操作流程，主要包括五个阶段、九个步骤。五个阶段是研究设计、数据收集、数据整理、数据分析和文献比较，而九个步骤则包括相关文献回顾、案例选择、制订严格的数据收集计划、数据收集、数据整理、数据分析、理论取样、研究结束、拿新建构的理论与已有理论进行比较。

参考文献

［1］叶晓甦. 工程财务管理［M］. 北京：中国建筑工业出版社，2011.

［2］刘晓凯，张明. 全球视角下的 PPP：内涵、模式、实践与问题［J］. 国际经济评论，2015（04）：53-67.

［3］陈志敏，张明，司丹. 中国的 PPP 实践：发展、模式、困境与出路［J］. 国际经济评论，2015（04）：68-84.

［4］叶晓甦，徐春梅. 我国公共项目公私合作（PPP）模式研究述评［J］. 软科学，2013，27（6）：6-9.

［5］刘薇. PPP 模式理论阐释及其现实例证［J］. 改革，2015，01：78-89.

［6］赖丹馨，费方域. 公私合作制（PPP）的效率：一个综述［J］. 经济学家，2010（07）：97-104.

［7］Bettingnies, J-EDE, Ross, T. W.. The Economics of Public-Private Partnerships［J］. Canadian Public Policy, 2004, 30（2）：135-150.

［8］姚东旻，李军林. 条件满足下的效率差异:PPP 模式与传统模式比较［J］. 改革，2015（02）：34-42.

［9］孙慧，孙晓鹏，范志清. PPP 项目的再谈判比较分析及启示［J］. 天津大学学报（社会科学版），2011，13（4）：294-297.

［10］Savvas E. 民营化与公私部门的伙伴关系［M］. 北京：中国人民大学出版社，2002.

［11］ArpingS. The role of convertibles in syndicated venture financing［J］. Journal of Business Venturing, 2002（2）：139-154.

［12］安慧，郑寒露，郑传军. 不完全契约视角下 PPP 项目合作剩余分配的博弈分析［J］. 土木工程与管理学报，2014（2）：73-77.

［13］李延均. 公私伙伴关系与契约治理［J］. 西北民族大学学报（哲学社会科学版），2012（1）：100-105.

[14] 冯·贝塔朗菲. 一般系统论基础、发展和应用 [M]. 林康义，魏宏森等译. 北京：清华大学出版社，1987.

[15] 钱学森等. 论系统工程 [M]. 长沙：湖南科技出版社，1982：74.

[16] JinboSong, HonglianZhang, Wangli Dong, Areview of emerging trends in global PPP research：Analysis and visualization [J]. Scientometrics, 2016 (107)：1111-1147.

[17] 周正祥，张秀芳，张平. 新常态下 PPP 模式应用存在的问题及对策[J]. 中国软科学，2015 (09)：82-95.

[18] 鲁庆成. 公私合伙 (PPP) 模式与我国城市公用事业的发展研究 [D]. 武汉：华中科技大学，2008.

[19] 何寿奎. 公共项目公私伙伴关系合作机理与监管政策研究 [D]. 重庆：重庆大学，2009.

[20] 柯永建. 中国 PPP 项目风险公平分担 [D]. 北京：清华大学，2010.

[21] 田一淋. 基于 PIPP 模式的公共住房保障体系研究 [D]. 上海：同济大学，2008.

[22] 姚鹏程. 不确定环境下的高速公路 PPP 项目定价问题研究 [D]. 昆明：昆明理工大学，2011.

[23] 戴会超，唐德善，张范平，等. 城市人水和谐度研究 [J]. 水利学报，2013 (08)：973-978+986.

[24] 张涵，赵黎明. CDM 项目下政府、企业、金融机构的三方博弈分析[J]. 电子科技大学学报 (社科版)，2011 (04)：42-46.

[25] 曾凡军. 整体性治理分析框架下的公私合作伙伴关系重构 [J]. 湖北行政学院学报，2013 (01)：84-89.

[26] 孙慧，叶秀贤. 不完全契约下 PPP 项目剩余控制权配置模型研究 [J]. 系统工程学报，2013 (02)：227-233.

[27] 朱向东，肖翔，征娜. 基于三方博弈模型的轨道交通 PPP 项目风险分担研究 [J]. 河北工业大学学报，2013 (02)：97-101.

[28] 叶晓甦，徐春梅. 我国公共项目公私合作 (PPP) 模式研究述评 [J]. 软科学，2013 (06)：6-9.

[29] 胡祥培，尹进. 信任传递模型研究综述 [J]. 东南大学学报 (哲学社会科学版)，2013 (04)：46-51+57+135.

[30] 李林，刘志华，章昆昌. 参与方地位非对称条件下 PPP 项目风险分配的博弈模型 [J]. 系统工程理论与实践，2013 (08)：1940-1948.

[31] 段世霞，朱琼，侯阳. PPP 项目特许价格影响因素的结构方程建模分析 [J]. 科技管理研究，2013 (10)：197-201.

[32] 胡荣, 胡康, 温莹莹. 社会资本、政府绩效与城市居民对政府的信任 [J].社会学研究, 2011 (01): 96-117+244.

[33] 马剑虹, 徐美玲. 信任及其对公共财物两难博弈中合作行为影响 [J]. 应用心理学, 2011 (01): 10-17.

[34] Yuan J, Chan A P C, XiaB, et al. Cumulative Effects on the Change of Residual Value in PPP Projects: A Comparative Case Study [J]. Journal of Infrastructure Systems, 2015, 22 (2): 05015006.

[35] 常绍舜. 从经典系统论到现代系统论[J].系统科学学报,2011(03):1-4.

[36] 胡振, 刘华, 金维兴. PPP 项目范式选择与风险分配的关系研究 [J]. 土木工程学报, 2011 (09): 139-146.

[37] Dimas de Castroe Silva Neto, Carlos Oliveira Cruz, etal. Bibliometric Analysis of PPP and PFILiteratureOverview of 25 Years of Research [J]. Journal of Construction Engineering Management, 2016: 06016002.

[38] 孙晓娥. 扎根理论在深度访谈研究中的实例探析 [J]. 西安交通大学学报 (社会科学版), 2011 (06): 87-92.

[39] 王永钦, 刘思远, 杜巨澜. 信任品市场的竞争效应与传染效应: 理论和基于中国食品行业的事件研究 [J]. 经济研究, 2014 (02): 141-154.

[40] 伍迪, 王守清. PPP 模式在中国的研究发展与趋势 [J]. 工程管理学报, 2014 (06): 75-80.

[41] 杜亚灵, 尹航, 尹贻林, 等. PPP 项目谈判过程中信任的影响因素研究——基于扎根理论 [J]. 科技管理研究, 2015 (04): 187-192.

[42] 姜树广, 韦倩. 信念与心理博弈: 理论、实证与应用 [J]. 经济研究, 2013 (06): 141-154.

[43] 姚东旻, 李军林.条件满足下的效率差异:PPP 模式与传统模式比较[J]. 改革, 2015 (02): 34-42.

[44] 夏梁省. 基于 PPP 模式的内生性契约、信用共同体与网络融信机制构建——民营中小企业融资路径探索 [J]. 天津商业大学学报, 2015 (01): 10-18.

[45] 叶晓甦, 戚海沫. PPP 项目合作效率关键影响因素研究——基于控制权视角 [J]. 项目管理技术, 2015 (04): 9-14.

[46] 赵晔. 我国 PPP 项目失败案例分析及风险防范 [J]. 地方财政研究, 2015 (06): 52-56.

[47] 杜亚灵, 李会玲, 闫鹏, 等. 初始信任、柔性合同和工程项目管理绩效:一个中介传导模型的实证分析[J].管理评论,2015(07):187-198.

[48] 杜亚灵, 李会玲. PPP 项目履约问题的文献研究: 基于 2008-2014 年间

英文文献的分类统计 [J]. 工程管理学报，2015 (04)：27-33.

[49] 杜亚灵，李会玲，马辉. 中国管理情境下 PPP 项目中控制与信任的交互作用研究框架 [J]. 项目管理技术，2015 (09)：9-16.

[50] 曹启龙，盛昭瀚，周晶，等. 契约视角下 PPP 项目寻租行为与激励监督模型 [J]. 科学决策，2015 (09)：51-67.

[51] 张守文. PPP 的公共性及其经济法解析 [J]. 法学，2015，11：9-16.

[52] 石贤平. PPP 模式中政府交易角色与监管角色冲突的法律平衡 [J]. 商业研究，2015 (12)：185-192.

[53] 叶晓甦，覃丹丹，石世英. PPP 项目公众参与机制研究 [J]. 建筑经济，2016 (03)：32-36.

[54] StephenPryke. Towards a social network theory of project governance [J]. Construction Management and Economics，2010，23 (9)：927-939.

[55] 钟云，丰景春，薛松，等. PPP 项目利益相关者关系演化动力的实证研究 [J]. 工程管理学报，2015，03.

[56] 王雪青，魏喆. 工程管理 Partnering 模式中信任机制的博弈分析 [J]. 天津大学学报 (社会科学版)，2007 (01)：15-18.

[57] 张喆，贾明，万迪昉. 不完全契约及关系契约视角下的 PPP 最优控制权配置探讨 [J]. 外国经济与管理，2007 (08)：24-29+44.

[58] 叶秀贤. 基于不完全契约的 PPP 项目剩余控制权配置研究 [D]. 天津：天津大学，2012.

[59] 尹贻林，徐志超，邱艳. 公共项目中承包商机会主义行为应对的演化博弈研究 [J]. 土木工程学报，2014 (06)：138-144.

[60] 杜亚灵，闫鹏. PPP 项目中初始信任形成机理的实证研究 [J]. 土木工程学报，2014 (04)：115-124.

[61] ScharleP. Public-private partnership (PPP) as a social game [J]. Innovation：The European Journal of Social Science，2002，15 (3)：227-252.

[62] 吴孝灵，周晶，王冀宁，等. 依赖特许收益的 PPP 项目补偿契约激励性与有效性 [J]. 中国工程科学，2014 (10)：77-83.

[63] 许聪，丁小明. 基于 SNA 的 PPP 项目利益相关者网络角色动态性分析 [J].项目管理技术，2014 (09)：24-29.

[64] NoraM，HeshamOsman，TamerE.Stakeholder Management for Public-Private partnerships[J].International Journal of Project Management，2006 (24)：595-604.

[65] 亓霞，柯永建，王守清. 基于案例的中国 PPP 项目的主要风险因素分析 [J].中国软科学，2009 (05)：107-113.

[66] 张喆, 贾明, 万迪昉. PPP 背景下控制权配置及其对合作效率影响的模型研究 [J]. 管理工程学报, 2009 (03): 23-29+22.

[67] 李宏伟, 袁鹏. 我国社会和谐度的动态特征分析 [J]. 统计与决策, 2009 (15): 45-47.

[68] 何寿奎, 傅鸿源. 基于服务质量和成本的公共项目定价机制与效率分析 [J].系统工程理论与实践, 2009 (09): 47-57.

[69] 贾康, 孙洁. 公私伙伴关系 (PPP) 的概念、起源、特征与功能 [J]. 财政研究, 2009 (10): 2-10.

[70] 何寿奎, 傅鸿源. 公共项目公私伙伴关系监管体系与监管途径 [J]. 建筑经济, 2008 (12): 75-78.

[71] 张万宽. 公私伙伴关系的理论分析——基于合作博弈与交易成本的视角 [J].经济问题探索, 2008 (05): 125-130.

[72] 周涛, 鲁耀斌. C2C 交易中第三方信任机制作用的实证分析 [J]. 工业工程与管理, 2008 (03): 104-110.

[73] 霍艳芳, 陈可彦. 基于博弈论的 "城市记忆工程" 多方参与研究 [J]. 档案学研究, 2016 (02): 47-51.

[74] 李启明, 熊伟, 袁竞峰. 基于多方满意的 PPP 项目调价机制的设计[J]. 东南大学学报 (哲学社会科学版), 2010 (01): 16-20+123.

[75] 赖丹馨, 费方域. 公私合作制 (PPP) 的效率: 一个综述 [J]. 经济学家, 2010 (07): 97-104.

[76] 向鹏成, 任宏. 基于信息不对称的工程项目主体行为三方博弈分析[J]. 中国工程科学, 2010 (09): 101-106.

[77] BeachR, WebsterM, Campbell K M. An evaluation of partnership development in the construction industry [J]. International Journal of Project Management, 2005 (23): 611-621.

[78] 王璐, 高鹏. 扎根理论及其在管理学研究中的应用问题探讨 [J]. 外国经济与管理, 2010 (12): 10-18.

[79] 张力方. 基于系统动力学的城中村改造的三方演化博弈研究 [D]. 广州: 暨南大学, 2013.

[80] 彭涛. 论公私合作伙伴关系在我国的实践及其法律框架构建 [J]. 政法论丛, 2006 (06): 80-87.

[81] 叶晓甦, 熊含梦. 我国西部地区 PPP 项目合作效率关键因素研究 [J]. 工程管理学报, 2013 (06): 81-86.

[82] 杜亚灵, 闫鹏. PPP 项目缔约风险控制框架研究——基于信任提升与维持的视角[J]. 武汉理工大学学报(社会科学版), 2013(06): 880-886.

［83］孙洁. PPP管理模式对城市公共财政的影响［J］. 财政研究，2004（10）：22-24.

［84］杜亚灵，王垚. PPP项目中信任的动态演化研究［J］. 建筑经济，2012（08）：28-33.

［85］张敦力，李四海. 社会信任、政治关系与民营企业银行贷款［J］. 会计研究，2012（08）：17-24+96.

［86］张羽，徐文龙，张晓芬. 不完全契约视角下的PPP效率影响因素分析［J］.理论月刊，2012（12）：103-107.

［87］陈国卫，金家善，耿俊豹. 系统动力学应用研究综述［J］. 控制工程，2012（06）：921-928.

［88］张维迎，柯荣住. 信任及其解释：来自中国的跨省调查分析［J］. 经济研究，2002（10）：59-70+96.

［89］胡振，王秀婧，张学清. PPP项目中信任与政府绩效相关性的理论模型［J］.建筑经济，2014（06）：107-109.

［90］袁枫朝，燕新程. 集体建设用地流转之三方博弈分析——基于地方政府、农村集体组织与用地企业的角度［J］. 中国土地科学，2009（02）：58-63.

［91］叶晓甦，吴书霞，单雪芹. 我国PPP项目合作中的利益关系及分配方式研究［J］. 科技进步与对策，2010（19）：36-39.

［92］王俊豪，金暄暄. PPP模式下政府和民营企业的契约关系及其治理——以中国城市基础设施PPP为例［J］.经济与管理研究,2016(03):62-68.

［93］MartimortD，PouyetJ. To build or not to build：Normative and positive theories of public－private partnerships［J］. International Journal of Industrial Organization，2008（26）：393-411.

［94］王先甲，全吉，刘伟兵. 有限理性下的演化博弈与合作机制研究［J］. 系统工程理论与实践，2011，31（S1）：82-93.

［95］唐祥来. 公私伙伴关系与财政绩效［J］. 山东经济，2011（04）：94-98.

第 2 章　PPP 模式在中国的发展

2.1　PPP 与 PPI 的联系与区别

2.1.1 中国情境的 PPP 模式

发改委〔2014〕2724 号文中明确指出"政府和社会资本合作（PPP）模式是指政府为增强公共产品和服务供给能力、提高供给效率，通过特许经营、购买服务、股权合作等方式，与社会资本建立的利益共享、风险分担及长期合作关系"。认为"开展政府和社会资本合作，有利于创新投融资机制，拓宽社会资本投资渠道，增强经济增长内生动力；有利于推动各类资本相互融合、优势互补，促进投资主体多元化，发展混合所有制经济；有利于理顺政府与市场关系，加快政府职能转变，充分发挥市场配置资源的决定性作用。"在我国，无论是理论研究还是实践操作均使用 PPP（Public-Private Partnership）这一术语，这里对于"Private"的理解为"社会资本"，既可以包括传统的私人资本、民营资本，也可以包括国企、央企、集体企业等具有国有经济背景的主体。对于与政府（Public）合作的另一方性质定义的不同是中国与世界其他国家在 PPP/PPI 研究方面最大的差异：根据世界银行的统计口径，国有企业作为社会资本的项目并不在统计范围之内。

在较长的探索过程中，中国相关部门并没有建立专门的机构进行全国范围的 PPP 项目管理，也缺乏一个统一的统计口径梳理全国各地区的 PPP 项目推进情况。经过 30 多年的发展，PPP 工作取得明显进展，市场环境逐步优化，项目落地不断加快，为稳增长、促改革、惠民生发挥了重要作用。但发展过程中，一些地方泛化滥用 PPP、甚至借 PPP 变相融资等不规范操作的问题日益突显，加大了地方政府隐性债务风险。进入 2013 年后，党中央、国务院要求将防风险放在突出重要位置，全国金融工作会议和国务院常务会议均对防控地方政府隐性债务风险，纠正 PPP 中的不规范行为做出了明确部署。为贯彻落实党中央、国务院决策部署，财政部会同有关部门印发了《关于进一步规范地方政府举债融资行为的通知》（财预〔2017〕50 号），对借 PPP

变相举债融资的行为予以严禁。在此基础上，为进一步纠正 PPP 泛化滥用现象，起草了该通知，旨在以 PPP 综合信息平台项目库（以下简称"项目库"）管理为抓手，进一步规范 PPP 项目运作，推动 PPP 回归创新公共服务供给机制的本源，促进 PPP 事业可持续发展。也就是说，从 2014 年起，中国 PPP 行业才有了官方统计数据，而之前的数据更多来自于行业报告或者研究成果。

到了 2017 年，国家进一步提高了对 PPP 项目的规范管理要求（财办金〔2017〕92 号），全国 PPP 综合信息平台库成为国家管理 PPP 项目的重要抓手，并对项目库进行了分类管理，将原有数据库分为项目储备清单和项目管理库，将处于识别阶段的项目，纳入项目储备清单，重点进行项目孵化和推介；将处于准备、采购、执行、移交阶段的项目，纳入项目管理库，按照 PPP 相关法律法规和制度要求，实施全生命周期管理，确保规范运作。随着相关工作的推进，一方面有利于研究者使用相关数据进行宏观分析；另一方面，由于政策的不连续以及项目频繁的出入库，使得统计数据在很大程度上也难以横向比较。

2.1.2 世界银行的 PPI 项目

政府与社会资本的合作始于英国，按英国财政部《基础设施采购：创造长期价值》的定义，PPP 是公共部门和私营部门协同工作、共担风险，以实施政策、提供服务和基础设施的合作。根据私营部门参与程度的不同，又可分为 BOO（建设、经营和拥有）、DBFOT（设计、建设、财务、经营和转让）、DBFT（设计、建设、财务和转让）、BOT（建设、经营和转让）、OT（经营和转让）等模式。1972 年，港英政府通过 BOT 方式建设红磡隧道，成为英国最早的 PPP 实践。此后英财政部对 PPP 模式进行探索，积累了一定经验。

20 世纪 90 年代以来，英国政府大力推进私人融资计划（PFI），这是英国最典型的 PPP 方式。在此方式下，政府与私营供应商签订长期合同，私营部门提供基础设施的设计、建筑、融资、操作和维护等"一站式"服务，政府按年度支付整体费用，以保证服务质量。英国政府要求，地方政府和各中央部委在开发公共项目时，必须首先考虑利用私人和社会资本的可能性，并将学校、医院、城市交通、垃圾处理、政府信息系统、司法和监狱等陆续纳入 PFI 范围。与传统采购方式相比，PFI 项目按时、按预算完成率从 30% 左右提高到 80% 以上，质量明显提高，使用者更加满意，并得到 90% 以上的公共服务经理认同。到 2012 年，英国对 PFI 进行优化，财政部推出第二代私人融资计划（PF2），政府以少量参股方式，主动参与 PPP 项目的建设、运营、管理，并将项目的融资限额从之前的 90% 降到 80%，以抑制过度投机行为，推动形成风险共担、收益共享、长期稳定的公私合作关系。修改项目评估机制，提高项目透明度，扩大利益相关方如公众、服务对象的参与，以更好照顾各方关切。同时，政府和私营合作伙伴定期对合同和效率进行评审，以持续改进服务。在其他 PPP 投资较大的国家中，如加拿大、美国、法国、澳大利亚等，在政府合作伙伴的定义方面与英国基本相似，PPP 的理解更倾向于"公私合作"。

世界银行（World Bank，WB）数据库中主要收集私人部门参与基础设施（Private Participation in Infrastructure，PPI）的相关项目。在 PPI 数据库不包括国企参与建设的 PPP 项目，这是国内外相关领域统计口径的最大差异。

根据世界银行对 PPI 项目的分类方式，PPI 项目可分为 4 种类型：

（1）新建项目（Greenfield Projects）型 PPI。所谓新建项目型 PPI，即私人机构或公私合营企业在合同期内依据协议建造一个全新的设施并加以运营，在特许期结束时该设施可能将归还给公共部门。世界银行将此类 PPI 项目划分为 5 个子类别，即建造—租赁—转移（Build-Lease-Transfer，BLT）模式、建造—运营—转移（Build-Operate-Transfer，BOT）模式、建造—拥有—运营（Build-Own-Operate，BOO）模式、商业（Merchant）模式和租金（Rental）模式。前 3 种模式下，政府通常以照付不议合同的形式为私人机构提供某种程度的收入保证。

（2）特许（Concessions）型 PPI。所谓特许型 PPI，即私人部门在约定的期限内接管公共部门的基础设施，同时也承担重要的投资风险，此类项目可进一步划分为 3 种模式：一是修复—运营—转移（Rehabilitate-Operate-Transfer，ROT）模式；二是修复—租赁—转移（Rehabilitate-Lease or Rent-Transfer，RLT）模式；三是建造—修复—运营—转移（Build-Rehabilitate-Operate-Transfer，BROT）模式。

（3）剥离（Divestitures）型 PPI。剥离型 PPI 的核心特征是私人部门利用资产出售、公开募股或者大规模私有化等机会在国有企业中持股。在中国基础设施领域，剥离型 PPI 项目中仅有 15% 选择了全部剥离，其余绝大部分采取的是部分剥离的形式。

（4）管理与租赁协议（Management and Lease Contracts）型 PPI。所谓管理与租赁协议型 PPI，即私人部门在固定期限内接管公共部门的基础设施，但公共部门仍保留该基础设施的所有权与投资决策权，此类 PPI 项目可划分为两种模式：一是管理协议（Management Contract）模式；二是租赁协议（Lease Contract）模式。

2.2　基于世界银行 PPI 数据库的分析

2.2.1 基本情况

世界银行（World Bank）是世界银行集团的简称，国际复兴开发银行的通称，是联合国经营国际金融业务的专门机构，同时也是联合国的一个下属机构。由国际复兴开发银行（International Bank for Reconstruction and Development，IBRD）、国际开发协会（International Development Association，IDA）、国际金融公司（International Finance Corporation，IFC）、多边投资担保机构（Multilateral Investment Guarantee Agency，MIGA）和国际投资争端解决中心（The International Center for Settlement of Investment Disputes，ICSID）五个成员机构组成，成立于1945年，1946年6月开始营业。

世界银行数据中心提供一系列世界银行数据集，包括数据库、格式化表格、报告以及其他资源，同时还提供通过对家庭、商业机构或其他机构的抽样抽查获得的数据，具有较高的权威性。PPI 数据库由世界银行 PPP 工作组负责收集及发布，主要用于识别并发布中、低收入国家有私人投资参与的基础设施项目建设情况，数据库重点关注私人投资的合同安排、投资流向、资金来源及目的地，同时也包括投资者的基本信息。截止到2019年3月，该数据库收集了全世界共计9475个 PPI 项目资料，提供包括项目年份（Investment year）、国家（Country）、地区（Region）、目标国收入情况（Income group）、投资额（Total investment）、项目类型（Type of PPI）等50个字段的信息，对于相关理论和实践工作都具有较强的指导意义。

2.2.2 行业发展

2.2.2.1 发展渐趋平稳

世界银行 PPI 数据库共涉及中国政府与社会资本合作项目1531个。最早的项目为1990年广东省广州市北环路工程，项目类型为 BOT，社会资本方为香港新世界发展集团（New World Development Co. Ltd.）。

中国的 PPI 事业（为保持与数据统计口径的一致性，在这里使用 PPI 而非PPP）发展大致可以分为以下三个发展阶段（图2-1、图2-2）：

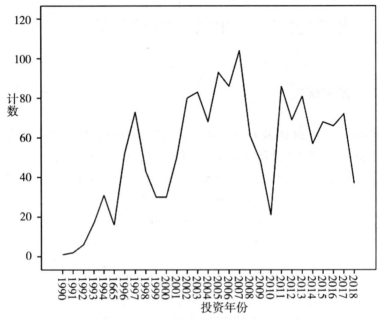

图 2-1　中国 PPI 项目历年立项数量

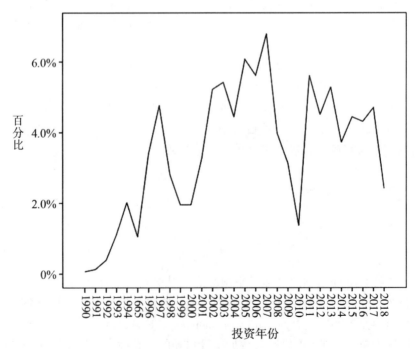

图 2-2　中国 PPI 项目历年立项比例

（1）第一阶段（1990—1997 年的推广期）。该阶段 PPI 立项呈现明显的上升趋势，在 1997 年达到阶段性高峰，该年立项 73 个，占总体该项数量的 4.8%。而之前的年份除 1995 年出现小幅下降外，一直表现出攀升态势。

（2）第二阶段（1998—2007 年的发展期）。1998 年 PPI 项目数量出现较大下降，并且连续三年保持低水平状态（1999 年和 2000 年均为 30 项，低于 1998 年 43 项），到 2001 年 PPI 事业开始出现回暖迹象，立项数量逐年增加，并且在 2007 年达到新的高峰，立项数量达到 104 项，这也是数据库中唯一立项过百的年份。

（3）第三阶段(2008—2017 年的稳定期)。2008 年的金融危机对于 PPI 事业产生了较大的冲击，2008 年立项仅为 61 个，相较 2007 年几近腰斩，并在 2010 年达到新低。在此后的相关政策激励作用下，PPI 项目开始再一次出现回升，并逐步稳定成熟下来，在 2011—2017 年间，基本保持在年均 70 项的水平值。

2.2.2.2 项目运作方式

项目运作方式仍以 BOT 为主，占所有项目比例约为 67.80%；其次为 ROT，占比为 14.70%，二者累积占比达到 82.5%，如图 2-3 所示。

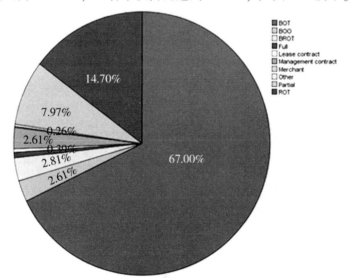

图 2-3　中国 PPI 项目运作方式分布情况

另一方面，PPI 项目中大数为新建项目（Greenfield Project），占比约为 70.8%，同时还有近三成的剥离项目（Divestiture）、管理与租赁协议型项目（Management and Lease Contract）和特许经营型项目（Brownfield Project），如

图 2-4 所示。

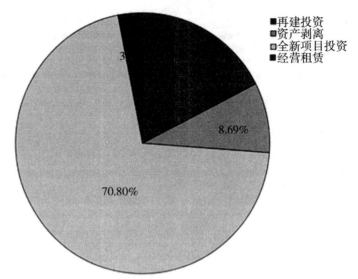

图 2-4　中国 PPI 项目类型分布情况

2.2.2.3 集中在交通运输、污水处理及能源领域

世界银行统计口径中，中国 PPI 项目主要集中在交通运输（如高速公路、机场跑道等）、污水处理及能源领域（如电厂、输电线路等），这与中国财政部 PPP 管理中心的行业分类有着较大的差异，如图 2-5 所示。

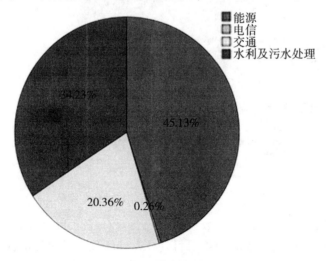

图 2-5　中国 PPI 项目行业分布

2.2.2.4 总体投资规模偏小

项目总投资额均值为 12441 万美元，众数值为 3000 万美元，中位数值为 3454 万美元，多数项目的投资额集中在 1 亿美元以下（占比约为 85.48%），如表 2-1 和图 2-6 所示。

表 2-1　中国 PPI 项目投资额基本情况　　　　　单位：百万美元

指标	数值	指标	数值
总样本	1531	标准差	384.80
有效样本	1433	方差	148067.64
缺失样本	98	偏度	9.08
均值	124.41	峰度	115.13
中位数值	34.54	极大值	6882
众数值	30	极小值	0

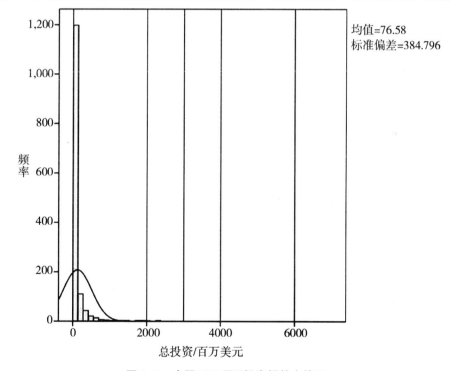

图 2-6　中国 PPI 项目投资额基本情况

2.2.2.5 社会资本方绝对控股

在政企合作项目中，政府方往往并不寻求绝对控股，私人资本更倾向于在股权结构中占有更大比例。企业在项目管理、资本运营等方面较政府方有更多的经验，这也是 PPP 模式的优势所在，政府方更多是监管者的角色，而政府在公共资源方面掌握的绝对优势也使得在履行监管时更有话语权。

从股权结构来看，私人资本占股权比例均值为 76.58%，而中位数值和众数值均达到了 100%，可见多数的项目中政府完全不占有股权，最大化地减轻了财政负担，如表 2-2 和图 2-7 所示。

表 2-2　中国 PPI 项目社会资本方控股情况　　　　　　　单位:%

指标	数值	指标	数值
总样本	1531	标准差	30.38
有效样本	1531	方差	922.72
缺失样本	0	偏度	−1.03
均值	76.58	峰度	−0.07
中位数值	100	极大值	100
众数值	100	极小值	0

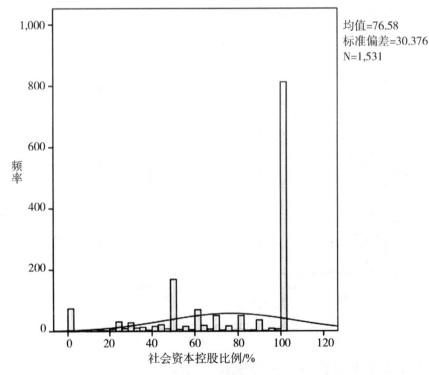

图 2-7　中国 PPI 项目社会资本方控股情况

2.2.2.6 效果总体良好

入库项目绝大多数目前仍处于正常运营状态，占比为 97.19%；结束运营的项目占比为 0.45%，另有 2.35% 的项目退出了合作（Cancelled）。表明大多数的项目能够按照既定协议履行合作，提供预期的公共产品及服务，达到了运用 PPP 模式的初衷，如图 2-8 所示。

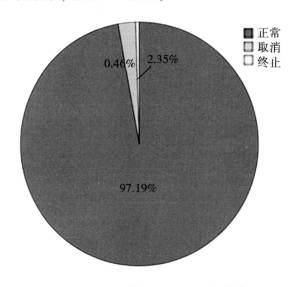

图 2-8　中国 PPI 项目运行状态

2.3　基于 CPPPC 数据库的分析

2.3.1　基本情况

为贯彻落实《关于在公共服务领域推广政府和社会资本合作模式指导意见的通知》（国办发〔2015〕42 号）和《国务院办公厅关于运用大数据加强对市场主体服务和监管的若干意见》（国办发〔2015〕51 号）精神，提升全国 PPP 工作管理信息化水平，财政部于 2015 年设立 CPPPC，着手建立 PPP 综合信息发布平台。根据财政部关于《规范政府和社会资本合作（PPP）综合信息平台》（财金〔2105〕166 号），平台运行规程指出 PPP 综合信息平台用于收集、管理和发布国家 PPP 政策、工作动态、项目信息等内容，推动项目实施的公开透明、有序竞争，提高政府运用 PPP 大数据，增强政府服务和监管 PPP 工作的水平与效率。信息库项目分 3 类：第一，经省级财政部门审核满足上报要求的，由省级财政部门提交，列为储备项目；第二，编制项目实施方案，通过物有所值评价、财政承受能力论证，并经本级政府审核同意的，列为执行项目；第三，通过中央或省级财政部门评审并列为中央或省级示范的项目，列为示范项目。由财政部统一评审录入项目信息，并要求于 2016 年 1 月 15 日前完成初步录入工作。

经过两年多的运行，PPP 呈爆发式发展，入库项目急剧增加，但各种问题也接踵而来，隐形债务问题受到社会各界的广泛关注。在这种背景下，财政部为防止 PPP 异化为新的融资平台，遏制隐性债务风险增量，出台《关于规范政府和社会资本合作（PPP）综合信息平台项目库管理的通知》（财办金〔2017〕92 号），要求各级财政部门深刻认识当前规范项目库管理的重要意义，及时纠正 PPP 泛化滥用现象，进一步推进 PPP 规范发展，着力推动 PPP 回归公共服务创新供给机制的本源，促进实现公共服务提质增效目标，夯实 PPP 可持续发展的基础。将原有项目库划分为项目储备清单和项目管理库两大子库，处于识别阶段的项目，纳入项目储备清单，重点进行项目孵化和推介；将处于准备、采购、执行、移交阶段的项目，纳入项目管理库，按照 PPP 相关法律法规和制度要求，实施全生命周期管理，确保规范运作。

自 2016 年项目管理库设立以来，CPPPC 每隔约一个季度发布一份公报，向社会公众公布全国 PPP 事业发展的基本情况，包括入库数量、累积投资、地区分布、行业分布、回报模式、行业动态等内容，对行业发展具有较好的指导意义。到 2017 年 11 月 16 日《关于规范政府和社会资本合作（PPP）综合信息平台项目库管理的通知》（财办金〔2017〕92 号）发布后，综合信息平台增加了关于清退管理库项目及清减投资额的相关信息。结合中心 2016—2019 年发布的共 12 期季报来看，近年 PPP 事业经历了高速发展和阶段调整的历程，行业整体质量逐步提高，如图 2-9、图 2-10 及图 2-11 所示。

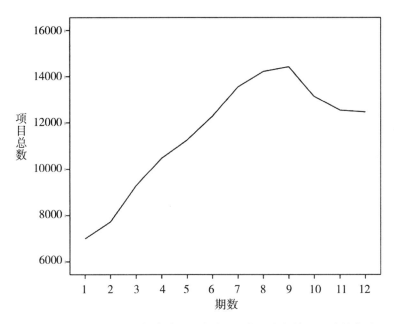

图 2-9　中国 CPPPC 公报统计——在库项目数量变化情况（含储备库）

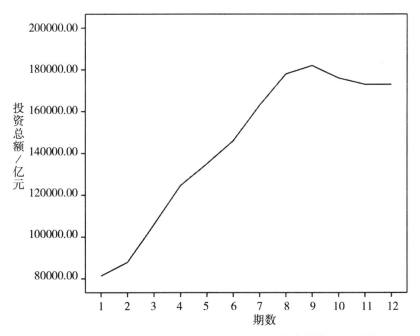

图 2-10　中国 CPPPC 公报统计——在库项目投资额变化情况（含储备库）

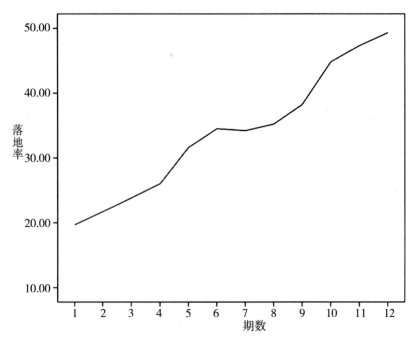

图 2-11　中国 CPPPC 公报统计——在库项目落地率变化情况（不含储备库）

2.3.2 行业发展

前述分析结合 CPPPC 季报对 PPP 项目变化情况进行了精力分析，由于数据库中的项目数量一直处于动态调整中，因此后续分析所用数据为最新数据库截面数据（截至 2018 年 12 月 31 日）。为便于分析，对使用软件爬取 CPPPC 管理库和储备库的数据进行初步处理，将目前尚未确定特许经营年限及 2019 年新发起项目剔除，共获得有效项目 10522 项。需要注意的是，CPPPC 数据库中个别项目投资额有显著错误，使用过程中需要修正。如数据库中"贵州省清镇市红枫湖沿湖村寨生活污水治理 PPP 项目"投资额为 18281347 万元，实际上应为 18281.347 万元；"济南市腊山水质净化厂工程政府和社会资本合作（PPP）项目"数据库中显示投资额为 204536200 万元，实际上应为 20453.62 万元。类似数据如果直接使用将会对分析结果造成较大影响。

2.3.2.1PPP 模式渐入人心

虽然早在 1984 年用 BOT 模式和深圳市兴建的沙角厂 B 火力发电厂就已经

成功运行，且在 1999 年完成正式移交，但在相当长的时间里，PPP 仍然只是星星之火，并未形成燎原之势。但这些 PPP 模式典型示范项目对于改革开放初期的中国而言，在缓解地方财政压力的前提下，无疑极大推动了中国经济的发展。1984 年的深圳 PPP 项目是探索初期引入外资合作的代表，而在 1995 年之后，国内民间资本也开始尝试进入 PPP 领域，比如 1995 年开工的泉州刺桐大桥就是第一个以内地民营资本投资为主的基础设施 BOT 项目。

进入 21 世纪之后，PPP 模式在国内开始得到政府的极大推广，可以说进入 2.0 时代。2002 年，原建设部（现中华人民共和国住房和城乡建设部）发布《关于加快市政公用行业市场化进程的意见》，鼓励社会资金和国外资本参与市政公用设施的建设。2004 年，又出台了《市政公用事业特许经营管理办法》，为规范化的开展 PPP 项目奠定了法律基础。2005 年，国务院出台《关于鼓励支持和引导个体私营等非公有制经济发展的若干意见》，允许非公有制资本进入公用事业和基础设施领域。随着政策的不断开放，PPP 项目涉及的行业越来越广泛，有污水处理、自来水厂建设与运营、新城区开发、交通等，比如北京地铁 4 号线项目、北京亦庄燃气 BOT 项目等，在这期间，外资与民营资本参与投资规模大幅增长。

在 2009 年之后，PPP 模式进入新的调整阶段，建立起以地方政府债券为主的举债模式，大力推广公私合作模式。经济进入新常态后，PPP 模式在全国更是得到大力推广，2014 年也被称为 PPP 模式元年。这年，财政部、国家发改委分别出台相关《操作指南》和《指导意见》后，PPP 作为正式制度走上历史舞台。

CPPPC 数据库中的项目多数为 2014 年以后的，2013 年及以前的项目有少数补录到数据库中，但更早期的项目由于相关管理制度出台较晚等原因，并未在管理库中予以体现。结合 CPPPC 数据资料，对 2009—2018 年的立项数据进行分析可以发现，中国的 PPP 事业呈现了显著的阶段性特征，可以粗略地划分为两个阶段，即 2014 年以前和 2014 年以后，如表 2-3 和图 2-12 所示。

表 2-3　各年 PPP 发起项目数量（含四批国家级示范项目）

发起年份	频率	百分比	累计占比	第一批	第二批	第三批	第四批
2009	1	0	0				
2010	3	0	0				

发起年份	频率	百分比	累计占比	第一批	第二批	第三批	第四批
2011	6	0.1	0.1	1		1	
2012	32	0.3	0.4		5	3	
2013	78	0.7	1.1		8	5	
2014	318	3	4.2	15	25	19	2
2015	2202	20.9	25.1	5	118	271	57
2016	2930	27.8	52.9			176	167
2017	4040	38.4	91.3			1	102
2018	912	8.7	100				
合计	10522	100	100	21	156	476	328

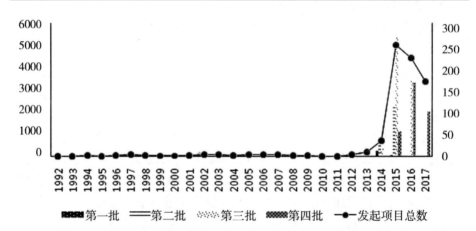

图2-12　中国1992—2017年PPP发起项目数量（含四批国家级示范项目）

（2009年前项目数据来源于陈辉《PPP模式手册》）

2.3.2.2 行业集中度较高

按照 CPPPC 数据库行业划分，项目所属行业共计有能源、交通运输、水利建设、生态建设和环境保护、农业、林业、科技、保障性安居工程、医疗卫生、养老、教育、文化、体育、市政工程、政府基础设施、城镇综合开发、旅游、社会保障及其他行业。目前在库（含管理库及储备库，以下不再赘述）项目排名前三的行业分别是市政工程、交通运输及生态建设和环境保护行业，三者数量累计占比达到 61.5%，而相应的投资额（12.50 万亿元）占总投资额的 45.56%，如图 2-13 所示。

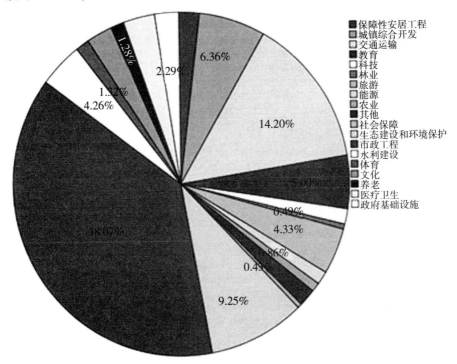

图 2-13　按 PPP 所属行业分布情况

纵向来看，交通运输及市政工程是较早利用 PPP 的行业，而生态建设和环境保护则较晚应用 PPP 模式，但发展速度较快。2014 年在库数量较城镇综合开发、水利建设、医疗卫生均更少，到 2015 年在库数量已经超载上述几个行业，成为仅次于市政工程和交通运输行业的应用场景，在 2016—2017 年保持这一排名，在 2018 年超越交通运输，成为在库数量第二多的行业，如表 2-4 和图 2-14 所示。

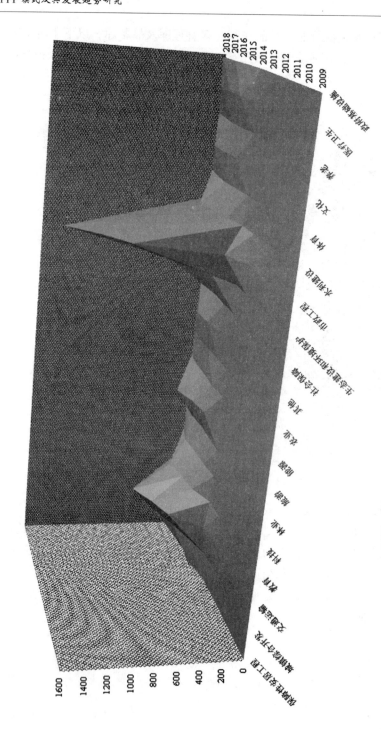

图2-14 历年各行业立项数量变化情况

表 2-4　历年各行业立项数量变化情况

所属行业	2009	2010	2011	2012	2013	2014	2015	2016	2017	2018	总计
保障性安居工程					3	6	69	60	57	11	206
城镇综合开发				1	1	19	101	186	287	74	669
交通运输		1	3	5	13	47	330	429	564	102	1494
教育					4	8	114	146	210	44	526
科技						3	29	39	68	13	152
林业							5	2	30	15	52
旅游				1	2	6	85	128	212	22	456
能源				4	6	8	36	26	35	16	131
农业						3	9	24	41	14	91
其他					1		18	63	82	10	174
社会保障					3	3	14	9	12	4	45
生态建设和环境保护				2	5	10	154	215	430	157	973
市政工程	1	1	2	11	26	151	911	1132	1451	320	4006
水利建设		1		1	3	18	82	124	182	37	448
体育			1		1	4	27	51	43	12	139
文化				3	3	5	61	80	99	13	264
养老				2	1	7	43	46	28	8	135
医疗卫生				1	6	16	85	94	98	20	320
政府基础设施				1		4	29	76	111	20	241
总计	1	3	6	32	78	318	2202	2930	4040	912	10522

2.3.2.3 投资规模先升后降

从投资总量来看，呈现了显著的跨越式发展，在 2010—2013 年间，投资总规模呈现较为温和的上升趋势，在 2014 年 PPP 相关激励政策出台后，行业出现爆发式发展，表现出量级式的增长，并在 2017 年达到峰值。行业的迅速发展带来了诸多的隐患，为了防止地方债务风险的增长及扩散，国家发改委、财政部等相关部门及时出手，制定了相关行业规范政策，2018 年的投资总额受到了一定的约束，PPP 行业开始降温，如图 2-15 所示。

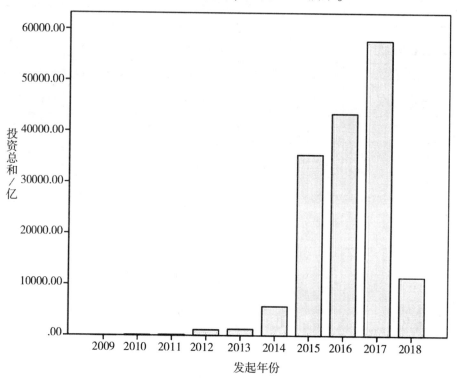

图 2-15 中国 PPP 行业历年投资总额变化情况

进一步地分析可以发现：第一，从投资总额角度，总体规模较大的是市政工程、交通运输和城镇综合开发等行业，均为万亿级别投资，远超其他行业，如图 2-16 所示。结合历年变化情况，这一趋势基本保持不变，如图2-17所示。第二，从项目平均投资额角度，虽然市政工程、交通运输和生态环保行业在库数量较多，但项目平均投资额第一梯队的行业则是交通运输、城镇综合开发，约为 32 亿元；林业、保障性安居工程、生态建设和环境保护和医疗卫生行业，均值超过 10 亿元，如表 2-5、图 2-18 所示；结合历年变化情况，这一趋势也基本保持不变，如图 2-19 所示。

值得注意的是，由于 2009—2011 年立项数量偏少，因此数据分析的结果可能会受到个别项目的影响较大，如 2010 年贵州省在水利建设行业的"贵州省兴义市马岭水利枢纽工程"投资额为 26.66 亿元，而交通运输行业的"沿河至德江高速公路"项目投资额达到 101.99 亿元，计算均值时显著提高了该年份的平均水平。

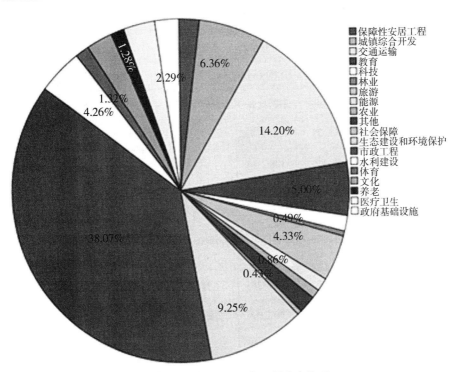

图 2-16 分行业投资总额分布情况

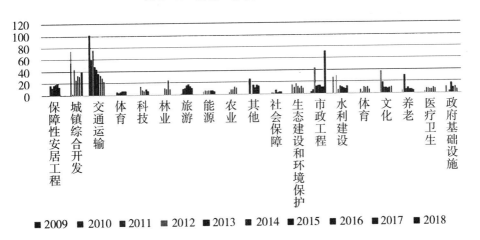

图 2-17 分行业历年投资总额变化情况

表2-5　各行业在库项目投资情况　　　　　　　　单位：亿元

所属行业	均值	总量	所属行业	均值	总量
保障性安居工程	17.18	3538.14	社会保障	3.60	162.2
城镇综合开发	31.88	21326.83	生态建设和环境保护	10.88	10582.3
交通运输	31.79	47492.78	市政工程	11.1	44471.97
教育	5.87	3086.74	水利建设	8.94	4007.11
科技	7.30	1110.35	体育	9.23	1282.96
林业	18.09	940.91	文化	9.05	2389.41
旅游	14.15	6451.68	养老	6.83	921.48
能源	5.57	729.36	医疗卫生	7.23	2314.61
农业	9.98	907.99	政府基础设施	10.66	2569.95
其他	13.55	2357.76			

　　从单体项目投资额来看，结合历年变化情况，可以发现单体项目平均投资额总体呈现下降趋势，在2010年平均投资额达到43.77亿元，此后一直呈下降趋势，并在2013—2017年间一直保持在15亿元水平。到2018年又出现了上升，结合数量上的缩减，表明PPP行业发展由"量"转"质"，如图2-20所示。

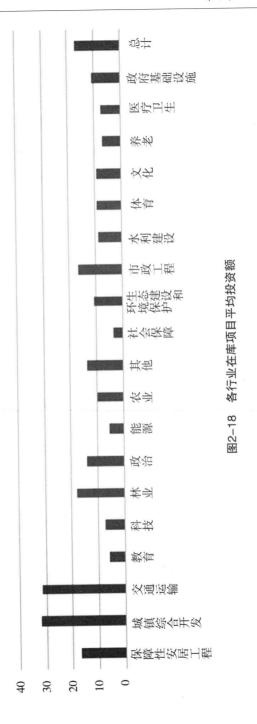

图2-18　各行业在库项目平均投资额

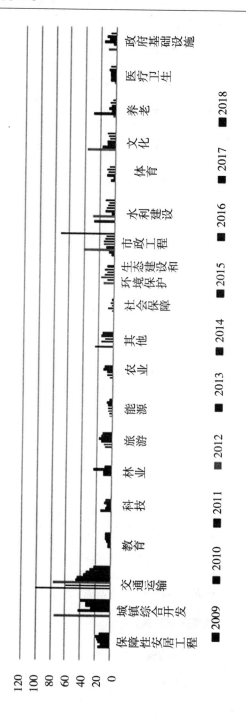

图2-19 各行业历年在库项目平均投资额

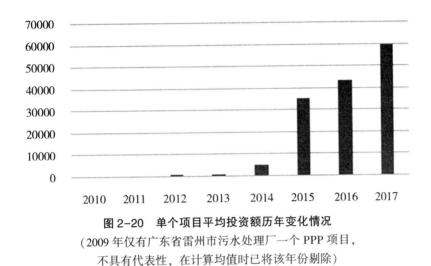

图 2-20 单个项目平均投资额历年变化情况

（2009 年仅有广东省雷州市污水处理厂一个 PPP 项目，
不具有代表性，在计算均值时已将该年份剔除）

2.3.2.4 回报机制有待完善

PPP 项目回报机制主要有 3 种：政府付费、使用者付费及可行性缺口补助。政府付费以及可行性缺口补助均需要地方政府提供一定的财政支出，由于项目合作期普遍较长，对于地方政府的财政收入有着长期且稳定的要求。另一方面，使用政府付费的方式开展 PPP 运营，容易出现变相融资、债务异化等问题，造成地方政府财政风险的增加。

总的来看，在库项目多数使用可行性缺口补助的回报机制，即需要一定额度的财政补贴，占比达到 53.8%；其次为政府付费方式，占比达到 36.1%；完全由使用者付费的项目仅占总体的 10.1%。从这一比例结构也反映出当前 PPP 行业的回报机制不甚合理，对地方财政收入有着较高的要求，如图 2-21 所示。

结合历年的变化，总体上使用者付费模式呈下降趋势，政府付费模式所占比重先升后降，表明国家并不鼓励使用政府付费模式，但政府付费模式的减少，并未带来使用者付费模式的增加，如图 2-22 所示。PPP 行业经历 2017 年的大幅整改，政府财政负担总体上有了一定程度的降低，但要让 PPP 回归本质，仍有一段较长的路要走。

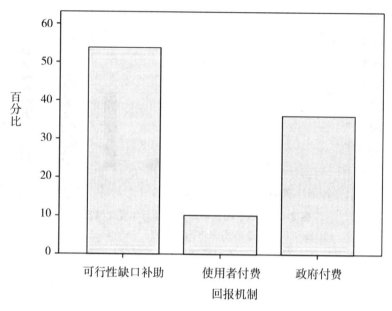

图 2-21　在库项目回报机制分布

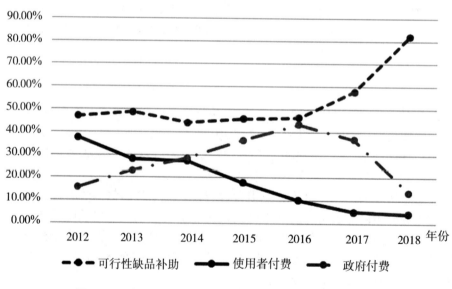

图 2-22　中国 2012—2018 年在库项目回报机制变化情况

2.3.2.5 合作效果有待检验

在库项目合作年限均值大约为 20 年，按照当前在库项目的入库时间推算，大批项目需要到 2035 年左右才会进入移交阶段，中间仍有约 15 年的运营期，需要考验政府和社会投资方的经营及管理水平。

具体地，项目约定的合作年限以 15 年、30 年、10 年、20 年等周期年份为主，占总体项目比重分别为 17.8%、17.6%、11.4%、11.0%。20 年及以下合作年限项目累计占比为 66.1%，30 年及以下合作年限项目占比为 97.0%，超长年限的项目仍不多见，如表 2-6 和图 2-23 所示。

表 2-6　在库项目合作年限描述统计

指标		值	指标	值
样本数量	有效	10522	偏度	0.59
	缺失	0	偏度的标准误	0.02
均值		19.24	峰度	−0.53
中值		17	峰度的标准误	0.05
众数		15	极小值	3
标准差		7.39	极大值	60

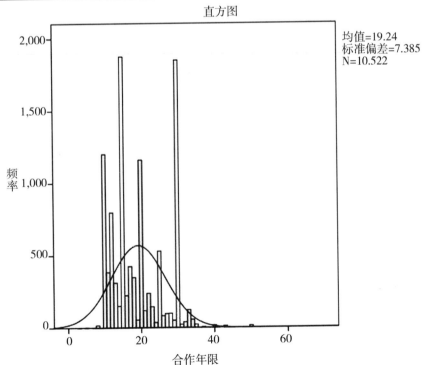

图 2-23　在库项目合作年限分布情况

参考文献

[1] 叶晓甦，徐春梅. 我国公共项目公私合作（PPP）模式研究述评 [J]. 软科学，2013，27（6）：6-9.

[2] JinboSong, HonglianZhang, WanliDong. A Review of Emerging Trends in Global PPP Research Analysis and Visualization [J]. Scientometrics, 2016 (107)：1111-1147.

[3] 季闯，袁竞峰，李启明. 基础设施 PPP 项目实物期权界定与分析 [J]. 工程管理学报，2011，25（4）：393-398.

[4] 李丽，丰景春，钟云，等. 全生命周期视角下的 PPP 项目风险识别[J].工程管理学报，2016，30（1）：54-59.

[5] 亓霞，柯永建，王守清. 基于案例的中国 PPP 项目的主要风险因素分析[J].中国软科学. 2009（5）：107-113.

[6] ShangZhang, Alber P. C. Chan, YingbinFeng, HongxiaDuan, YongjianKe. Critical Review on PPP Research – A Search from the Chinese and International Journals[J].International Journal of Project Management,2016(34)：597-612.

[7] 梁伟，王守清. 实物期权在城市轨道交通 PPP 项目决策中的应用 [J]. 工程管理学报，2012，26（2）：23-27.

[8] 郭健. 公路基础设施 PPP 项目交通量风险分担策略研究 [J]. 管理评论，2013，（25）7：11-19，37.

[9] JicaiLiu, XibingYu, Charles Yuen Jen Chean. Evaluation of Restrictive Competition in PPP Projects Using Real Option Approach [J]. International Journal of Project Management，2014（32）：473-481.

[10] 李林，刘志华，章昆昌. 参与方地位非对称条件下 PPP 项目风险分配的博弈模型 [J]. 系统工程理论与实践，2013，（33）8：1940-1948.

[11] 李妍. 不完全信息动态博弈视角下的 PPP 项目风险分担研究——基于参与方不同的出价顺序 [J]. 财政研究，2015（10）：50-57.

[12] 王颖林，傅梦，林向前. 政府担保 PPP 项目复合期权价值评估 [J]. 工程管理学报，2015，29（1）：65-70.

[13] 刘晓宏. 分阶段风险投资决策实物期权价值分析——分阶段投资的延期效应与风险效应 [J]. 中国管理科学，2005，13（3）：26-31.

[14] 张羽，徐文龙，张晓芬. 不完全契约视角下的 PPP 效率影响因素分析 [J].理论月刊，2012（12）：103-107.

［15］杜亚灵，尹贻林．不完全契约视角下的工程项目风险分担框架研究［J］.重庆大学学报（社会科学版）［J］.2012，18（1）：65-70.

［16］孙慧，叶秀贤．不完全契约下 PPP 项目剩余控制权配置模型研究［J］.系统工程学报，2013，28（4）：227-233.

［17］高颖，张水波，冯卓．不完全合约下 PPP 项目的运营期延长决策机制［J］.管理科学学报．2014，17（2）：48-57，94.

［18］ElisabettaIossa，DavidMartimort. Corruption in PPPs，Incentives and Contract Incompleteness ［J］. International Journal of Industrial Organization，2016，44（1）：85-100.

［19］NiclasA. Krüger. To kill a real option‐Incomplete contracts，Real Options and PPP［J］.Transportation Research Part A：Policy and Practice，2012（46）：1359-1371.

［20］杨瑞龙，聂辉华．不完全契约理论：一个综述［J］.经济研究，2006（2）：104-115.

［21］JyrkiSavolainen. Real Options in Metal Mining Project Valuation：Review of Literature ［J］. Resources Policy，2016（50）：49-65.

［22］HyounkyuLee，TaeilPark，ByungilKim，KyeongseokKim，HyoungkwanKim. A Real Option‐Based Model for Promoting Sustainable Energy Projects under the Clean Development Mechanism. Energy Policy，2013（54）：360-368.

［23］谷晓燕，何锋，蔡晨．风险条件下基于实物期权的研发项目多阶段评价模型［J］.中国管理科学，2011，（19）4：68-75.

［24］Ana Belen Alonso‐Conde，ChristineBrown，JavierRojo‐Suarez. Public Private Partnerships：Incentives，Risk Transfer and Real Options ［J］. Review of Financial Economics，2007，16（4）：335-349.

［25］雷震，袁汝华．水利工程 PPP 项目期权价值评估及波动率计算［J］.武汉理工大学学报（信息与管理工程版），2016，38（4）：464-468.

［26］王保乾.循环经济发展模式及实现途径的理论研究综述［J］.中国人口·资源与环境，2011（12）：1-4.

［27］佟琼，王稼琼，王静．北京市道路交通外部成本衡量及内部化研究［J］.管理世界，2014（3）：1-9，40.

［28］陈辉.PPP 模式手册——政府与社会资本合作理论方法与实践操作［M］.北京：知识产权出版社，2015.

［29］程哲，韦小泉，林静，等.1984—2013 年中国 PPP 发展的时空格局与影响因素［J］.经济地理，2018，38（01）：20-27.

第3章 PPP 应用地区差异及影响因素

3.1 PPP 应用的地区差异

3.1.1 在库数量

PPP 应用过程中表现出较大的地区差异性，最主要的表现是在项目总量上的差异。从数据统计来看，在库项目地区分布大致可以分为 3 个梯队，如图 3-1 和表 3-1 所示。

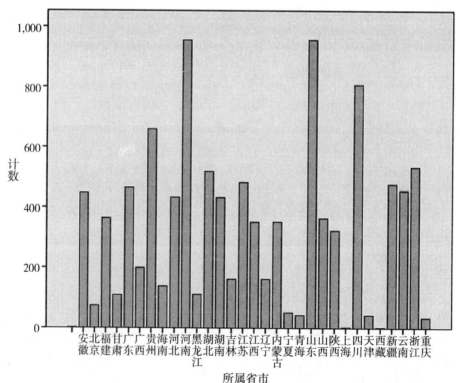

图 3-1　各地区在库项目数量分布情况

表 3-1　各地区在库项目数量分布情况（含管理库和储备库）

地区	发起年份										所属库别		总计
	2009	2010	2011	2012	2013	2014	2015	2016	2017	2018	储备库	管理库	
山东				3	6	39	298	175	342	93	197	759	956
河南			1	2	3	14	227	216	423	69	311	644	955
四川				1	6	42	257	224	235	42	284	523	807
贵州		2	3	4	14	37	143	189	198	69	131	528	659
浙江				2	6	23	98	163	191	51	37	497	534
湖北				1	2	6	49	107	332	22	126	393	519
江苏				3	5	19	96	163	156	41	116	367	483
新疆						6	99	152	213	8	96	382	478
广东	1			1	1	13	80	124	174	72	12	454	466
云南			1		2	4	67	127	196	58	3	452	455
安徽				1	5	13	70	144	165	51		449	449
河北				2	6	11	117	141	128	28	88	345	433
湖南			1	2	6	13	104	181	113	12	12	420	432
福建					3	14	65	79	166	37	29	335	364
山西				1	6	25	62	205	65		7	357	364
内蒙古				1		5	72	128	128	18	72	280	352
江西						5	33	93	167	53	39	312	351
陕西				1	1	12	50	117	130	12	61	262	323
广西					1	2	44	49	77	26	28	171	199
吉林						4	31	39	66	22	1	161	162
辽宁		1		3	3	4	55	32	42	22	25	137	162
海南				3	2	2	37	75	19		39	99	138
黑龙江					1	6	14	32	52	6	19	92	111
甘肃						5	18	22	45	19	10	99	109
北京				2	2	7	9	37	14	3	14	60	74
宁夏					2		9	31	9		5	46	51
青海					1	15	11	13	3		11	32	43
天津							6	4	26	7	10	33	43

地区	发起年份										所属库别		总计
	2009	2010	2011	2012	2013	2014	2015	2016	2017	2018	储备库	管理库	
重庆						5	10	6	10	3	2	32	34
上海						3						3	3
西藏									2			2	2
总计	1	3	6	32	78	318	2202	2930	4040	912	1785	8726	10511

注：数据来源于 2019 年 3 月 CPPPC 数据库。

第一梯队包括山东、河南和四川三省。山东省和河南省的在库项目数量相近，均接近 1000 项，四川省也有 807 项。在经历较大的整改和退库后，仍有较大数量的存量项目，表明地方政府对于基础项目的需求量较大，同时也青睐 PPP 模式的应用。进一步地分析可以发现，山东省、河南省无论在项目总量还在管理库在库数量上均处于前两位，但四川省与贵州省的管理库在库数量则较为接近。储备库中排名靠前的分别是河南省、四川省和山东省，排名略有变化，表明河南省在持续利用 PPP 方面较其他省份更为积极。

第二梯队包括贵州、浙江、湖北、江苏、新疆、广东、云南、安徽、河北、湖南、福建、山西、内蒙古、江西和陕西等省份和地区。在库项目数量从 323~659 项不等，分布较为连续。进一步分析发现，云南、安徽、山西和广东四省的管理库项目占总量的比重较高，储备库中项目数量较少，表明在利用 PPP 方面这些地区"刹车"力度较大。

第三梯队包括广西、吉林、辽宁、海南、黑龙江、甘肃、北京、宁夏、青海、天津、重庆、上海和西藏等省、市及地区。上述地区的在库项目数量均少于 200 项，北京、宁夏、青海、天津、重庆、上海和西藏地区的数量更少于 100 项。值得注意的是，中国直辖市均处于这一梯队。从管理库的占比来看，这一梯队的地区除吉林有较大明显的停滞，其他地区总体上仍保持着和管理库相适应的投入强度，从横向比较来看并未表现出明显的加强或减缓趋势。

3.1.2 行业分布

在库数据较多的行业包括市政工程、交通运输、生态建设和环境保护等。市政工程行业在库数量仍以山东、四川和河南三省最多，与项目数量总体的分布情况基本保持一致，如表 3-2 和图 3-2 所示。

进一步分析可以发现，不同地区在行业投入方面仍然存在一定的差异性，具体如下：

（1）在交通运输方面，在库数量前三的分别是四川省、河南省和浙江省，表明浙江省的城市建设完善程度较高，在 PPP 应用方面更侧重基础建设而非城市开发。这一点在天津市表现尤为明显，交通运输与市政工程项目数量基本相当，超过海南、吉林、广西、甘肃等地区。

（2）在生态建设和环境保护方面，在库数量前三的分别是河南省、广东省和山东省，其中河南、广东两省的在库项目数量远超其他省份，差异显著。在生态保护方面表现出较大的分化，河南省仍属于欠发达省份，而广东省则属于发展质量较高地区，二者均在生态保护方面有较大侧重，原因值得深思，在接下来的内容中将展开进一步的分析。

（3）多数地区在 PPP 应用方面注重与本地资源优势相结合。比如在旅游行业，在库项目数量较多的地区是贵州、江苏、山东、四川、湖南等省份，上述地区的旅游资源均较为丰富，有进一步挖掘的潜力，亟需大量资金注入，因此对于 PPP 的倾向性明显。在农业方面，数量相对较多的则是江西省、山东省、河南省等第一产业仍然有较大支撑作用的地区。在保障性安居工程行业，江苏省和浙江省的在库项目数量居于前两位，表明在城镇发展方面，这些地区走在了前列。其他行业也都或多或少地表现出一定的地区差异性，这一方面表明地方政府在利用 PPP 时有着充分的本地化考量，另一方面表明社会资本方在选择投资目的地时充分考虑了项目的可持续性和可盈利性。

表3-2　各行业在库项目的地区分布情况

所属省市	安居工程	城镇开发	交通运输	教育	科技	林业	旅游	能源	农业	其他	社会保障	生态环保	市政工程	水利建设	体育	文化	养老	医疗卫生	政府基础设施	总计
安徽	8	50	57	13	6	1	16	4	3	7		63	180	5	6	9	3	10	8	449
北京	1		6	1	3			2			1	8	42	7	2		1			74
福建	6	21	41	20	11	5	10	7		5	1	23	168	13	2	8	2	18	1	364
甘肃			27	4			5	1		2	1	7	49	7	3	2	1			109
广东	1	21	62	6	2		4	2	3	5	2	101	209	17	2	1	1	11	9	466
广西		16	26	5	6		7			3		28	84	5		2			8	199
贵州	14	41	98	35	3		64	5	5	19	7	60	223	21	10	2	5	28	13	659
海南	5	3	3	3	1		2	6		2		14	86	7		2		3	1	138

所属省市	安居工程	城镇开发	交通运输	教育	科技	林业	旅游	能源	农业	其他	社会保障	生态环保	市政工程	水利建设	体育	文化	养老	医疗卫生	政府基础设施	总计
河北	4	32	53	27	7		13	6	4	5		36	196	10	4	12	2	16	6	433
河南	16	31	152	76	12	26	23	12	4	7	3	143	272	59	11	34	15	38	21	955
黑龙		5	34	2	5		3	3		1		5	36	5		3	1	1	7	111
湖北	2	36	52	14	6	4	31	5	7	3	1	67	226	13	5	25	4	9	9	519
湖南	5	46	38	12	13		37	6	2	2	2	40	177	18	4	9	9	9	3	432
吉林	1	10	15	4	1		1			4		18	86	4	6	1	2	2	4	162
江苏	34	66	50	12	11		43	10	8	9		24	156	10	12	7	12	9	8	483
江西	10	32	54	15	3		12	3	13	21		22	118	15	2	2	3	6	20	351
辽宁		13	17	4	2		3	3	2	6	1	9	72	2		5	3	2	16	162
内蒙古	9	16	43	16			15	4	4			27	160	6	10	9	5	8	6	352
宁夏			6	3			3		1	2		4	20	3	2	2	1	3	1	51
青海		1	4	1	2		4	2		1	1	4	15	3	2		2	1		43
山东	23	69	90	76	22	1	36	21	11	7	6	66	339	31	11	44	26	57	20	956
山西	4	10	72	28	2	4	9		1	2	1	31	155	14	5	11		9	9	364
陕西	3	13	41	18	4		28	3	1	8	2	29	113	16	4	10	8	11	11	323
上海		1											1			1				3
四川	22	56	168	51			36	6	4	9	2	50	312	25	6	14	8	26	12	807
天津	2	2	6	1	1				1				29					1		43
西藏				1									1							2
新疆	6	24	71	21	13		16	6	4	23	2	17	181	32	7	10	6	11	28	478
云南	3	14	87	19	3	7	22		8	6		54	127	68	7	5	7	13	5	455
浙江	27	38	112	38	3	1	10	13		11	4	19	156	32	10	20	6	16	18	534
重庆		2	9				3					4	13	2		1				34
总计	206	669	1494	526	152	52	456	131	89	174	44	973	4002	448	136	264	135	320	240	10511

注：数据来源于 2019 年 3 月 CPPPC 数据库。

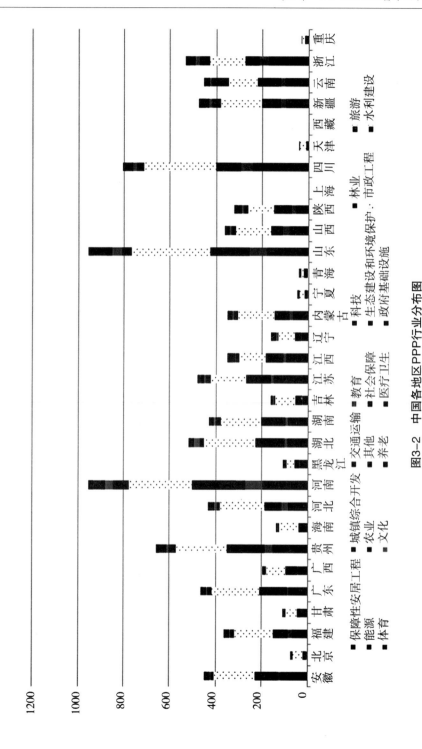

图3-2　中国各地区PPP行业分布图

3.1.3 参与时间

从各地区在库项目数量的纵向变化来看，不同地区在 PPP 模式应用的力度上存在着时间差异。

总体来看，各地均在 2014 年开始发力，2015 年进入快速发展期，在 2017 年达到高峰，并在 2018 年开始急剧收缩。2013 年及以前的在库项目总数仅有 120 项，其中贵州是参与最为积极的地区，在 2010—2013 年间在库项目数量达到 23 项，占总体的近两成。

2014 年，在库项目数量前三的省份为四川省、山东省和贵州省；此外浙江省和江苏省分列四、五位，较早开始利用 PPP 模式开展基础设施建设；此时仍有宁夏、上海、天津以及西藏地区未开展 PPP 的任何项目。到了 2015 年，山东省、四川省持续发力，而河南省则异军突起，跃居第三位，且远超排名第四的贵州省，表现出对 PPP 的极大热情。2016 年山东省略有停滞，四川省、河南省和贵州省分列前三，湖南省超越山东省，但总体态势已基本形成；重庆、天津、上海和西藏仍处于行业的尾部，一直对 PPP 保持着较大的距离。2017 年是 PPP 的顶峰时期，河南省进一步加大力度，成为该年发起项目最多的省份，湖北省在这一年加大了参与力度，在库项目数量居于第三；西藏的 PPP 立项数量实现了零突破。2018 年 PPP 行业处于大收缩阶段，各地在 PPP 立项方面都更为谨慎，发起数量大幅收窄，但基本上仍保持了原有的地区差异状态。值得注意的是，广东省超过河南、贵州等传统 PPP 大省，居于第二位，显示出广东省 PPP 管理和利用方面有较强的自信，如图 3-3 所示。

3.1.4 回报机制

由于 PPP 本身具有的公益或准公益属性，因此政府既要提供合理的利润回报水平以吸引社会资本，同时又要设立相应的合同机制防止社会资本利用特许经营权获取超额利润。政府和社会资本应当根据项目的具体情况、行业属性、运作方式、发展前景，合理设置回报机制，实现风险均担、利益均分。当前 PPP 项目有 3 种回报机制可供选择：可行性缺口补助、政府付费以及使用者付费。在前述分析中已经发现当前行业使用可行性缺口补助的项目仍是多数。

政府付费（Government Payment，GP）是指政府直接付费购买公共产品和服务，政府完全承担运营成本，而使用者付费（User Chareges，UC）则是

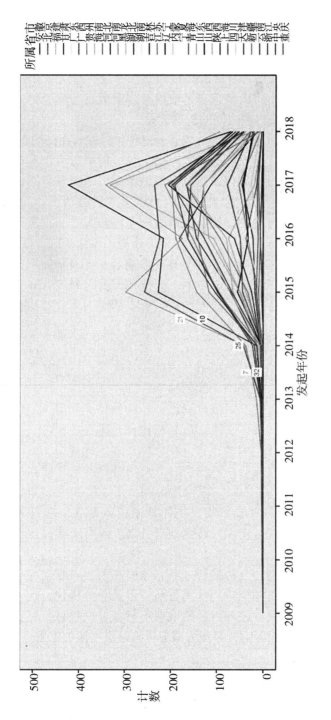

图3-3　各地区历年在库项目数量变化情况

由公众或其他项目产品、6 服务使用者承担运营成本。可行性缺口补助（Viability Gap Funding，VGF）是指政府对使用者付费无法完全覆盖项目建设运营成本投入，社会资本无从获得合理收益的项目，给予多重形式的投资支持或运营补贴，以确保采用使用者付费机制的 PPP 项目具有商业运营的可行基础。在性质上，可行性缺口补助机制综合了使用者付费机制与政府付费机制的双重特点，是介于二类付费机制之间的折衷选择。

付费机制是 PPP 合同条款的核心内容，三种付费方式存在均有其合理性，选择何种回报机制应当结合项目的实际产出。政府付费适用于不宜向公众或终端用户直接收费的项目，如市政道路、流域治理、海绵城市建设等；使用者付费适用于容易明确使用主体且具有收费可操作性的项目，如高速公路、地铁、城市供水等；可行性缺口补助机制则介于前两者之间，适用于具有一定收费可行性但盈利能力不强的项目，如保障住房、体育场馆、教育产业等。

在 PPP 产业快速发展过程中，部分地方政府急于上马基建项目，将大量不具有盈利能力的项目打包成 PPP 项目，再使用政府付费或者高额财政补贴的方式促进项目入库，还有部分政府向社会资本承诺固定收益回报等，都形成了较大的债务隐患，不利于 PPP 行业的健康发展。从某种角度来说，2018 年的"纠偏"也是要大幅降低那些不适宜使用 PPP 模式的项目进入项目库，完全靠政府财政救济的项目难以持久，因此，从回报机制的分布情况来分析各地区 PPP 的发展状况，也具有一定的参考价值。

总的来看，使用政府付费回报机制比例较高的是上海市、广东省、江西省、海南省、吉林省、安徽省、北京市和福建省，均超过 50%，其中上海市由于总量只有 3 项，因此代表性不强。在立项较多的地区中，山东省、贵州省使用政府付费的比例均较低，不到 25%。使用者付费机制模式应用较多的地区甘肃省、青海省，高于 20%，其余地区均低于 20%；大多数地区主要的回报机制仍是可行性缺口补助，其中比例最高的云南省，超过 80%，达到 83.52%（西藏地区为 100% 使用可行性缺口补助，但由于项目仅有 2 项，因此代表性不强），见表 3-3。

回报机制的选择与前述分析的行业分布紧密相关，同时也与地方财政支付能力关系密切，不能简单地进行优劣评价。但是总的来说，地方财政支付能力弱的地区如果存在大量的政府付费或者可行性补助项目，对于地方经济稳定运行可能会造成负面影响，是地方债务风险重点关注的对象。

表 3-3　各地区按回报机制划分项目分布情况

地区	在库项目数量			总计	占比		
	VGF	UC	GP		VGF	UC	GP
安徽	204	14	231	449	45.43%	3.12%	51.45%
北京	22	14	38	74	29.73%	18.92%	51.35%
福建	149	29	186	364	40.93%	7.97%	51.10%
甘肃	64	36	9	109	58.72%	33.03%	8.26%
广东	164	19	283	466	35.19%	4.08%	60.73%
广西	108	9	82	199	54.27%	4.52%	41.21%
贵州	402	92	165	659	61.00%	13.96%	25.04%
海南	50	14	74	138	36.23%	10.14%	53.62%
河北	225	77	131	433	51.96%	17.78%	30.25%
河南	441	91	423	955	46.18%	9.53%	44.29%
黑龙江	53	12	46	111	47.75%	10.81%	41.44%
湖北	307	44	168	519	59.15%	8.48%	32.37%
湖南	324	39	69	432	75.00%	9.03%	15.97%
吉林	66	11	85	162	40.74%	6.79%	52.47%
江苏	274	54	155	483	56.73%	11.18%	32.09%
江西	142	18	191	351	40.46%	5.13%	54.42%
辽宁	90	16	56	162	55.56%	9.88%	34.57%
内蒙古	149	46	157	352	42.33%	13.07%	44.60%
宁夏	28	5	18	51	54.90%	9.80%	35.29%
青海	20	10	13	43	46.51%	23.26%	30.23%
山东	578	148	230	956	60.46%	15.48%	24.06%
山西	188	12	164	364	51.65%	3.30%	45.05%
陕西	189	55	79	323	58.51%	17.03%	24.46%
上海	1		2	3	33.33%	0.00%	66.67%

续表

地区	在库项目数量			总计	占比		
	VGF	UC	GP		VGF	UC	GP
四川	466	52	289	807	57.74%	6.44%	35.81%
天津	23	3	17	43	53.49%	6.98%	39.53%
西藏	2			2	100.00%	0.00%	0.00%
新疆	236	68	174	478	49.37%	14.23%	36.40%
云南	380	20	55	455	83.52%	4.40%	12.09%
浙江	293	47	194	534	54.87%	8.80%	36.33%
重庆	16	4	14	34	47.06%	11.76%	41.18%
总计	5654	1059	3798	10511	53.79%	10.08%	36.13%

3.1.5 示范项目

为规范地推广运用政府和社会资本合作模式，保证 PPP 示范项目质量，形成可复制、可推广的实施范例，充分发挥示范效应，2014 年 11 月 30 日，财政部发布《关于政府和社会资本合作示范项目实施有关问题的通知》，并公布了第一批 PPP 示范项目。此后每年公布一次示范项目名单，截至 2018 年 2 月，全国共公布了四批示范项目：第一批 30 个、第二批 206 个、第三批 516 个、第四批 396 个，合计达 1148 个。在执行过程中，部分项目未能按预期运营下去，对于这些项目将做退库处理，到 2019 年 3 月，CPPPC 数据库的统计结果显示，国家级示范项目仅有 810 个，退出 338 个，退出比率达到 29.445%。

从当前在库国家级示范项目数量来看，河南省、云南省、河北省分列前三位，湖北省、安徽省、山东省也有一定数量的国家级示范项目。与在库项目总量分布对比来看，二者并非完全一致，在库项目数量较多的山东省、贵州省示范项目数量并不匹配，从一定程度上表明上述地区项目管理质量仍有待提升，项目数量见表 3-4。

表 3-4　国家级示范项目地区分布情况

地区	国家级示范项目				总计
	第一批次	第二批次	第三批次	第四批次	
安徽	4	7	27	17	51
北京	0	4	5	6	15
福建	1	4	21	22	47
甘肃	0	2	1	8	11
广东	0	3	17	10	30
广西	0	2	4	9	15
贵州	1	5	17	11	33
海南	0	8	9	1	18
河北	2	10	28	18	56
河南	0	32	23	27	82
黑龙江	0	2	3	2	7
湖北	0	3	24	26	53
湖南	1	1	5	9	15
吉林	2	7	11	10	28
江苏	6	3	13	4	20
江西	0	2	10	7	19
辽宁	1	4	5	1	10
内蒙古	0	8	18	4	30
宁夏	0	1	6	2	9
青海	0	1	6	2	9
山东	0	0	19	22	41
山西	0	2	10	7	19
陕西	0	4	13	12	29
上海	1	0	0	1	1

续表

地区	国家级示范项目				总计
	第一批次	第二批次	第三批次	第四批次	
四川	0	1	14	12	27
天津	0	0	1	0	1
西藏	0	0	0	1	1
新疆	0	1	19	18	38
云南	0	17	18	33	68
浙江	0	7	10	7	24
重庆	0	1	1	1	3
总计	19	142	358	310	810

3.1.6 合作年限

合作年限（部分文献中称为特许经营期）是由合作双方根据项目运行的需要、协商确定的合作时长。由于 PPP 项目的公益属性，在收益率方面往往表现出收益率低、稳定性高的特点，即属于"细水长流"的项目，社会投资方不能急于求成，政府方也不会在短期内承担高额财政支出。

合作年限并不是决定项目优劣的主要因素，也不是衡量一个地区 PPP 管理水平的决定因素，但总的来说，"战线"太长对于地方政府来说仍是一个考验。在较多项目的物有所值评价及地方政府财政承受能力评价中，均对地方财政收入增长水平设置了较高的估计值，如某地方政府预计在未来 20 年能保持年均 15% 的财政收入增长水平。在当前我国经济由高速增长转向中高速增长的大背景下，这种增长速率很难有保障，一旦发生不可预测的经济冲击，可能对地方政府的支付能力有较大的考验，进而影响项目的正常运营。

从数据分析结果来看，合作年限均值较高的是青海省、甘肃省、西藏地区等，均值较低的有江西省、安徽省、海南省、四川省及浙江省等。多数省份的均值处于 17.5 ~ 22.5 年间，总体上处于较为合理的水平，如图 3-4 所示。

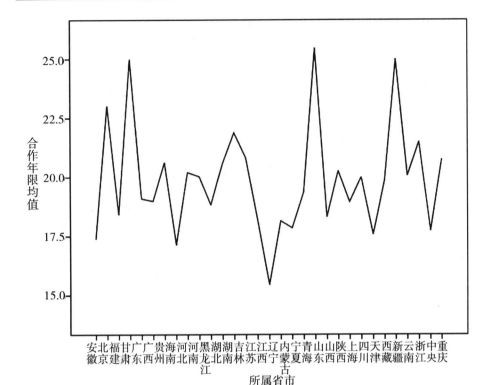

图 3-4 各地区项目合作年限均值分布情况

3.2 地区差异影响因素分析——以生态项目为例

3.2.1 相关研究

"十三五"以来，生态文明已成为国家和地方开展基础建设的重要导向，以环境治理与生态保护为主要内容的建设项目具有较强的公益性质，其建设与管理对公共财政有较强的依赖性。在此背景下，日益增长的生态建设需求与严格控制的政府债务规模之间的矛盾为 PPP 模式的实践应用提供了巨大的发展空间。水利建设、生态建设和环境保护、农业及林业等"绿色发展"主题的 PPP 项目呈现快速增长的趋势。值得注意的是，相关数据表明 PPP 投资存在量、质及社会参与积极性的显著差异，这种差异将进一步加剧各省生态文明发展水平的不平衡。分析生态 PPP 项目省际差异，探究其影响因素，对于理解投资需求、改善投资失衡、提高地区生态环境有现实意义。

生态治理与 PPP 投资相关研究都有较多成果，但交叉研究目前仍不多见。学术界对于生态治理领域 PPP 模式研究主要集中在两个方面：一是对 PPP 模式适用性、可行性的探讨。孙楠等（2007）较早地讨论了 PPP 模式在荒漠化治理方面的可行性问题，认为将政府生态治理的责任感与企业高效的资金运作与管理运营结合起来，能够取得双赢的结果。李虹等（2013）基于我国农村水利基础设施地方政府投资不足、管理效率低下的现实，讨论引入 PPP 模式的可行性并设计融资方案。华章琳（2016）认为政府在生态环境产品供给过程中应从"全能型"向"服务型"转变，而 PPP 模式能够保证生态环境公共服务的有效配置和自由流动。李繁荣等（2016）指出生态产品供给的 PPP 模式能够在发挥政府主导作用的同时，充分调动市场主体供给生态产品的积极性，是一种有益的探索。宋超（2016）采用 SWOT 分析，发现 PPP 模式在县域生态治理中有极强的适用性，建议将生态环保项目打包捆绑、组合开发。梅冠群（2016）提出应当借鉴发达国家生态环保市场体系建设的经验，着力推动 PPP 模式的应用。二是以特定区域、项目个案为依托的应用模式或实施效果研究。柯任泰展（2016）结合河南省某水生态文明项目，探讨了基于投资方、投资方式和回报机制的 PPP 投融资框架。刘秋常（2016）以河南省周口市为例，采用多层次模糊综合评价的方法，验证了 PPP 模式的科学性与合理。靳乐山等（2016）结合贵州省赤水河流域的实际需求和生态目标，设计了赤水河流域水环境保持基金框架，论证了应用 PPP 模式提供生态系统服务促进区域可持续发展的可行性。

整体来看，已有理论研究与当前生态 PPP 项目爆发式发展的现实相比，PPP 模式在生态领域"适用性"及"可行性"的探讨略显滞后，在宏观层面的成因研究有待深入。本章从省际层面的宏观视角出发，利用 CPPPC 数据库，对各省生态 PPP 项目立项数量的差异进行分析，并进一步探讨差异形成的影响因素，为地方吸引社会投资，提升政企合作效率，改善地区生态环境等政策的制定提供借鉴和参考。

3.2.2 数据来源

本书项目数据来源于 CPPPC 项目库，该数据涵盖项目所属区域、类别、投资额、发起时间等相关信息。获得有效样本 1709 个（涉及生态建设、水利建设、农业及林业等具有较强生态特征的 PPP 项目，以下简称"生态 PPP 项目"），占数据库项目总数的 12.23%。数据不含新疆建设兵团、台湾省、香港和澳门特别行政区及中央直属项目，其中大连、宁波、厦门、青岛、深圳市相关数据分别统计在辽宁省、浙江省、福建省、山东省及广东省内。其他相关研究数据来源于《中国统计年鉴 2016》、《中国省域竞争力蓝皮书：中国省域经济综合竞争力发展报告（2015—2016）》以及《2016 中国地方政府效率研究报告》。

3.2.2.1 生态 PPP 项目立项情况

总体上，生态 PPP 项目数量较多的省份为贵州、河南、新疆、山东、四川、云南及内蒙古，项目数分别为 209、192、190、126、113、113 及 111 个；其他省市项目数均在 100 个以下。从区域分布来看，西部 12 省市立项数量占总体的 47.56%，中部 6 省占 26.30%，东部 10 省占 23.46%，东北 3 省占 2.7%，项目主要集中在中西部欠发达地区，如图 3-5 所示。

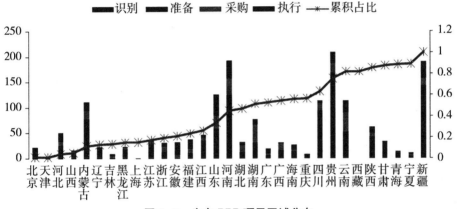

图 3-5　生态 PPP 项目区域分布

3.2.2.2 重大生态 PPP 项目立项情况

重大生态 PPP 项目（指投资额大于 10 亿元的生态项目，以下简称"重大项目"）投资规模大、运营周期长、社会影响深远，更能够反映 PPP 模式的运营能力与质量。从各省立项的绝对数来看，重大项目与生态 PPP 项目总体分布的情况基本保持一致，前六的是河南、山东、四川、贵州、湖南、内蒙古。从重大项目占本省生态 PPP 项目比例的相对数来看，占比高于均值（26.93%）的有 16 省市，其中东部有北京、天津、江苏、山东、海南、重庆、福建 7 省市，占 43.75%，中部有河南、安徽、湖南、湖北 4 省，占 25.00%，西部有广西、宁夏、四川 3 省，占 20.00%，东北有辽宁、吉林 2 省，占 13.34%。数据显示东部发达地区和东北地区在重大项目立项方面表现更为活跃，而西部地区相较而言表现出"量大质弱"的特点，中部则一直保持在平均水平，如图 3-6 所示。

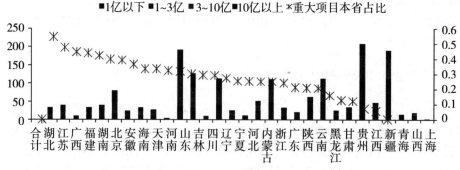

图 3-6　生态 PPP 项目资金分布情况

3.2.2.3 投资主体参与情况

筛选 92 个国家级生态项目为重点样本，采用社会网络分析（Social Network Analysis，SNA）方法，应用 UCINET 6 软件进行可视化处理。如图 3-7 所示，"◇"代表国有企业，"●"代表非国有企业，图标大小代表中心度高低，国有企业在行业中具有较为明显的主导地位。

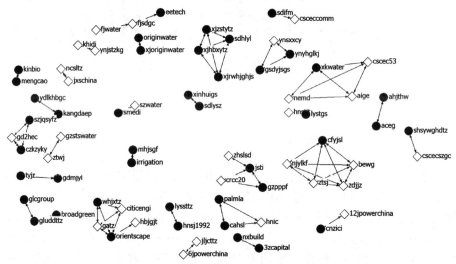

图 3-7　国家级示范项目参与企业关系网络

从企业参与程度上看，国企参与项目占本省项目数比例高于均值（44.00%）的有 13 个省市，其中东部地区有河北、江苏、福建、海南 4 省，占比 30.77%，中部地区有山西、河南、湖北、湖南 4 省，占比 30.77%，西部地区有内蒙古、贵州、云南、陕西 4 省，占比 30.77%，东北地区有吉林 1 省，占比 7.70%，表明国企参与积极性在区域上表现出一定的"均衡性"，这与生态 PPP 项目总体及重点项目分布的区域差异有所不同，如图 3-8 所示。

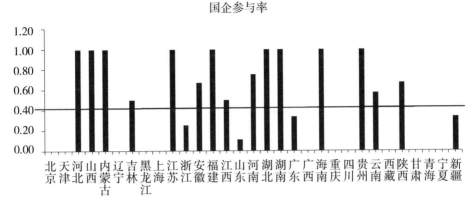

图 3-8　国家级示范项目国企参与情况

综合来看，我国生态 PPP 项目在立项数量、重大项目比重及国有企业参与程度三个方面存在显著且不一致的省际差异。

3.2.3 模型构建

3.2.3.1 变量选择

这里主要讨论以下几个问题：

（1）生态 PPP 项目立项受何种因素影响。

（2）重大项目立项受何种因素影响。

（3）国企参与生态项目积极性受何种因素影响。

针对上述问题，研究选取 3 个因变量，分别定义为生态项目总数（*EP*）、重大项目数（*MEP*）、国企参与积极性（*Participation*）。

已有研究多采用问卷调查、案例研究、建模分析等方法分析 PPP 项目的影响因素。但所用样本、案例、调查对象等存在差异，研究结论及适用性也有所不同。本书选取反映经济、社会和自然三个方面的自变量：GDP 增长速度（%）、人均财政收入（元）、地方一般债务占 GDP 比重（%）、平均受教育程度（年）、政府效率指数、自然资源指数、自然环境指数。

表 3-5　变量描述

变量	解释	极大值	极小值	均值	标准差
EP	各省入库生态 PPP 项目总数	66.00	0.00	20.48	19.51

变量	解释	极大值	极小值	均值	标准差
MEP	各省入库重大项目数	24.00	0.00	5.23	5.52
Participation	重大项目中国企参与项目数占本省项目总数比例	1.00	0.00	0.44	0.43
ΔGDP	GDP 增长率,取滞后一期	11.00	3.00	7.96	1.76
LogFiscal	人均财政收入的自然对数,取滞后一期	0.83	-1.25	-0.57	0.54
Debt	一般债务占 GDP 比重,取滞后一期	51.11	4,78	17.61	10.88
Edu	平均受教育程度,取滞后一期	12.10	5.30	9.01	1.11
Gov	地方政府效率指数,包括公共服务、政府规模、居民福利、政务公开等	0.97	0.00	0.50	0.22
Res	自然资源指数,包括土地、水、牧草、矿产、森林等	36.90	5.20	13.74	8.23
Envir	自然环境指数,包括绿化、废水、废气、废物、工业污染等	78.60	46.20	64.75	8.37

注:GDP 增长率、人均财政收入、平均受教育程度来源于《中国统计年鉴 2016》;一般债务占 GDP 比重来自于财政部公告;政府效率指数来源于《2016 中国地方政府效率研究报告》;自然资源指数、自然环境指数来源于《中国省域竞争力蓝皮书:中国省域经济综合竞争力发展报告(2015—2016)》。

3.2.3.2 模型构建

根据研究目的构造模型:模型 1 讨论各省在生态立项数量方面差异产生的原因,倾向于从"量"的角度考察各因素的影响;模型 2 讨论各省重大生态项目立项数量方面差异产生的原因,倾向于从"质"的角度考察各因素的影响;模型 3 讨论国企在参与各省生态项目时偏好产生的原因,倾向于从"吸引力"的角度考察各因素的影响。采用 STATA 14.0 软件进行分析。

模型 1:

$$EP = \beta_0^1 + \beta_1^1 \Delta GDP + \beta_2^1 \text{Ln} Fiscal + \beta_3^1 Debt + \beta_4^1 Edu + \beta_5^1 Gov + \beta_6^1 Res + \beta_7^1 Envir + \varepsilon_1 \tag{1}$$

模型 2:

$$MEP = \beta_0^2 + \beta_1^2 \Delta GDP + \beta_2^2 \text{Ln} Fiscal + \beta_3^2 Debt + \beta_4^2 Edu + \beta_5^2 Gov + \beta_6^2 Res + $$

$$\beta_7^2 Envir + \varepsilon_2 \tag{2}$$

模型 3：

$$Participation = \beta_0^4 + \beta_1^4 \Delta GDP + \beta_2^4 \mathrm{Ln}Fiscal + \beta_3^4 Debt + \beta_4^4 Edu + \beta_5^4 Gov + \beta_6^4 Res$$

$$+ \beta_7^4 Envir + \varepsilon_4 \tag{3}$$

3.2.3.2 相关假设

PPP 本质是政府和社会资本双方通过资源共享达成共赢，内在动力是节约交易成本、改善公共福利。在实际操作中，由于 PPP 显著的融资优势，政府积极推行 PPP 在很大程度上是期望借社会资本之力，缓解政府的资金约束。从社会投资方的角度来看，在合理规避风险的前提下，追求利润是其首要任务。结合政府和社会资本双方的诉求，提出涉及经济、社会和自然三个方面影响因素的一般性假设。

投资是经济成长动力的"三驾马车"之一，在相当长的时期内都是中国保持稳定增长的支撑力量（林毅夫，2014）。即使存在大量的重复建设和过度投入，但在政绩考核指挥棒的引导下，加强投资仍是大概率事件（曹春方，2014）。

据此提出假设 1：

H_1：地方经济发展速度越快，PPP 生态项目需求量越大，立项倾向越强。

部分文献中将 PPP 定义为"新型的融资模式和管理模式"（汤薇等，2014；宋超，2016），凸显了 PPP 对于政府的融资意义。对财政状况较差但仍具有较高基础建设需求的地区，PPP 无疑提供了一种短期的较为理想的解决方案（于本瑞等，2014）。

据此，提出假设 2 和假设 3：

H_2：地方财政收入越高，经济实力越强，对于融资的需求越小，立项倾向越弱。

H_3：地方一般性债务占 GDP 比重越大，地方财政负担越重，立项的倾向越强。

从社会环境角度来看，较多的研究认为政府效率（也有文献表述为政府信用）对 PPP 项目的影响显著（张万宽等，2010；沈梦溪，2016）；也有学者在进行 PPP 决策影响因素研究时发现公众参与情况也表现出显著性（叶晓甦等，2015；陈世金，2016），认为在可持续发展导向的 PPP 模式中应加强对公众利益的考虑（熊伟，2017），建议将 P3（PPP）扩展为 P4，增加公众利益（People 或 Person）选项，认为在研究生态项目时，应考虑公众的生态意识对项目的直接影响，而平均受教育程度是反映公众生态素养因素中争议较少的一个（赵向华，2013）。

因此，提出假设 4 和假设 5：

H_4：平均教育程度越高，人力资源越丰富，立项的可能性越大。

H_5：政府效率越高，社会资本越活跃，立项的可能性越大。

对于生态 PPP 项目，项目建设所在地的自然禀赋具有直接影响，如森林、水等生态资源（刘绍娟，2015；李志红等，2017），资源的丰富程度对项目的可营利性有积极作用。

因此，提出假设 6 和假设 7。

H_6：地方自然资源（包含水、矿产、森林等）越丰富，生态项目营利可能性越大，立项的可能性越大。

H_7：地方自然环境（包括空气、水质、土壤等）越优良，生态项目可行性越高，立项的可能性越大。

项目投资额增大，意味着收益与风险增加，社会资本对规避风险的要求更强（叶晓甦等，2013），表现在重大项目上，政府倾向于同国有企业或国有控股企业合作，企业也倾向于同高效率政府合作。也就是说，政府效率的影响性在重大项目中有更强烈的体现，文章也将对该观点进行验证分析。

3.2.4 结果分析

3.2.4.1 初步检验

对 3 个模型分别进行初步检验：White 检验（$P > 0.42$）和 BP 检验（$P > 0.33$）结果均表明变量未出现显著的异方差影响，如图 3-9、图 3-10、图 3-11 所示。

```
. estat imt,wh
White's test for Ho: homoskedasticity
      against Ha: unrestricted heteroskedasticity
      chi2(30)     =      31.00
      Prob > chi2  =      0.4154
Cameron & Trivedi's decomposition of IM-test
```

Source	chi2	df	p
Heteroskedasticity	31.00	30	0.4154
Skewness	6.20	7	0.5161
Kurtosis	0.64	1	0.4228
Total	37.85	38	0.4765

图 3-9　模型一 White 检验结果

```
White's test for Ho: homoskedasticity
        against Ha: unrestricted heteroskedasticity
    chi2(30)      =      31.00
    Prob > chi2   =      0.4154
```

Cameron & Trivedi's decomposition of IM-test

Source	chi2	df	p
Heteroskedasticity	31.00	30	0.4154
Skewness	5.93	7	0.5483
Kurtosis	1.14	1	0.2850
Total	38.07	38	0.4663

图 3-10　模型二 White 检验结果

```
White's test for Ho: homoskedasticity
        against Ha: unrestricted heteroskedasticity

    chi2(30)      =      31.00
    Prob > chi2   =      0.4154
```

Cameron & Trivedi's decomposition of IM-test

Source	chi2	df	p
Heteroskedasticity	31.00	30	0.4154
Skewness	10.67	7	0.1538
Kurtosis	1.01	1	0.3138
Total	42.68	38	0.2768

图 3-11　模型三 White 检验结果

VIF 分析结果表明变量间未表现出多重共线性影响（Mean VIF = 2.60），模型适用性良好，见表 3-6。

表 3-6　共线性分析

变量	VIF	1/VIF
Edu	5.7	0. 175554
GDP	2. 91	0. 343064
Ln*Fiscal*	2.8	0. 357142
Res	2. 05	0. 487656

变量	VIF	1/VIF
Envir	1.83	0.546532
Gov	1.55	0.646815
Debt	1.38	0.723716
Mean VIF	2.6	

3.2.4.2 结果输出

各模型的稳健回归结果见表 3-7。

表 3-7　各模型的稳健回归分析

	模型 1（*EP*）	模型 2（*MEP*）	模型 3（*Participation*）
Δ *GDP*	8.868**	1.662**	0.081
	(3.265)	(0.741)	(0.062)
Ln*Fiscal*	−29.796**	−6.868*	−0.331
	(11.542)	(3.618)	(0.223)
Debt	0.689**	0.114*	0.010**
	(0.264)	(0.063)	(0.005)
Edu	18.578**	3.183*	0.154
	(7.582)	(1.650)	(0.125)
Gov	21.929	9.804***	0.746*
	(15.313)	(3.497)	(0.392)
Res	1.042**	0.274*	0.027**
	(0.435)	(0.139)	(0.013)
Envir	−0.276	0.141	0.015***
	(0.633)	(0.103)	(0.013)
_ *Cons*	−253.989***	−60.369***	−3.676**
	(75.116)	(21.261)	(1.649)
R-squared	0.389	0.329	0.241
Prob. >*F*	0.005	0.006	0.026

注：***、**、*分别对应于 1%、5% 和 10% 的显著性水平；系数下方括号内为稳健标准差（Robust Std. Err.）。

3.2.4.3 影响显著性分析

从表 3-7 可知，相关回归结果对于假设 1、2、3、4 和 6 提供了支持，对于 5 和 7 提供了部分支持：

（1）GDP 增长率在模型 1 和模型 2 中均表现出正向影响（5% 的显著性水平）。生态 PPP 项目立项数量前六的地区中只有内蒙古略低于平均增长速度（7.96%）；在立项较少的地区中，山西、辽宁 GDP 增长速度远低于平均水平。说明伴随区域经济的快速发展，生态项目对资金的需求同步增长。

（2）人均财政收入水平在模型 1（5% 的显著性水平）和模型 2（10% 的显著性水平）中均表现出显著的负向影响。人均财政收入较高的地区的立项数量远低于平均水平，表明财政较充足的地区在进行生态建设时有较大的财务自由度，倾向于使用地方财政自有资金，应用 PPP 模式融资的需求较低。

（3）地方一般性债务占 GDP 比重在模型 1（5% 的显著性水平）、模型 2（10% 的显著性水平）和模型 3（5% 的显著性水平）中均表现出正向影响。生态 PPP 项目立项较多的地区一般债务占 GDP 比重高于平均水平（17.61%），表明地方财政收入不高且债务负担较重的地区倾向于采用 PPP 模式，缓解财务压力。此外，在债务负担较重的地区，国企经营和融资能力能够得到政府的认可，企业的国有属性也促使其承担起民企没能力、不愿意承担的责任，"在提供公共服务方面作出更大贡献"（财建〔2017〕743 号）。

（4）平均受教育程度在模型 1（5% 的显著性水平）和模型 2（10% 的显著性水平）中均表现出正向影响。以往多起典型失败案例，如青岛威立雅事件、北京第十水厂等，均由于居民反对导致项目受阻。较多的研究表明，教育程度与居民的生态意识有显著的正向关系，受教育程度较高的居民对于生态项目（如垃圾焚烧、污水处理等）接纳程度较高。

（5）政府效率在模型 2（1% 的显著性水平）、模型 3（10% 的显著性水平）中表现出正向影响。与能源、交通运输、市政工程等行业不同，生态 PPP 项目的产出多以城市防洪、水土保持、水资源保护及沙河生态功能恢复等社会效益为主，沿河景观走廊、周边旅游及水利综合经营等经济效益为辅。生态 PPP 项目多具有投资回报低、风险大、运营周期长的特点，回报机制较多依赖政府支付的服务费，这一点在重大项目中表现更为明显。高效率的政府更能吸引社会资本，同时也更有能力和信心推动重大项目的建设。

（6）地区自然资源在模型 1（5% 的显著性水平）、模型 2（10% 的显著性水平）和模型 3（5% 的显著性水平）中表现出显著的正向影响。生态 PPP 项目较多集中在水环境治理、引水工程、海绵城市建设、湿地公园建设等领域，项目所在地的水、森林等自然资源储备状况对生态项目有着直接影响，自然资源丰富地区的生态项目前景更为良好。

（7）自然环境状况在模型3（1%的显著性水平）中表现出正向影响。生态环境较好地区的政府及居民对于生态更为重视，对于需要长期经营的项目来说，良好的人文、社会环境能够给社会投资方以积极的信号，增强投资的信心和预期。

3.2.4.4 影响强度分析

进一步地，从回归系数的数值来看，最大的经济影响因素是人均财政收入，最大的非经济影响因素是政府效率：

（1）对生态项目影响最大的经济变量为财政收入情况。全国 PPP 综合信息平台第8期季报显示，"使用者付费项目1384个，投资1.6万亿元，分别占管理库的20.4%和16.3%；政府市场混合付费项目2715个，投资5.5万亿元，分别占40.1%和54.3%；政府付费项目2679个，投资3.0万亿元，分别占39.5%和29.4%"，这意味着与政府付费有直接或间接关系的项目达到80%。另一方面，2015年财政部明确规定"每一年度全部 PPP 项目需要从预算中安排的支出责任，占一般公共预算支出比例应当不超过10%"，防止 PPP 异化为新的融资平台、遏制隐性债务风险增量已经成为最近财政部的重点工作内容。在此背景下，地方财政能力决定了 PPP 项目的立项上限。从实际情况来看，财政状况决定"能不能够"立项，但对"愿不愿意"立项没有直接的影响，以2016年为例，财政状况较好的北京、浙江、江苏分别有20、19和9项入库项目，而上海、天津的立项数量均为0。

（2）对生态项目影响最大的非经济变量为政府效率。相较于中小规模项目，政治风险超越财务风险成为重大项目参与方考虑的关键因素，较高的政府效率意味着较低的政治风险，符合重大项目求"稳"重于求"利"的导向。

3.2.5 结论建议

结合各省生态 PPP 项目的截面数据，对省际差异进行了多维度分析，从分析结果来看，呈现以下规律：

（1）经济发展速度快、人均财政收入低的地区生态立项数量较多。

结合象限图3-12发现：第一象限主要为经济增长快、财政状况好的地区，由于经济发展速度对立项存在正向影响，而财政收入对立项存在负向影响，因此该象限内省份表现出分化态势，天津市2016年立项数量为0，江苏省有9个，浙江则有19个项目。第二象限主要为经济增长慢、财政状况好地区，该象限地区立项数量偏少，上海立项数量为 0，北京由于其示范要求，立项数量稍多，为 20 项。第三象限主要为经济增长慢、财政状况差地区，该象限内省份受限于财政收入约束且发展动力不强，立项数量偏少，辽宁、山西、吉林立项数量分别只有 4、5 和 2 项。第四象限主要为经济发展快、财政状况差地区，该象限内省份 PPP 项目建设动力最强，立项数量前五的地区河南、新疆、内蒙古、云南和湖南均位于该象限内，凸显 PPP 模式的融资功能。

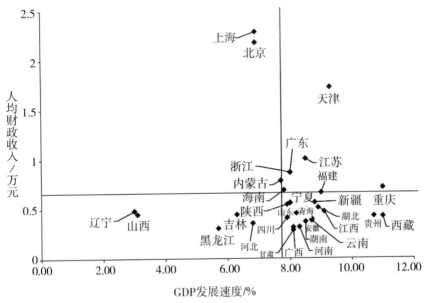

图 3-12　各地区 2015 年 GDP 发展速度与人均财政收入分布情况

（2）政府效率高、自然资源丰富的地区重大项目立项多、国企参与积极性高。

结合象限图 3-13 发现：第一象限为政府效率高、自然资源丰富地区，其中的一类典型代表山东省在 2016 年重大项目为 8 项，高于平均项数（5.23 项），重大项目占本省生态项目数量的比例为 30%，也高于平均水平（23%）；另一类典型代表内蒙古自治区自然资源最为丰富，尽管政府效率优势并不突出，但重大项目高达 13 项，在所有省市中居于第三位，而且重大项目中都有国企的参与，表明政府效率以及资源丰富程度对重大项目有着显著的正向影响。第二象限为政府效率高、自然资源贫乏地区，该区域省市受双重因素影响，重大项目呈现一定的分化状态，四川立项数稍多，为 10 项，广东立项数稍少，为 1 项，多数的省市位于均值（5.23 项）附近，如浙江、湖北、北京分别为 5、3 和 7 项；而国企参与情况也表现出相似规律，湖北省国企重大项目参与率较高，达到 100%，而北京和四川则为 0，浙江、广东和陕西接近均值（44%）。第三象限为政府效率低、自然资源贫乏地区，该区域省市建设重大 PPP 项目的能力欠缺、吸引力不足，其中天津、重庆、甘肃、青海等典型省市重大项目数量为 0，宁夏只有 1 项，而上述 6 省市国企重大项目参与率均为 0，再次证明政府效率以及自然资源对于重大项目及国企参与的显著影响。第四象限为政府效率低、自然资源丰富地区，该区域省市在双重因素的作用下，总体表现出少重大立项、低国企参与的状态，其中的典型地区如黑龙江、山西、新疆重大项目数量分别为 2、0、4 项。

通过对 31 个省（市、自治区）2016 年入库生态项目的截面数据分析，发现生态 PPP 项目立项受 GDP 增长速度、人均财政收入水平、地方债务占 GDP 比重、受教育水平及自然资源因素影响；重大项目立项除受上述因素影响外，还受地方政府效率影响；国有企业参与积极性受地方债务占 GDP 比重、政府效率和自然资源因素影响。总体上，生态 PPP 项目省际立项差异的最大经济影响因素是财政收入水平，最大非经济影响因素是政府效率。

在国家生态文明建设方针的指引下，生态项目成为 PPP 领域的重点推广方向，近年来得到了快速发展，绿色 PPP 也成为市场的亮点。运用 PPP 模式更好地为社会发展、生态改善服务，应重点做好经济侧和社会侧工作：一方面，地方政府要结合自身的实际情况，在考虑财政支付能力的前提下适度使用 PPP，不能单纯地把 PPP 当作缓解债务压力、解决融资困境的工具，要从改善公众福利的根本目的出发，发挥 PPP 最大效用；另一方面，多立项、立好项的关键在于提高政府工作效率，政府应当认识到"政府干预与社会资本参与意愿负相关"这一规律，深化行政审批，进一步简化审批，减少管制，最大程度上减少"寻租"的空间；推进公共资源配置决策、执行、管理、服务、结果公开，扩大公众监督，增强公开实效，努力实现公共资源配置全流程透明化，不断提高公共资源使用效益；树立正确的"政绩观"，避免单纯追求数量的政策性立项。

考虑到数据库中 2014 年前（含 2014 年）项目仅占项目总数的 6.7%，且部分变量需要使用滞后一期数据，面板分析的适用性进一步降低，因此，即使使用 2016 年截面数据不能完全解释各省生态 PPP 项目发展差异，但结论仍值得肯定。

参考文献

［1］樊千，邱晖 . PPP 本质、生产动因及深化发展动力机制［J］. 商业研究，2015，457（5）：137-143.

［2］赖丹馨，费方域 . 公私合作制（PPP）的效率：一个综述［J］. 经济学

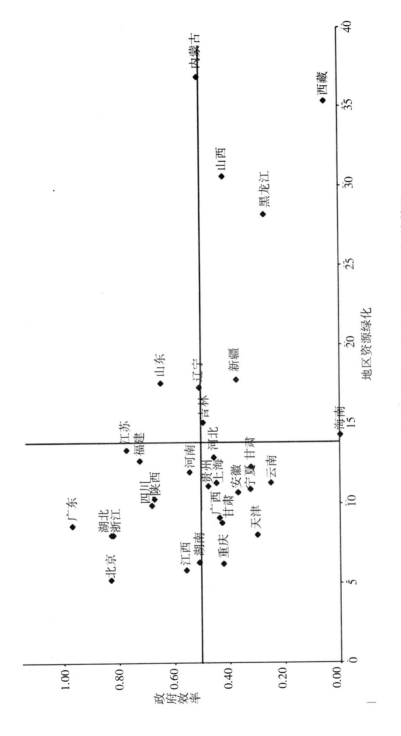

图 3-13　各地区政府 2016 年效率与资源禀赋分布情况

家，2010，（7）：97-104.

[3] 郑子龙. 政府治理与 PPP 项目投资：来自发展中国家面板数据的经验分析 [J]. 世界经济研究，2017，（5）：62-77，136.

[4] 沈梦溪. 国家风险、多边金融机构支持与 PPP 项目融资的资本结构——基于"一带一路" PPP 项目数据的实证分析 [J]. 经济与管理研究，2016，37（11）：3-10.

[5] Song J B, Zhang H L, Dong W L. A review of emerging trends in global PPP research：analysis and visualization[J]. Scientometrics, 2016,（107）:1111-1147.

[6] 孙楠，李洪远，鞠美庭，等. 应用 PPP 模式解决我国荒漠化问题探讨 [J].中国水土保持，2007，（4）：11-14.

[7] 李虹，项玉娇. 我国农村水利项目融资方案探析——基于 PPP 模式的思考 [J]. 武汉理工大学学报（社会科学版），2013，26（3）：358-362.

[8] 华章琳. 生态环境公共产品供给中的政府角色及其模式优化 [J]. 甘肃社会科学，2016，（2）：251-255.

[9] 李繁荣，戎爱萍.生态产品供给的 PPP 模式研究[J].经济问题，2016,（12）：11-16.

[10] 宋超 .PPP 模式在我国县域生态治理中的应用研究 [J]. 四川省社会主义科学学院学报，2016，（1）：52-57.

[11] 梅冠群. 发达国家生态环保市场体系建设的经验与启示 [J]. 宏观经济管理，2016，（10）：87-92.

[12] 柯任泰展，陈建成. 公益性建设项目的 PPP 投融资模式创新研究——以河南省水生态文明项目为例[J].中国软科学，2016，（10）：175-183.

[13] 刘秋常，李娜，袁杰，等. 水生态综合治理 PPP 项目社会资本选择研究——以周口市为例 [J]. 人民长江，2016，47（18）：75-79.

[14] 靳乐山，孔德帅. 基于公私合作模式（PPP）的西部区域可持续发展研究——以贵州省赤水河流域为例 [J]. 西南民族大学学报（人文社科版），2016，（3）：140-144.

[15] 李建平，李闽榕，高燕京. 中国省域经济综合竞争力发展报告（2015—2016）[M]. 北京：社会科学文献出版社，2017：572.

[16] 北京师范大学政府管理研究院 .2016 中国地方政府效率研究报告 [M]. 北京：科学出版社，2016：48-49.

[17] 马军，马晓洁. 基于社会网络分析的草原碳汇协同管理研究——以内蒙古地区调查数据为例[J].干旱区资源与环境，2017，31（10）:138-143.

[18] 叶晓甦，石世英，刘李红. 我国西部地区社会资本参与 PPP 项目的意

愿选择及其驱动力分析[J].土木工程与管理学报,2017,34(4):77-82,108.

［19］崔彩云,王建平.基础设施 PPP 项目决策关键成功因素及作用路径[J].土木工程与管理学报, 2017, 34 (4): 101-108.

［20］亓霞,柯永建,王守清.基于案例的中国 PPP 项目的主要风险因素分析 [J].中国软科学, 2009, (5): 107-113.

［21］时秀梅,孙梁."一带一路"中私人部门参与 PPP 项目的影响因素研究 [J].财经问题研究, 2017, 402 (5): 12-17.

第4章 PPP 应用地区差异的政府解释

4.1 政府参与 PPP 的逻辑

综合当前的基本形势来看，各地区政府参与 PPP 的基本逻辑如下：

（1）有利于加快转变政府职能，实现政企分开、政事分开。政府职能指政府社会管理的职能，目标在于营造安居乐业、人本公正、富有活力、安全有序、包容和谐的社会生活环境与社会运行体系（孙柏瑛，2012）。作为社会资本的境内外企业、社会组织和中介机构承担公共服务涉及的设计、建设、投资、融资、运营和维护等责任，政府作为监督者和合作者，减少对微观事务的直接参与，加强发展战略制定、社会管理、市场监管、绩效考核等职责，有助于解决政府职能错位、越位和缺位的问题，深化投融资体制改革，推进国家治理体系和治理能力现代化。

（2）有利于打破行业准入限制，激发经济活力和创造力。政府和社会资本合作模式可以有效打破社会资本进入公共服务领域的各种不合理限制，鼓励国有控股企业、民营企业、混合所有制企业等各类型企业积极参与提供公共服务，给予中小企业更多参与机会，大幅拓展社会资本特别是民营资本的发展空间，激发市场主体活力和发展潜力，有利于盘活社会存量资本，形成多元化、可持续的公共服务资金投入渠道，打造新的经济增长点，增强经济增长动力。

（3）有利于完善财政投入和管理方式，提高财政资金使用效益。在政府和社会资本合作模式下，政府以运营补贴等作为社会资本提供公共服务的代价，以绩效评价结果作为支付依据，并纳入预算管理、财政中期规划和政府财务报告，能够在当代人和后代人之间公平地分担公共资金投入，符合代际公平原则，有效弥补当期财政投入不足，有利于减轻当期财政支出压力，平滑年度间财政支出波动，防范和化解政府性债务风险。

PPP 事业的快速发展对于解决地区经济发展起到了一定的推动作用，但地方政府泛化滥用 PPP、借 PPP 变相融资等问题也随之产生，相应的，风险防控也超过财政融资成为政府近年来关注的重点。随着财办金〔2017〕m92 号文件的出台，大量 PPP 项目停滞或清退，PPP 热度随之逐渐下降，投资渐趋理性，但仍已形成庞大的 PPP 市场。那么，为什么中国 PPP 会出现爆发式增长，地方政府 PPP 参与动力是什么？除了动力机制还有没有其他的解释？

4.2　政府参与 PPP 的相关研究

要深入探究地方政府 PPP 参与逻辑，需要立足省级层面，考察各地政府在 PPP 参与过程中表现出的时间和空间差异。考虑到 2014 年前 PPP 项目数据资料代表性不足，无法支撑面板数据分析，因此历史文献主要局限于宏观总量的分析，难以有效揭示 PPP 模式下政府参与机理。如果不能有效识别地方政府参与机理，也就难以正确认识 PPP 各类风险的形成原因，PPP 产业的良性发展也就无从谈起。区别于已有研究，研究运用中国 2014—2017 年省级面板数据，以地方政府参与 PPP 的差异性为研究对象，以政府的动力和能力为研究出发点，分析政府动力和政府能力对地方政府参与 PPP 结果的影响及其区域差异，探讨政府参与 PPP 的内在逻辑，以期为地方政府合理利用 PPP，有效控制地方债务水平和结构、提高公共服务效率水平提供一定的理论支撑。

通过对与本章有关的国内外文献回顾及梳理发现，已有研究对于 PPP 模式的特点及绩效评价研究较为充分，但地方政府 PPP 参与机理研究鲜少见到，相关研究主要通过绩效分析间接解释地方政府参与 PPP 的动机，且以个案研究居多。同时，学者多从动机角度进行研究并不能完整解释地方政府参与的差异性，还应当充分考虑到政府提供公共服务能力差距带来的影响。

4.2.1　参与动力

从参与动力来看，学者认为作为替代传统公共服务供给的 PPP 模式体现了市场融资模式和制度创新的统一，通过 PPP 的有效应用，能够提升公共服务质量，实现有效监管，同时 PPP 有助于"倒逼"政府反思基本公共服务供给模式，实现公共服务模式的创新。中国 PPP 更多的是中央与地方政府利益博弈下金融创新的意外产物，现实功利性突出，融资性需求尤为显著。政府通过 PPP 模式的推广吸引社会资本的进入，有利于缓解地方政府财务压力，增强地方政府债务治理水平，PPP 模式成本为取代传统政府融资平台，成为政府"新常态"下新的融资工具。除提升公共服务和缓解财政压力的两种主要诉求外，学者认为 GDP、财政收入、固定资产投资、城镇化率等因素也对地区 PPP 立项数量有着较大的影响。可见，学者认为政府参与动力主要集中在缓解财政压力、减轻债务负担、转移项目风险、提升政府效率、改善社会民生等。但现有研究仍有不足之处：一方面忽略了政策导向这一政府行为重要影响因素，同时对于新常态背景下地方政府倾向于使用 PPP 工具推动经济发展进而提升政绩的考虑也有所欠缺。另一方面，研究多偏向于范式分析，实证研究较少，面板数据分析更为鲜见。

4.2.2 参与能力

从参与能力来看，地方政府是地方性公共服务的天然提供者，但并不意味着地方政府就一定会提供居民所需要的服务，地方政府既要有提供公共服务的意愿，也要有实施这种作为的能力。就 PPP 而言，能力是政府参与的必要条件，而动力则是政府参与的充分条件。PPP 中影响合作的主要问题包括缺乏明确统一的法律规范，市场机制不完善，监督评估体系不健全，政府表现出缺乏契约精神、合作精神、服务精神等。有学者通过对中西方 PPP 实践模式进行对比，认为中国政府应着重提升政府规制能力、加强与合作伙伴的沟通、规范社会参与治理渠道，PPP 模式治理需要强大的政府管理能力和完善的市场。

总的来看，虽然多数研究认为政承受能力、政府管理能力，相关法律规范、市场机制、管理机制、监督体系、信用体系、评估体系等指标能够反映政府能力，但并未纳入定量分析的框架。综合起来，现在研究的不足主要表现以下几点：

（1）研究者多把政府能力当作项目成功与否的影响因素。却没有把政府能力视为政府参与的影响因素。事实上，项目能否成功与政府是否参与并不是同一个问题，不能混淆。

（2）对于政府能力对其 PPP 参与影响机制的研究仍较为模糊，既缺乏对于 PPP 参与过程中政府能力的衡量，也缺乏政府能力与政府参与的关联分析。

相较于已有研究，本章研究的贡献在于：

（1）从研究视角上，一定程度上弥补了既有研究对政府能力的忽视，有助于解释具有地方政府 PPP 参与的区域差异。

（2）从研究层面上，使用省级面板数据，有助于从更深层次理解政府行为逻辑，从而为制定合理的行业发展政策提供依据。

4.3　PPP 地区差异解释模型构建

4.3.1　基本模型

根据研究目的，本章主要分析地方政府的动力与能力对其参与 PPP 的影响及差异形成原因。结合前述分析，研究设定基本方程为

$$
\begin{aligned}
lnpppinvest_{i,\,t} &= a_0 + a_1 Ininfrat_{i,\,t} + a_2 Indebt_{i,\,t-1} + a_3 policy_{i,\,t-1} \\
&\quad + a_4 admin_{i,\,t-1} + a_5 market_{i,\,t-1} + a_7 Infiscal_{i,\,t} + \mu_{it}
\end{aligned}
\tag{1}
$$

其中，$pppinvest_{i,\,t}$ 表示地方政府 PPP 总体参与程度，用地区年度 PPP 项目总投资额表示；i 代表不同省份，t 代表不同年份。地方政府的动力水平用基础建设投资（$infra$）、一般债务余额（$debt$）、政策强度（$policy$）、政绩诉求（$admin$）来解释；地方政府的能力水平用政府管理水平（$manage$）、市场化水平（$market$）和公共财政收入（$fiscal$）来解释。

4.3.2　变量设计

4.3.2.1　被解释变量

地方政府参与强度使用 PPP 项目投资额（$pppinvest$）表示。按照财政部政府和社会资本合作中心（China Public Private Partnership Center，CPPPC）统计口径，使用项目个数和投资额两个指标来衡量地区 PPP 投资水平，考虑到项目平均投资额度的差异性，地区 PPP 投资总额更适宜作为解释变量，各地投资水平见表 4-1。

表 4-1　各地区 2014-2017 年 PPP 投资强度　　　　　单位：万元

地区	2014 年	2015 年	2016 年	2017 年
北京	1688589	4418209	10460724	348841
天津	0	1882008	171901	11193781
河北	2483040	34658044	32056656	9738285
山西	282253	3044519	3987971	13678302
内蒙古	1010767	10702158	16790739	68341190

续表

地区	2014 年	2015 年	2016 年	2017 年
辽宁	723718	30323579	7230660	4355750
吉林	132037	8649139	8508894	16464957
黑龙江	7510384	3014224	3570652	4280999
上海	0	157496	58229	86800
江苏	9754167	28921416	36865461	20687937
浙江	3459653	23478473	32088943	26864402
安徽	2146593	9523772	15084105	19836431
福建	2698101	11238888	12075266	15751510
江西	453495	6851666	13358858	8506725
山东	9922915	53059415	24367498	31153565
河南	3374099	52396011	36399802	41378146
湖南	3395150	21634608	35556313	21209223
湖北	1253304	6539540	20156374	27803327
广东	1571388	15631607	13294038	15373185
广西	199177	6346983	5810157	9430885
海南	141049	4324631	7644822	2490758
重庆	11945371	8525737	1031702	1319171
四川	9941225	70127096	37179686	30926629
贵州	14422267	68673221	59646960	28848689
云南	469600	33749525	39624262	19800458
陕西	1368724	13804335	20328780	18933152
甘肃	1445339	11878873	3091483	4119021
青海	352153	2709586	10829679	290069
宁夏	87534	2673604	5267734	2144547
新疆	541660	10718328	21477070	53710967

4.3.2.2 解释变量

1. 基础建设投资（*infra*）

PPP 项目的初衷是通过引入社会资本，更加有效地供公共服务，项目主要集中在关系社会公众福利的基础建设领域，因此，基础建设投资需求旺盛的地区更倾向于使用 PPP。根据一般统计口径，基础建设投资主要包括电力、热力、燃气及水生产和供应业；交通运输、仓储和邮政业；水利、环境和公共设施管理业等行业。地基础建设投资总体规模如图 4-1 所示，人均基建投资规模见表 4-2。

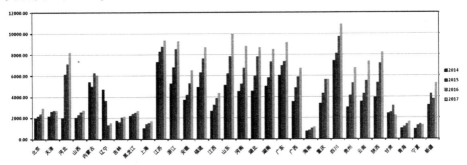

图 4-1　各地区 2014—2017 年基础建设投资规模（单位：亿元）

表 4-2　各地区 2014-2017 年人均基础建设投资规模　　单位：万亿元

地区	2014 年	2015 年	2016 年	2017 年
北京	0.94	1.00	1.10	1.37
天津	1.45	1.70	1.74	1.75
河北	0.27	0.83	0.96	1.09
山西	0.56	0.63	0.70	0.74
内蒙古	2.18	1.99	2.51	2.41
辽宁	1.08	0.84	0.31	0.35
吉林	0.64	0.59	0.76	0.79
黑龙江	0.58	0.63	0.66	0.71
上海	0.43	0.59	0.64	0.71
江苏	0.92	1.04	1.10	1.17
浙江	0.96	1.23	1.53	1.64

地区	2014 年	2015 年	2016 年	2017 年
安徽	0.61	0.68	0.85	1.04
福建	1.30	1.65	1.97	2.23
江西	0.59	0.71	0.85	0.95
山东	0.52	0.63	0.79	1.00
河南	0.48	0.55	0.71	0.81
湖北	0.79	1.02	1.33	1.47
湖南	0.74	0.86	1.08	1.24
广东	0.56	0.64	0.67	0.82
广西	0.75	1.02	1.22	1.38
海南	0.84	0.93	1.14	1.25
重庆	1.13	1.44	1.86	1.84
四川	0.91	0.99	1.18	1.31
贵州	0.86	1.17	1.50	1.93
云南	0.75	0.91	1.17	1.54
陕西	1.05	1.42	1.89	2.15
甘肃	0.94	0.98	1.22	0.85
青海	1.75	1.99	2.39	2.78
宁夏	1.43	1.91	2.10	2.00
新疆	1.41	1.82	1.59	2.17

2. 债务负担（debt）

减轻债务负担、缓解财政压力是多数地区实施 PPP 的主要动力之一，债务负担越重的地区越有可能使用 PPP 工具改善本地财政状况。使用地区人均年度债务余额作为债务负担的主要指标，根据国家审计署审计公报；财政部公报；各省财政厅、审计厅、人大文件以及 WIND 数据库公开数据整理。考虑可比性，使用人均地方政府直接债务余额（含专项债务及一般债务，暂未计算或有债务）计算人均债务负担水平，见表 4-3（均为年末统计数据）、表 4-4。

表 4-3　各地区 2012—2016 年地方债务负担规模　　　单位：亿元

省份	2012（12）	2013（6）	2014（12）	2015（12）	2016（12）
北京	5972. 34	6506. 07	6378. 37	5729. 09	3743. 46
天津		2263. 78	2498. 00	2591. 50	2912. 74
河北	3657. 18	3962. 29	5479. 02	5888. 00	5691. 30
山西	1327. 41	1521. 06	1951. 80	2122. 80	2290. 93
内蒙古	3070. 26	3391. 98	5474. 30	5455. 21	5677. 36
辽宁	5148. 65	5663. 32	8787. 51	8718. 50	8526. 24
吉林	2573. 50	2580. 93	2696. 90	2752. 30	2896. 08
黑龙江	1834. 65	2042. 11	2802. 00	3046. 00	3120. 30
上海	5184. 99	5194. 30	5812. 50	4880. 00	4485. 48
江苏	6523. 38	7636. 00	10643. 30	10556. 26	10915. 35
浙江	4323. 22	5088. 24	8939. 30	9188. 30	8389. 90
安徽	2559. 86	3077. 26	4724. 70	5107. 20	5319. 22
福建	1915. 88	2453. 69	4159. 99	4215. 82	4966. 25
江西	2227. 28	2426. 45	3681. 20	3735. 86	3956. 78
山东	3970. 40	4499. 13	9252. 80	8135. 40	9444. 38
河南	2993. 45	3528. 38	5339. 80	5464. 90	5524. 94
湖北	4262. 50	5150. 94	4437. 48	4697. 50	5103. 67
湖南	3157. 31	3477. 89	6267. 29	6152. 22	6827. 80
广东	6554. 41	6931. 64	8808. 60	9141. 60	8530. 78
广西	1946. 40	2070. 78	4286. 79	4043. 79	4566. 59
海南	916. 93	1050. 17	1448. 90	1491. 30	1560. 00
重庆	3320. 00	3575. 00	3250. 40	3046. 00	3737. 10
四川	5533. 59	6531. 00	7485. 00	7470. 00	7812. 45

省份	2012（12）	2013（6）	2014（12）	2015（12）	2016（12）
贵州		4622.58	8774.28	8754.81	8709.79
云南	3502.41	3823.92	6009.00	6228.60	6353.22
西藏				114.30	57.86
陕西	2403.76	2732.56	4879.91	4681.30	4917.55
甘肃	942.90	1221.12	1550.50	1588.00	1779.10
青海	697.73	744.82	703.50	1330.90	1339.09
宁夏	448.20	502.20	978.48	1058.54	1171.37
新疆	1435.78	1642.35	2658.70	2633.40	2836.93
	88404.37	105911.96	150160.32	150019.40	153164.01

注：①来源国家审计署 2013 年 32 号文件：全国政府性债务审计结果（截止 2013 年 6 月）；②直接债务包括一般债务和专项债务（来源：各省市财政厅、审计厅、人大等部门披露文件及政府报告整理）；③来自财政部地方债数据统计资料及 WIND 数据库。

表 4-4　各地区 2012—2016 年人均地方债务负担水平　　　单位：万元

地区	2014	2015	2016	2017
北京	3.14	2.96	2.64	1.72
天津	1.54	1.65	1.68	1.86
河北	0.54	0.74	0.79	0.76
山西	0.42	0.54	0.58	0.62
内蒙古	1.36	2.19	2.17	2.25
辽宁	1.29	2.00	1.99	1.95
吉林	0.94	0.98	1.00	1.06
黑龙江	0.53	0.73	0.80	0.82
上海	2.15	2.40	2.02	1.85
江苏	0.96	1.34	1.32	1.36

地区	2014	2015	2016	2017
浙江	0.93	1.62	1.66	1.50
安徽	0.51	0.78	0.83	0.86
福建	0.65	1.09	1.10	1.28
江西	0.54	0.81	0.82	0.86
山东	0.46	0.95	0.83	0.95
河南	0.37	0.57	0.58	0.58
湖北	0.89	0.76	0.80	0.87
湖南	0.52	0.93	0.91	1.00
广东	0.65	0.82	0.84	0.78
广西	0.44	0.90	0.84	0.94
海南	1.17	1.60	1.64	1.70
重庆	1.20	1.09	1.01	1.23
四川	0.81	0.92	0.91	0.95
贵州	1.32	2.50	2.48	2.45
云南	0.82	1.27	1.31	1.33
陕西	0.73	1.29	1.23	1.29
甘肃	0.47	0.60	0.61	0.68
青海	1.29	1.21	2.26	2.26
宁夏	0.77	1.48	1.58	1.74
新疆	0.73	1.16	1.12	1.18

3. 政策导向（*policy*）

自上而下的政策导向是地方政府参与 PPP 的重要影响因素，一般来说，PPP 相关政策出台越密集的地区参与强度也会越大。借鉴已有研究成果，本章采用政策文本工具来进行政策的识别与度量，统计口径限定为省、市两级相关主管部门（主要包括省政府、省发改委、省财政厅、省住建厅、市政府等）发布的与 PPP 直接或间接相关的文件。参考相关文献的做法，按照政策发布级别及相关性对文件赋权，省政府、省发改委、省财政厅等省级部门发布的文件计 1 分，市级政府发布的文件计 0.5 分；与 PPP 直接相关的文件权重为 1，间接相关的文件权重为 0.5。

$$
\begin{aligned}
&policy_{i,t} \\
&= 1 \times (profile + 0.5 \times prefile) \\
&\quad | if \ direct + 0.5 \times (profile + 0.5 \times prefile) \\
&\quad | if \ indirect
\end{aligned}
\tag{2}
$$

式中，$profile$ 指省级法律法规文件，$prefile$ 指地市级法律法规文件。

各地区 PPP 相关文件发布主体、发布时间及主要涉及内容见附录 1。根据相关文件统计，对各地区政策导向强度进行计分：首先，计算地市与 PPP 有直接或间接相关关系的法规分值（见表 4-5、4-6）；接着，计算省厅级与 PPP 有直接或间接相关关系的法规、意见分值（见表 4-7、4-8）进行加权汇总，并将跨年度的半年度进行合并，得到一个自然年度的数据。最终各地区 2013—2017 年间政策导向强度值见表 4-9。

表 4-5　地方 PPP 直接法规数量（地市政府）

地区	2013.2	2014.1	2014.2	2015.1	2015.2	2016.1	2016.2	2017.1	2017.2
北京	0	0	0	0	0	0	0	0	0
天津	0	0	0	0	0	0	0	0	0
河北	0	0	0	4	1	0	0	0	0
山西	0	0	0	1	1	0	1	0	0
内蒙古	0	0	0	0	0	0	0	1	0
辽宁	0	0	1	4	0	0	0	1	0
吉林	0	0	0	2	0	0	0	1	0
黑龙江	0	0	0	0	0	0	0	1	0
上海	0	0	0	0	0	0	0	0	0
江苏	0	0	0	2	2	0	0	0	0
浙江	0	0	0	2	1	0	0	0	0
安徽	0	0	2	3	2	1	1	2	0
福建	0	0	0	2	4	2	2	0	0

续表

地区	2013. 2	2014. 1	2014. 2	2015. 1	2015. 2	2016. 1	2016. 2	2017. 1	2017. 2
江西	0	0	0	3	2	0	0	2	0
山东	0	0	0	0	2	0	0	0	0
河南	0	0	2	9	1	0	1	1	0
湖北	0	0	0	1	1	1	1	0	0
湖南	0	0	0	0	1	0	0	0	0
广东	0	0	0	0	2	0	1	0	0
广西	0	0	0	1	3	1	1	0	0
海南	0	0	0	0	0	0	0	0	0
重庆	0	0	0	0	0	0	0	0	0
四川	0	0	1	2	1	0	1	0	0
贵州	0	0	0	3	0	1	1	0	0
云南	0	0	0	0	1	0	0	0	0
陕西	0	0	0	0	1	0	0	0	0
甘肃	0	0	0	0	1	0	0	1	0
青海	0	0	0	0	0	0	0	0	0
宁夏	0	0	0	1	0	0	0	0	0
新疆	0	0	0	1	0	1	0	0	0
合计	0	0	6	41	27	7	10	10	0

注：①2013.2 表示 2013 年下半年出台的法规、意见、通知等；2014.1 表示 2014 年上半年出台的法规、意见通知等，下同；②不含西藏地区数据，下同。

表 4-6　地方 PPP 直接相关法规数量（财政厅、住建厅、市政府等）

地区	2013. 2	2014. 1	2014. 2	2015. 1	2015. 2	2016. 1	2016. 2	2017. 1	2017. 2
北京	0	0	0	1	1	2	1	0	0
天津	0	0	0	1	0	0	0	0	0
河北	0	0	1	1	1	0	0	0	0

续表

地区	2013.2	2014.1	2014.2	2015.1	2015.2	2016.1	2016.2	2017.1	2017.2
山西	0	0	0	0	0	1	0	0	0
内蒙古	0	0	0	1	0	0	0	0	0
辽宁	0	0	0	0	3	0	0	0	0
吉林	0	1	0	1	0	0	0	0	0
黑龙江	0	0	0	1	1	0	1	0	0
上海	0	0	0	1	0	0	1	0	0
江苏	0	0	1	1	2	1	0	0	0
浙江	0	0	1	3	1	2	0	0	0
安徽	0	0	1	0	2	0	0	0	0
福建	0	0	1	1	2	0	0	0	0
江西	0	0	0	1	1	0	1	0	0
山东	0	0	1	0	3	0	0	0	0
河南	0	1	1	2	0	1	0	0	0
湖北	0	0	0	0	1	0	0	0	0
湖南	0	0	2	0	0	0	0	0	0
广东	0	0	1	1	1	0	0	0	0
广西	0	0	0	0	3	0	0	0	0
海南	0	0	0	3	2	1	2	0	0
重庆	0	0	3	1	0	0	0	0	0
四川	0	0	2	0	1	0	0	0	0
贵州	0	0	0	2	2	0	0	0	0
云南	0	0	0	0	1	0	0	0	0
陕西	0	1	2	0	1	0	0	0	0
甘肃	0	0	0	1	0	1	0	1	0
青海	0	0	1	0	0	1	0	0	0

续表

地区	2013.2	2014.1	2014.2	2015.1	2015.2	2016.1	2016.2	2017.1	2017.2
宁夏	0	0	0	0	0	0	0	1	0
新疆	0	0	0	0	1	0	0	0	0
合计	0	3	18	23	30	10	6	2	0

表 4-7　地方 PPP 间接法规数量（地市政府）

地区	2013.2	2014.1	2014.2	2015.1	2015.2	2016.1	2016.2	2017.1	2017.2
北京	0	0	0	0	0	0	0	0	0
天津	0	0	0	0	0	0	0	0	0
河北	0	0	0	2	0	0	0	0	0
山西	0	0	0	0	0	0	0	0	0
内蒙古	0	0	0	0	0	0	0	0	0
辽宁	0	0	0	1	0	0	0	0	0
吉林	0	0	0	0	1	0	0	0	0
黑龙江	0	0	0	1	0	0	0	0	0
上海	0	0	0	0	0	0	0	0	0
江苏	0	0	0	2	0	0	0	0	0
浙江	0	1	3	1	0	0	0	0	0
安徽	0	0	0	0	0	0	0	0	0
福建	0	0	0	1	0	0	0	0	0
江西	0	0	0	0	0	0	0	0	0
山东	0	0	2	2	0	0	0	0	0
河南	0	0	0	0	1	0	0	0	0
湖北	0	0	0	0	0	0	0	0	0
湖南	0	0	1	0	0	0	0	0	0
广东	0	0	0	0	0	0	0	0	0
广西	0	0	0	0	0	0	0	0	0

续表

地区	2013. 2	2014. 1	2014. 2	2015. 1	2015. 2	2016. 1	2016. 2	2017. 1	2017. 2
海南	0	0	0	0	0	0	0	0	0
重庆	0	0	0	0	0	0	0	0	0
四川	0	0	1	0	0	0	0	0	0
贵州	0	0	1	0	0	0	0	0	0
云南	0	0	1	0	0	0	0	0	0
陕西	0	0	0	0	0	1	0	0	0
甘肃	0	0	0	0	0	0	0	0	0
青海	0	0	0	0	0	0	0	0	0
宁夏	0	0	0	1	0	1	0	0	0
新疆	0	0	0	0	0	0	0	0	0
合计	0	1	9	11	2	2	0	0	0

表 4-8　地方 PPP 间接相关法规数量（财政厅、住建厅、市政府等）

地区	2013. 2	2014. 1	2014. 2	2015. 1	2015. 2	2016. 1	2016. 2	2017. 1	2017. 2
北京	0	0	1	3	0	0	1	0	0
天津	0	0	0	0	0	0	0	0	0
河北	0	0	4	3	1	0	0	0	0
山西	0	0	0	1	1	0	0	0	0
内蒙古	1	0	0	6	0	0	0	0	0
辽宁	0	0	1	0	0	0	0	0	0
吉林	0	0	0	2	0	0	0	0	0
黑龙江	0	0	0	3	1	0	0	0	0
上海	0	0	0	0	0	0	0	0	0
江苏	0	0	1	0	0	0	0	0	0
浙江	0	1	0	1	0	0	0	0	0
安徽	0	1	0	3	0	0	0	0	0

续表

地区	2013.2	2014.1	2014.2	2015.1	2015.2	2016.1	2016.2	2017.1	2017.2
福建	0	0	0	1	0	0	0	0	0
江西	0	0	2	0	0	0	0	0	0
山东	0	1	2	3	0	0	0	0	0
河南	0	0	2	5	0	0	0	0	0
湖北	0	0	1	0	0	0	0	0	0
湖南	0	0	1	0	0	0	1	0	0
广东	0	0	0	1	0	1	0	0	0
广西	0	0	2	0	0	0	0	0	0
海南	0	0	0	1	0	0	0	0	0
重庆	0	0	0	0	0	0	0	0	0
四川	0	1	2	1	1	0	0	0	0
贵州	0	0	0	3	0	0	0	0	0
云南	0	0	1	0	0	0	0	0	0
陕西	0	0	0	1	0	0	0	0	0
甘肃	0	0	1	1	0	0	0	0	0
青海	0	0	2	1	0	0	0	0	0
宁夏	0	0	0	0	0	0	0	0	0
新疆	0	0	0	1	0	0	0	0	0
合计	1	4	22	38	4	1	1	0	0

表 4-9　各地区政策导向强度

地区	2013—2014 年	2014—2015 年	2015—2016 年	2016—2017 年
北京	0.00	3.00	3.00	1.50
天津	0.00	1.00	0.00	0.00
河北	0.00	8.00	2.00	0.00
山西	0.00	1.00	2.00	0.50

续表

地区	2013—2014 年	2014—2015 年	2015—2016 年	2016—2017 年
内蒙古	0.50	4.00	0.00	0.50
辽宁	0.00	3.25	3.00	0.50
吉林	1.00	3.00	0.25	0.50
黑龙江	0.00	2.75	1.50	1.50
上海	0.00	1.00	0.00	1.00
江苏	0.00	4.00	4.00	0.00
浙江	0.75	6.50	3.50	0.00
安徽	0.50	5.00	3.50	1.50
福建	0.00	3.75	5.00	1.00
江西	0.00	3.50	2.00	2.00
山东	0.50	4.50	4.00	0.00
河南	1.00	12.00	1.75	1.00
湖北	0.00	1.00	2.00	0.50
湖南	0.00	2.75	0.50	0.50
广东	0.00	2.50	2.50	0.50
广西	0.00	1.50	5.00	0.50
海南	0.00	3.50	3.00	2.00
重庆	0.00	4.00	0.00	0.00
四川	0.50	5.25	2.00	0.50
贵州	0.00	5.25	2.50	0.50
云南	0.00	0.75	1.50	0.00
陕西	1.00	2.50	1.75	0.00
甘肃	0.00	2.00	1.50	1.50
青海	0.00	2.50	1.00	0.00
宁夏	0.00	0.75	0.25	1.00

地区	2013—2014 年	2014—2015 年	2015—2016 年	2016—2017 年
新疆	0.00	1.00	1.50	0.00
合计	5.75	101.50	60.50	19.00

4. 政绩压力（admin）

在分权背景下，地方政府参与 PPP 项目除了满足地方经济发展和公共服务供给诉求的同时，也可能存在政绩诉求。延续多数研究的思路，同时考虑可比性，使用 GDP 增长率（$pressgdp_{i,t}$）、城镇登记失业率（$pressunemp_{i,t}$）以及 CPI 指数（$presscpi_{i,t}$）三项压力指标来度量。一般地，如果样本省份 GDP 增长率低于平均数，赋值为 1；如果样本省份的城镇登记失业率、CPI 指数高于平均水平，赋值为 1。将上述三项得分加总定义为样本省份的政绩诉求指数，反映地方政府为追求更好的政绩表现加大 PPP 参与的动力。

$$admin_{i,t} = pressgdp_{i,t} + pressunemp_{i,t} + presscp_{i,t} \qquad (3)$$

式中，$admin_{i,t} \in [0, 3]$。

2012—2016 年间各地 GDP 增长率、城镇登记失业率、CPI 指数及标准化后的政绩诉求指数分别见表 4-10、表 4-11、表 4-12 和表 4-13。

表 4-10　各地区 2012—2016 年 GDP 增长率

省份	2012	2013	2014	2015	2016
北京	107.7	107.7	107.3	106.9	106.8
天津	113.8	112.5	110	109.3	109.1
河北	109.6	108.2	106.5	106.8	106.8
山西	110.1	108.9	104.9	103.1	104.5
内蒙古	111.5	109	107.8	107.7	107.2
辽宁	109.5	108.7	105.5	103	97.5
吉林	112	108.3	106.5	106.3	106.9
黑龙江	110	108	105.6	105.7	106.1
上海	107.5	107.7	107	106.9	106.9
江苏	110.1	109.6	108.7	108.5	107.8
浙江	108	108.2	107.6	108	107.6
安徽	112.1	110.4	109.2	108.7	108.7

续表

省份	2012	2013	2014	2015	2016
福建	111.4	111	109.9	109	108.4
江西	111	110.1	109.7	109.1	109
山东	109.8	109.6	108.7	108	107.6
河南	110.1	109	108.9	108.3	108.1
湖北	111.3	110.1	109.7	108.9	108.1
湖南	111.3	110.1	109.5	108.5	108
广东	108.2	108.5	107.8	108	107.5
广西	111.3	110.2	108.5	108.1	107.3
海南	109.1	109.9	108.5	107.8	107.5
重庆	113.6	112.3	110.9	111	110.7
四川	112.6	110	108.5	107.9	107.8
贵州	113.6	112.5	110.8	110.7	110.5
云南	113	112.1	108.1	108.7	108.7
陕西	112.9	111	109.7	107.9	107.6
甘肃	112.6	110.8	108.9	108.1	107.6
青海	112.3	110.8	109.2	108.2	108
宁夏	111.5	109.8	108	108	108.1
新疆	112	111	110	108.8	107.6

表4-11 各地区2012—2016年城镇登记失业率

省份	2012	2013	2014	2015	2016
北京	1.20	1.30	1.40	1.40	1.20
天津	3.60	3.50	3.50	3.50	3.60
河北	3.70	3.60	3.60	3.70	3.70
山西	3.10	3.40	3.50	3.50	3.10
内蒙古	3.70	3.60	3.70	3.70	3.70

续表

省份	2012	2013	2014	2015	2016
辽宁	3.40	3.40	3.40	3.80	3.40
吉林	3.70	3.40	3.50	3.50	3.70
黑龙江	4.40	4.50	4.50	4.20	4.40
上海	4.00	4.10	4.00	4.10	4.00
江苏	3.00	3.00	3.00	3.00	3.00
浙江	3.00	3.00	2.90	2.90	3.00
安徽	3.40	3.20	3.10	3.20	3.40
福建	3.60	3.50	3.70	3.90	3.60
江西	3.20	3.30	3.40	3.40	3.20
山东	3.20	3.30	3.40	3.50	3.20
河南	3.10	3.00	3.00	3.00	3.10
湖北	3.50	3.10	2.60	2.40	3.50
湖南	4.20	4.10	4.10	4.20	4.20
广东	2.40	2.40	2.50	2.50	2.40
广西	3.30	3.20	2.90	2.90	3.30
海南	2.20	2.30	2.30	2.40	2.20
重庆	3.40	3.50	3.60	3.70	3.40
四川	4.10	4.20	4.10	4.20	4.10
贵州	3.30	3.30	3.30	3.20	3.30
云南	4.00	4.00	4.00	3.60	4.00
陕西	3.30	3.30	3.40	3.30	3.30
甘肃	2.30	2.20	2.10	2.20	2.30
青海	3.30	3.20	3.20	3.10	3.30
宁夏	4.10	4.00	4.00	3.90	4.10
新疆	3.40	3.20	2.90	2.50	3.40

表 4-12 各地区 2012—2016 年 CPI 指数

省份	2012	2013	2014	2015	2016
北京	106.6	106.6	104.7	106.7	106.2
天津	109.1	106.7	106.9	106.2	106.9
河北	108.1	110.8	109.4	109.7	110.7
山西	112.6	110.5	105	111.5	103.7
内蒙古	111.7	109.9	108.7	104.6	105.5
辽宁	110.4	109.5	108.7	108.6	110.1
吉林	110.7	112.6	105.5	107.7	103.4
黑龙江	105.8	109.7	116.1	106.8	105.6
上海	106	107.3	107.3	106.5	106.7
江苏	114.2	116.6	111.9	110.2	109.1
浙江	106	107.4	107.3	106	105.4
安徽	106.6	103.8	107	107.2	108.1
福建	107	107.1	107.9	108.8	110.9
江西	110.5	110	110.1	109.3	108.9
山东	110.4	110.1	110.1	109	108.5
河南	110.4	109.6	108.6	110.5	109
湖北	109.7	110.6	110.8	109.2	109.7
湖南	109.2	108.1	109.2	107.4	108
广东	108.3	106.4	108.3	106.8	105.7
广西	110.3	109.1	107.6	107.3	106.3
海南	109.3	108.2	108.7	108.5	106.6
重庆	111.9	112.2	111.1	110.6	110
四川	112.2	108.7	108.4	108	107.3
贵州	109.2	112.7	113.1	109.9	112.6
云南	113.7	111.7	107.7	110.9	106.8

续表

省份	2012	2013	2014	2015	2016
陕西	114.1	110.4	110.1	106.5	107.3
甘肃	111.8	111.7	110.8	109.6	108.8
青海	115.2	111.8	109.7	110.1	109.2
宁夏	109.2	108.8	111.7	112.5	107.2
新疆	115.9	103.7	107	108.4	110.4

表 4-13　各地区 2013—2016 年政绩诉求指数

省份	2013	2014	2015	2016
北京	2	1	1	1
天津	0	1	1	1
河北	3	3	3	3
山西	3	2	3	2
内蒙古	3	2	2	2
辽宁	2	2	3	3
吉林	3	2	2	2
黑龙江	3	3	2	2
上海	2	2	2	2
江苏	1	1	1	1
浙江	1	1	0	0
安徽	0	0	0	1
福建	0	1	2	2
江西	1	2	2	2
山东	1	2	2	2
河南	2	0	1	1
湖北	1	1	1	1
湖南	0	2	1	2

续表

省份	2013	2014	2015	2016
广东	1	1	0	0
广西	1	0	0	1
海南	0	0	2	0
重庆	1	2	2	2
四川	0	1	1	1
贵州	1	2	2	1
云南	1	2	2	1
陕西	1	2	1	1
甘肃	1	1	1	1
青海	1	1	1	1
宁夏	0	3	2	1
新疆	0	0	1	1

5. 公共服务能力（manage）

借鉴相关研究，使用参加养老保险人口的比例（$ratioaged_{i,t}$）、参加失业保险的人口比例（$ratioumemp_{i,t}$）和参加医疗保险的人口比例（$ratiomedic_{i,t}$）来衡量地方政府提供公共服务的能力。

$$manage_{i,t} = \frac{ratioaged_{i,t} + ratioeunmp_{i,t} + ratiomedic_{i,t}}{3} \tag{4}$$

2013—2016 年间各地区参加养老保险人数、参加失业保险人数、参加医疗保险人数以及标准化后的公共服务能力指数（使用各指标人数与该地区总人口数量计算参与比例，再对三个指标进行简单加权平均）见表 4-14、表 4-15、表 4-16 和表 4-17。

表 4-14　各地区 2013—2016 年参加养老保险人数　　单位：万人

省份	2013	2014	2015	2016
北京	1311. 30	1392. 61	1424. 25	1546. 64
天津	520. 67	545. 43	565. 18	639. 03
河北	1194. 67	1261. 95	1320. 48	1403. 14

省份	2013	2014	2015	2016
山西	672.44	692.03	714.27	760.21
内蒙古	496.48	524.94	578.96	655.02
辽宁	1729.47	1769.18	1780.16	1800.30
吉林	655.19	676.66	693.63	706.83
黑龙江	1062.06	1090.10	1118.00	1144.14
上海	1429.88	1457.43	1493.80	1527.14
江苏	2582.11	2691.91	2779.90	2861.53
浙江	2375.40	2548.00	2504.28	2506.94
安徽	811.33	829.25	857.51	892.24
福建	812.82	848.28	883.67	979.77
江西	754.18	783.89	823.10	957.30
山东	2259.56	2370.19	2477.46	2576.39
河南	1349.99	1431.64	1508.71	1848.42
湖北	1219.38	1266.24	1315.51	1355.04
湖南	1091.73	1118.89	1160.07	1186.65
广东	4183.04	4809.47	5086.53	5392.43
广西	538.37	557.59	576.63	751.91
海南	231.50	242.32	249.85	224.93
重庆	773.12	825.50	849.29	952.25
四川	1720.26	1839.69	1938.98	2157.60
贵州	337.29	361.45	392.10	423.58
云南	384.32	397.89	412.94	581.80
陕西	684.98	716.46	751.71	790.82
甘肃	288.40	298.85	306.21	314.97
青海	90.31	94.57	100.07	132.31

续表

省份	2013	2014	2015	2016
宁夏	143.77	151.42	157.52	189.27
新疆	476.34	490.75	499.45	624.98

表 4-15　各地区 2013—2016 年参加医疗保险人数　　　　单位：万人

省份	2013	2014	2015	2016
北京	1514.90	1604.30	1656.60	1708.80
天津	1001.50	1023.60	1054.10	1066.80
河北	1674.50	1697.50	1663.70	6672.10
山西	1086.30	1101.20	1113.80	1121.20
内蒙古	986.20	998.10	1008.10	1019.80
辽宁	2333.30	2387.20	2396.20	2376.00
吉林	1378.60	1380.00	1380.60	1380.90
黑龙江	1580.40	1586.40	1594.80	1599.90
上海	1650.50	1678.50	1719.20	1806.70
江苏	3427.60	3797.50	4014.30	3984.40
浙江	4121.10	4847.60	4964.10	4993.30
安徽	1660.80	1756.40	1737.60	1621.50
福建	1283.80	1293.00	1301.20	1297.90
江西	1476.60	1494.20	1530.40	1807.00
山东	3647.90	3988.00	9235.80	9188.80
河南	2297.20	2340.00	2344.90	2360.70
湖北	1960.60	1968.00	1972.10	1981.80
湖南	2316.20	2300.70	2662.30	2646.10
广东	9179.80	9804.20	10136.00	10150.20
广西	1031.00	1067.30	1077.60	1096.40
海南	406.50	386.80	389.80	387.20

省份	2013	2014	2015	2016
重庆	3234.80	3256.80	3266.30	3259.30
四川	2486.00	2576.50	2650.70	5056.80
贵州	672.10	687.10	955.50	973.60
云南	1118.80	1135.90	1140.80	1163.60
陕西	1244.30	1246.20	1247.30	1248.00
甘肃	622.80	630.60	635.00	643.30
青海	181.30	190.40	195.20	196.70
宁夏	565.50	578.60	584.80	594.00
新疆	877.10	885.10	891.00	923.20

表 4-16　各地区 2013—2016 年参加失业保险人数　　　　单位：万人

省份	2013	2014	2015	2016
北京	1025.09	1057.13	1082.29	1114.99
天津	278.69	287.57	295.32	302.47
河北	505.01	508.73	510.98	515.89
山西	400.73	407.68	411.29	415.15
内蒙古	233.42	236.30	242.06	241.13
辽宁	663.18	664.33	665.32	665.36
吉林	258.79	258.72	261.24	262.01
黑龙江	477.36	478.42	312.84	313.24
上海	625.74	634.08	641.77	947.32
江苏	1389.34	1442.67	1490.91	1538.12
浙江	1144.33	1210.35	1260.25	1317.00
安徽	409.04	422.04	436.64	448.49
福建	496.66	524.08	546.27	575.52
江西	271.06	271.75	281.49	282.64

省份	2013	2014	2015	2016
山东	1089.63	1154.31	1203.78	1222.88
河南	741.29	773.30	783.34	788.07
湖北	511.27	519.03	528.39	541.88
湖南	461.66	509.50	521.16	537.54
广东	2702.18	2840.18	2930.13	3020.10
广西	253.36	258.98	273.18	283.71
海南	150.82	157.53	164.77	170.20
重庆	389.67	439.07	439.52	447.10
四川	613.45	635.85	660.95	701.95
贵州	185.18	191.86	205.31	218.10
云南	232.52	236.89	243.34	251.17
陕西	339.67	344.27	347.74	352.23
甘肃	163.09	162.35	162.76	164.33
青海	38.51	39.32	40.11	40.77
宁夏	71.27	73.54	76.61	95.57
新疆	283.89	290.24	294.88	298.74

表 4-17　各地区 2013—2016 年公共服务能力指数

省份	2013	2014	2015	2016
北京	0.61	0.63	0.64	0.67
天津	0.41	0.41	0.41	0.43
河北	0.15	0.16	0.16	0.38
山西	0.20	0.20	0.20	0.21
内蒙古	0.23	0.23	0.24	0.25
辽宁	0.36	0.37	0.37	0.37
吉林	0.28	0.28	0.28	0.29

省份	2013	2014	2015	2016
黑龙江	0.27	0.27	0.26	0.27
上海	0.51	0.52	0.53	0.59
江苏	0.31	0.33	0.35	0.35
浙江	0.46	0.52	0.53	0.53
安徽	0.16	0.16	0.16	0.16
福建	0.23	0.23	0.24	0.25
江西	0.18	0.19	0.19	0.22
山东	0.24	0.26	0.44	0.44
河南	0.16	0.16	0.16	0.17
湖北	0.21	0.22	0.22	0.22
湖南	0.19	0.19	0.21	0.21
广东	0.50	0.54	0.56	0.56
广西	0.13	0.13	0.13	0.15
海南	0.29	0.29	0.29	0.28
重庆	0.49	0.50	0.50	0.51
四川	0.20	0.21	0.21	0.32
贵州	0.11	0.12	0.15	0.15
云南	0.12	0.13	0.13	0.14
陕西	0.20	0.20	0.21	0.21
甘肃	0.14	0.14	0.14	0.14
青海	0.18	0.19	0.19	0.21
宁夏	0.40	0.40	0.41	0.43
新疆	0.24	0.24	0.24	0.26

6. 市场开放程度（*market*）

PPP 建立在政府与社会资本合作的基础之上，如果没有良好的市场环境支持，很难吸引社会投资方的参与，单靠政府一厢情愿的推动，PPP 市场无法获得发展，市场越活跃的地区，越有可能吸引企业的参与。

根据王小鲁、樊纲《中国分省份市场化指数报告（2016）》整理后，得到相应的市场开放程度指数，见表 4-18。

表 4-18　各地区 2012—2016 年公共服务能力指数

省份	2012	2013	2014	2015	2016
北京	8.31	8.70	9.08	9.30	9.61
天津	8.87	9.30	9.17	9.43	9.65
河北	5.58	5.77	6.19	5.95	6.04
山西	4.89	5.08	5.27	5.40	5.57
内蒙古	5.34	5.33	5.10	5.34	5.43
辽宁	6.65	6.70	7.00	6.91	6.99
吉林	6.15	6.23	6.42	6.40	6.52
黑龙江	6.01	6.20	6.22	6.53	6.80
上海	8.67	8.89	9.77	9.65	9.88
江苏	9.95	9.88	9.63	9.95	9.86
浙江	9.33	9.44	9.78	9.65	9.91
安徽	6.36	6.61	7.46	7.26	7.46
福建	7.27	7.44	8.07	6.54	6.72
江西	5.74	5.90	6.79	6.53	6.70
山东	7.41	7.55	7.93	7.89	8.04
河南	6.48	6.67	7.00	7.03	7.19
湖北	6.32	6.71	7.28	7.30	7.59
湖南	5.73	5.87	6.79	6.56	6.76
广东	8.37	8.69	9.35	9.35	9.65
广西	6.19	6.34	6.51	6.54	6.72
海南	5.44	5.67	5.94	6.22	6.52

省份	2012	2013	2014	2015	2016
重庆	6.89	7.17	7.78	7.82	8.13
四川	6.10	6.26	6.62	6.54	6.66
贵州	4.36	4.52	4.85	4.57	4.65
云南	4.49	4.57	4.94	4.86	4.89
陕西	5.18	5.71	6.36	6.33	6.69
甘肃	3.38	3.63	4.04	3.68	3.69
青海	2.64	2.84	2.53	2.54	2.64
宁夏	4.37	4.50	5.26	4.91	5.05
新疆	2.94	2.98	3.49	3.00	2.95

7. 地区财政公共预算水平 (*fiscal*)

筹集财政资金的能力使用人均一般财政公共预算收入来衡量。PPP 立项需要占用地区一般公共财政预算，且有严格的比例限制（不得超过 10%），因此，财政收入水平较高的地方参与 PPP 的潜力越大。

根据各地区财政收入水平，结合常住人口数量，得到分地区财政公共支付水平指数，见表 4-19。

表 4-19 各地区 2013—2016 年公共财政支付能力指数

省份	2013	2014	2015	2016
北京	1.73	1.87	2.18	2.34
天津	1.41	1.58	1.72	1.74
河北	0.31	0.33	0.36	0.38
山西	0.47	0.50	0.45	0.42
内蒙古	0.69	0.74	0.78	0.80
辽宁	0.76	0.73	0.49	0.50
吉林	0.42	0.44	0.45	0.46
黑龙江	0.33	0.34	0.31	0.30

省份	2013	2014	2015	2016
上海	1.70	1.89	2.29	2.65
江苏	0.83	0.91	1.01	1.02
浙江	0.69	0.75	0.87	0.95
安徽	0.34	0.36	0.40	0.43
福建	0.56	0.62	0.66	0.69
江西	0.36	0.41	0.47	0.47
山东	0.47	0.51	0.56	0.59
河南	0.26	0.29	0.32	0.33
湖北	0.38	0.44	0.51	0.53
湖南	0.30	0.34	0.37	0.40
广东	0.67	0.75	0.86	0.94
广西	0.28	0.30	0.32	0.32
海南	0.54	0.61	0.69	0.70
重庆	0.57	0.64	0.71	0.73
四川	0.34	0.38	0.41	0.41
贵州	0.34	0.39	0.43	0.44
云南	0.34	0.36	0.38	0.38
陕西	0.46	0.50	0.54	0.48
甘肃	0.24	0.26	0.29	0.30
青海	0.39	0.43	0.45	0.40
宁夏	0.47	0.51	0.56	0.57
新疆	0.50	0.56	0.56	0.54

借鉴已有文献的研究，本章引入地区虚拟变量 $province_i$。模型相关被解释变量、解释变量及其相应说明见表4-20。

表 4-20　地方政府 PPP 参与差异性模型变量

	变量名称		变量解释及数据来源
被解释变量	*lnpppinvest*		地区年度 PPP 项目总投资额，数据来源于 CPPPC 中心数据库，取对数
解释变量	*motivation*	*lninfra*	2014—2016 年数据来源于国家统计年鉴，2017 年数据来源于各省最新发展的社会与经济发展公报。考虑到可比性，使用人均公共基础建设投资额，并取其对数
		lndebt	根据国家审计署审计公报；财政部公报；各省财政厅、审计厅、人大文件以及 WIND 数据库公开数据整理。考虑可比性，使用人均地方政府直接债务余额（含专项债务及一般债务，暂未计算或有债务），并取其对数，考虑本年债务水平影响下一年财政预算，使用滞后一期值
		policy	根据 CPPPC 中心、各省政府门户网站、law-lib 数据库等公开数据，对省级层面及市级层面 PPP 直接或间接相关文件进行赋分。考虑政策影响的滞后性，取滞后一期值
		admin	政绩诉求由 GDP 增长率、城镇登记失业率以及 CPI 指数三项压力指标构成，GDP 增长率低于平均数赋值为 1；城镇登记失业率、CPI 指数高于平均水平赋值为 1。数据来源于国家统计年鉴及各省国民经济与社会发展公报，考虑本年度政绩水平会影响下一年决策导向，取滞后一期值
	capacity	*manage*	使用参加养老保险人口的比例、参加失业保险的人口比例和参加医疗保险的人口比例来衡量地方政府提供公共服务的能力。数据来源于国家统计年鉴和各省国民经济和社会发展统计公报
		market	数据参考王小鲁、樊纲《中国分省份市场化指数报告》数据。考虑到企业对投资的预判性，取滞后一期值
		lnfiscal	数据来源于国家统计年鉴及各地政府公报。使用人均一般公共财政预算收入，整理后取其对数
控制变量	*district*		按照一般做法，将全国划分为东（east）、中（center）、西（west）三个区域

4.3.3 数据来源

被解释变量数据来自 CPPPC 项目库数据，包括北京等 30 个省市（不含西藏地区①、新疆生产建设兵团、港澳台以及中央本级），考虑到样本的代表性，2014 年前立项及 2018 年后入库项目均予以剔除。另外，考虑到研究的连续性，管理库和储备库项目合并计算（为了更科学、规范管理项目，自 2017年 9 月起，项目库划分为管理库和储备库两个子库）。

表 4-21 给出影响地方政府参与差异性主要变量的描述性统计结果。由表可知，各地 PPP 参与差异较大，投资强度最大值达到 7012.71 亿元，而最小值为 0 亿元，标准差为 1608.05 亿元；从落地项目来看，各地参与质量也具有相同规律，不同地区之间参与差异程度较大。

表 4-21　主要变量的描述性统计结果

变量名	变量符号	均值	标准差	最小值	最大值
地方政府 PPP 参与强度/亿元	*pppinvest*	1429.5950	1608.0520	0	7012.7090
人均基础建设投资/（万元/人）	*infra*	1.1574	0.5347	0.2726	2.7808
人均直接债务余额/（万元/人）	*debt*	1.1921	0.5926	0.3748	3.1445
政策强度	*policy*	1.5563	1.9051	0	12
政绩诉求	*admin*	1.3667	0.8881	0	3
公共服务水平	*manage*	0.2561	0.1219	0.1178	0.6704
市场开放程度	*market*	6.6559	1.8901	2.5300	9.9500
人均公共财政收入/（万元/人）	*fiscal*	0.6845	0.5184	0.2596	2.7466

在解释变量方面，地区水平差异也较大，其中政策强度与政绩诉求均表现出明显分化，部分地区政策密集、推动力度较大，而个别地区并未表现出较大的关注，强度为 0；同时，个别地区的政绩诉求较为显著，达到最大值 3，即 GDP 增长率偏低、CPI 增长率偏高、失业率偏高。

在表 4-21 中，对 *pppinvest*、*pppimple*、*infra*、*debt*、*fiscal* 均使用初始取值，在模型分析中，为使上述经济变量更具有实际意义，对上述变量均进行了对数化处理，处理后的变量不再做描述统计报告。

---

①剔除西藏地区的主要原因是缺乏 2014-2015 年地方债务数据。文章尝试采用指数平滑的方法拟合出债务数值，但回归方程总体显著性及各系数的显著性均未发生变化。

4.4　模型的计量分析

4.4.1 模型设定分析

在分析之前，先对变量之间是否存在共线性进行检验。分析结果显示各变量的方差膨胀因子均小于 10 且均值为 3.33，在可接受范围内，结果如图 4-2所示。

Variable	VIF	1/VIF
manage	8.01	0.124776
fiscal	6.13	0.163055
debt	2.69	0.371301
market	2.52	0.396398
infra	1.72	0.582732
policy	1.14	0.879365
admin	1.10	0.912390
Mean VIF	3.33	

图 4-2　模型变量间相关系数

本章面板数据时间维度较小，参考一般经验做法，不考虑使用随机效应模型，仅对混合 OLS 与个体固定效应模型分析进行比较分析。此外，从既有文献的经验分析来看，模型解释变量暂未表现出内生性的潜在影响。

4.4.2 基本回归分析

对模型分别进行混合 OLS 回归和固定效应回归，F 统计量值为 15.94 $>$ $F_{0.01}(29,81)$，拒绝混合 OLS 回归假设，应当选择固定效应回归模型。混合 OLS 和固定效应回归结果分别如图 4-3 和图 4-4 所示。

根据异方差检验结果，拒绝原假设，即固定效应模型存在异方差，模型采用稳健回归，结果见表 4-22。

Source	SS	df	MS		Number of obs	=	118
					F(7, 110)	=	11.29
Model	137.733559	7	19.6762227		Prob > F	=	0.0000
Residual	191.688662	110	1.7426242		R-squared	=	0.4181
					Adj R-squared	=	0.3811
Total	329.422221	117	2.81557454		Root MSE	=	1.3201

lnpppinvest	Coef.	Std. Err.	t	P>|t|	[95% Conf. Interval]	
lninfra	1.012365	.4011307	2.52	0.013	.2174178	1.807312
lndebt	1.240058	.4241225	2.92	0.004	.3995468	2.080569
policy	.2507608	.0683163	3.67	0.000	.115374	.3861477
admin	.0545439	.1474964	0.37	0.712	-.2377595	.3468472
manage	-1.75759	2.664173	-0.66	0.511	-7.037355	3.522174
market	.5373711	.105476	5.09	0.000	.3283424	.7463999
lnfiscal	-2.500475	.6274169	-3.99	0.000	-3.743868	-1.257082
_cons	1.276288	1.238206	1.03	0.305	-1.177546	3.730122

图 4-3　混合 OLS 回归结果

Fixed-effects (within) regression   Number of obs   =   118
Group variable: province   Number of groups =   30

R-sq: Obs per group:
    within = 0.5793   min =   3
    between = 0.1021   avg =   3.9
    overall = 0.0000   max =   4

                                           F(7,81)   = 15.94
corr(u_i, Xb) = -0.8941   Prob > F   = 0.0000

lnpppinvest	Coef.	Std. Err.	t	P>|t|	[95% Conf. Interval]	
lninfra	.4686111	.5684631	0.82	0.412	-.6624522	1.599674
lndebt	3.260412	.5830241	5.59	0.000	2.100377	4.420447
policy	.1379755	.0559793	2.46	0.016	.0265943	.2493566
admin	-.086169	.1768551	-0.49	0.627	-.4380551	.2657171
manage	16.34877	9.482798	1.72	0.089	-2.519027	35.21656
market	.591028	.397323	1.49	0.141	-.1995203	1.381576
lnfiscal	-1.846541	1.638086	-1.13	0.263	-5.105819	1.412737
_cons	-2.988264	3.821543	-0.78	0.437	-10.59194	4.615408
sigma_u	3.4930828					
sigma_e	.94991584					
rho	.93113993	(fraction of variance due to u_i)				

F test that all u_i=0: F(29, 81) = 4.53   Prob > F = 0.0000

图 4-4　固定效应回归结果

表 4-22 政府动力、能力对 PPP 参与程度影响的回归分析

	基本模型	分区域估计		
	全国（1）	东部（2）	中部（3）	西部（4）
ln*infra*	0.4686	0.6444**	1.72556	-0.1697
	(0.3424)	(0.2711)	(1.8775)	(0.9259)
ln*debt*	3.2604***	3.3398***	-0.3370	4.2369**
	(0.6323)	(0.5794)	(1.7928)	(1.4688)
policy	0.1380***	0.1416**	0.0819	0.1945
	(0.0456)	(0.0484)	(0.1081)	(0.1483)
admin	-0.0862	-1.1499	-0.7957**	0.2856
	(0.2134)	(0.4391)	(0.3531)	(0.2344)
manage	16.3488*	19.1697**	51.5116*	9.9712
	(8.8899)	(8.2136)	(28.6240)	(29.3893)
market	0.5910	0.5491	1.9089	-0.1623
	(0.3700)	(0.4966)	(1.2837)	(0.9954)
ln*fiscal*	-1.8465	-3.4134**	0.1349	-3.7415
	(1.3345)	(1.3386)	(4.0646)	(3.4356)
_ *cons*	-2.983	-6.3924	-15.0733	1.4121
	(3.2011)	(3.5427)	(13.265)	(9.4125)
obs	120	44	32	44
$R^2 - within$	0.5793	0.6959	0.7148	0.6312

注：括号中稳健标准误差；＊＊＊、＊＊、＊分别表示系数通过了 1%、5%、10% 的显著性检验。

从表 4-22 可知，全国样本回归结果显示地区 PPP 参与主要受债务水平（99% 的置信水平）、政策导向（99% 的置信水平）及公共服务水平影响（90% 的置信水平），详述如下：

（1）债务水平对参与强度有正向影响，即债务负担越重的地区，越倾向于增加 PPP 的投入。PPP 项目通过引入社会资本满足地方公共服务的供给，通过使用者付费或政府承担少量可行性缺口补助的方式，有助于缓解政府债务不断增加的趋势，这是多数政府参与 PPP 的主要动力之一。分地区回归结果显示，在东部和西部的地方政府参与 PPP 也同样受债务压力的驱动，且回归系数基本一致，趋势及强度相近。

（2）政策导向对参与强度同样有正向影响，即政策强度越高的地区 PPP 投资额越大。政策是政府调动资源流向的重要手段，是国家引导产业发展的重要工具，通过设置扶持基金、补贴、市场规范、法律法规等，鼓励相关公共部门与社会投资方参与 PPP 事业。分地区回归结果显示，东部地区表现出较明显的政策导向性，即东部省份受地方政策影响较为明显，地方政府对 PPP 模式表现出较高的热情，但在中部和西部则没有受政策的显著影响。

（3）公共服务水平对参与强度有正向影响，即公共服务水平越高的地区 PPP 投资规模越大。债务及政策导向均表现出地方政策参与动力的一面，而公共服务水平则代表政策能力的一面，表明地方政府的服务能力越强，管理越规范，越有能力吸引到社会资本方的进入。

值得注意的是，公共服务变量的显著性较债务及政策变量更弱，说明在总体上，地方政策动力侧的影响仍是明显大于能力侧，这也验证了本文提出的三个假设，地方政府参与 PPP 更多是出于缓解债务及政策驱动，政府自身能力则并没有太多的影响。这种情况表明 PPP 市场总体仍不够健康，政策驱动型或转移债务型都可能意味着项目质量可能不尽如人意，仅靠政府的推动容易造成急功近利式的立项，如果政策导向发生转移，容易留下隐患。

另外，模型 2 显示东部地区发展 PPP 除受上述三个因素影响外，基础设施建设及财政收入水平均表现出显著影响（均在 95% 的显著性水平上）。与基础设施建设影响方向不同的是，财政收入水平对 PPP 参与有负向影响，这就意味着财政收入越高的地区越不倾向于使用 PPP，这恰恰从另外一个方面印证了当前部分地方政府采用 PPP 的主要原因可能是"缺钱"，而对于财政自给能力较强的地方，更愿意使用自有财政资金满足公共服务需求。PPP 项目更多的需要从项目本身入手，提高项目质量，突出管理效率，而不能仅仅追求"利用资本"这一初级目标，应当回归"合作共赢、提升效率"的初心。相较之下，模型 3 显示中部地区政府参与 PPP 只受政绩诉求和管理水平的影响，值得注意的是政绩诉求与政府参与存在负向影响，意味着发展压力越大的地区反而越少采用 PPP 模式，说明在 PPP 项目对于短期内提升政绩并无显著的帮助，这可能主要是由于 PPP 需要采用较为烦琐的运作流程，从项目识别、准备、采购、执行直至移交往往需要十几年、甚至几十年的时间，很难短期内见到成效。政绩诉求的影响在其他地区虽未表现出显著影响，但在全国样本的回归中系数同样为负值，在一定程度上与上述分析的逻辑也是一致的。模型 4 显示西部地区政府参与 PPP 仅有债务负担一个因素表现出显著性，说明该地区政府参与 PPP 与政府能力关系不大。PPP 项目规模大、周期长，但在初期政府只需要提供少量或不提供现金流量，通过合理的设计，能够显著减少政府可能承担的负债，这对于财政收入水平普遍不高但发展需求强烈的西部地区有着现实的意义。但在使用 PPP 的同时需要注意到当地政府并没有相应的能力与之匹配，应当合理控制投资规模，避免因风险规避不当引起政府直接或间接债务的增加。

4.4.3 动力与能力的综合分析

4.4.3.1 主成分分析

参考相关文献的做法，使用主成分分析对自变量提取公共因子，结果显示 KMO 值为 0.614，Bartlett 球形检验度显著性水平 0.000，结果见表 4-23。

表 4-23　模型变量主成分分析结果

KMO 和 Bartlett 的检验

取样足够度的 Kaiser-Meyer-Olkin 度量		.614
Bartlett 的球形度检验	近似卡方	421.827
	df	21
	Sig.	.000

根据变量间的相关性，提取公因子，前 2 个因子累积解释的总方差达到 62%，基本符合使用要求，见表 4-24。相应碎石图如图 4-5 所示，第三变量特征值小于 1，按一般因子筛选的原则，选择前 2 个因子即可。

表 4-24　解释的总方差

成分	初始特征值			提取平方和载入			旋转平方和载入		
	合计	方差%	累积%	合计	方差%	累积%	合计	方差%	累积 %
1	2.811	40.16	40.16	2.811	40.16	40.16	2.784	39.768	39.768
2	1.486	21.228	61.388	1.486	21.228	61.388	1.513	21.62	61.388
3	1.058	15.121	76.509						
4	0.981	14.01	90.519						
5	0.386	5.518	96.036						
6	0.199	2.839	98.875						
7	0.079	1.125	100						

提取方法：主成分分析。

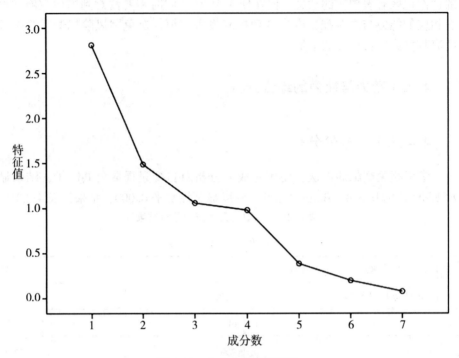

图 4-5　主成分分析碎石图

通过对旋转后的成分分析，得到基础建设投资、债务负担、政策导向及政绩诉求所属因子"政府动力"得分及公共服务水平、市场开放程度及财政收入水平所属因子"政府能力"得分，并对得分值进行标准化处理，设定为动力指数（motivation）和能力指数（capacity），见表 4-25。

表 4-25　各地区 PPP 参与动力与能力指数

地区	动力指数				能力指数			
	2014	2015	2016	2017	2014	2015	2016	2017
北京	61.56	48.14	46.15	47.30	86.25	94.36	96.28	93.61
天津	53.12	52.90	56.17	56.20	76.64	77.70	79.64	80.55
河北	49.06	22.49	48.72	57.34	26.94	37.64	30.44	29.52
山西	54.50	51.36	47.44	53.66	21.28	23.90	25.79	27.03
内蒙古	73.49	64.96	84.41	81.46	27.51	33.95	31.55	32.32
辽宁	58.35	46.28	42.23	51.87	43.50	51.20	51.63	50.17

地区	动力指数				能力指数			
	2014	2015	2016	2017	2014	2015	2016	2017
吉林	49.33	40.69	53.41	52.53	35.54	39.53	36.80	38.20
黑龙江	49.95	40.90	45.38	44.76	31.34	34.40	36.49	39.12
上海	49.17	44.85	47.81	42.45	83.03	96.93	96.96	100.00
江苏	40.28	29.58	28.55	45.60	72.87	76.86	79.70	75.53
浙江	39.29	22.63	38.51	51.15	67.64	80.02	76.42	75.60
安徽	47.18	28.06	36.93	45.60	34.54	47.86	44.82	45.08
福建	53.15	41.61	46.75	65.29	43.92	54.85	41.32	40.24
江西	52.17	37.09	45.57	46.03	27.78	40.75	36.78	38.50
山东	41.53	28.11	31.00	48.87	45.45	55.24	53.69	51.95
河南	42.07	0.00	41.36	44.55	34.31	48.10	39.33	39.53
湖北	52.68	47.62	46.87	53.23	37.85	43.40	44.01	45.73
湖南	53.89	42.11	54.29	55.28	27.03	40.27	35.77	37.79
广东	40.15	29.30	30.11	37.65	59.84	69.98	70.96	72.07
广西	50.85	50.19	37.89	56.57	29.87	34.73	37.39	35.36
海南	60.50	49.39	51.62	56.34	32.20	40.57	42.26	44.78
重庆	56.24	39.73	58.72	58.56	44.75	53.08	48.76	52.92
四川	53.69	34.65	49.50	56.40	32.67	40.88	36.92	36.87
贵州	66.42	54.94	70.09	81.77	18.33	32.10	26.33	24.50
云南	61.75	61.40	61.56	71.32	16.14	22.44	22.01	20.31
陕西	54.95	53.11	60.60	68.71	28.43	38.21	35.16	37.12
甘肃	65.57	57.01	63.10	59.97	4.31	10.67	6.53	8.22
青海	82.71	76.12	92.83	100.00	1.47	0.00	2.92	1.98
宁夏	68.81	70.89	77.31	74.06	15.47	26.05	22.86	26.49
新疆	75.43	76.04	73.53	85.79	1.82	8.64	4.90	2.54

4.4.3.2 动力与能力因素分析

构建如下实证模型，以便进一步验证政府动力及能力对 PPP 参与的影响：

$$\ln pppinvest_{i,t} = \beta_0 + \beta_1 capacity_{i,t} + \beta_2 motivation_{i,t} + \varepsilon_{i,t} \qquad (5)$$

同样地，相关检验结果支持采用固定效应模型，同时使用稳健性回归分析。结果见表 4-26。

表 4-26　政府动力、能力综合因素影响的回归分析

	基本模型	分区域估计		
	全国（1）	东部（2）	中部（3）	西部（4）
capacity	23.7580*** （3.5445）	17.9935*** （4.4921）	28.2015*** （6.0827）	26.5705*** （6.8574）
motivation	3.3688** （1.3154）	1.2502 （1.0155）	5.5993** （1.5866）	3.0458 （2.6140）
_ *cons*	−5.2373** （2.0254）	−5.6274* （2.9712）	−6.4183** （2.8277）	−2.0344** （3.0885）
obs	120	44	32	44
$R^2 - within$	0.4063	0.3728	0.5363	0.3795

注：括号中稳健标准误差；＊＊＊、＊＊、＊分别表示系数通过了 1%、5%、10% 的显著性检验。

模型显示政府能力和政府动力均对地方政府 PPP 参与有着显著的正向影响，系数基本一致且保持相对的稳定，能力较动力对政府参与程度影响更大。进一步地，从分区域的回归分析结果来看，仅有中部地区地方政府的 PPP 参与受到能力和动力的共同影响，其他地区仅受能力的显著影响。结果表明，地方政府能力越强的地区投资规模越大，PPP 项目的"风险共担、利益共享、社会共赢"的本质属性起到了主导作用，项目质量的优劣、政府能力的高低仍是吸引社会投资方参与合作的决定性因素。但在部分地区，政府的引导作用能起到一定的激励作用。

计算各省 2014—2017 年间的动力及能力得分均值，据此构建地方政府 PPP 参与的能力-动力矩阵，气泡大小代表计算期内投资额均值的绝对数值，总体上各省主要位于矩阵中的二、四象限以及中间均衡区域，结果如表 4-27 及图 4-6 所示。

表 4-27　政府动力、能力指数均值

地区	PPP 项目投资	动力指数	能力指数
北京	4229090.75	50.78	92.63
天津	3311922.50	54.60	78.63
河北	19734006.25	44.40	31.13
山西	5248261.25	51.74	24.50
内蒙古	24211213.50	76.08	31.33
辽宁	10658426.75	49.68	49.12
吉林	8438756.75	48.99	37.52
黑龙江	4594064.75	45.25	35.34
上海	75631.25	46.07	94.23
江苏	24057245.25	36.00	76.24
浙江	21472867.75	37.90	74.92
安徽	11647725.25	39.44	43.08
福建	10440941.25	51.70	45.08
江西	7292686.00	45.22	35.95
山东	29625848.25	37.38	51.58
河南	33387014.50	32.00	40.32
湖北	13938136.25	50.10	42.75
湖南	20448823.50	51.39	35.21
广东	11467554.50	34.30	68.21
广西	5446800.50	48.88	34.34
海南	3650315.00	54.46	39.95
重庆	5705495.25	53.31	49.88
四川	37043659.00	48.56	36.83
贵州	42897784.25	68.30	25.32
云南	23410961.25	64.01	20.23
陕西	13608747.75	59.35	34.73

续表

地区	PPP 项目投资	动力指数	能力指数
甘肃	5133679.00	61.41	7.43
青海	3545371.75	87.92	1.59
宁夏	2543354.75	72.77	22.72
新疆	21612006.25	77.70	4.47

结合表 4-27 的计算结果可以发现，第二象限表现为"高动力、低能力"区域，该区域中比较典型的省份包括贵州、云南、内蒙古及新疆，主要集中于西部欠发达地区。相关地区发展的要求比较强烈，基础设施建设尚不完善，有着较迫切的投资需求，在现有财政力量有限、债务负担较重的情况下，希望通过 PPP 建设加快地区发展，改善公共服务环境。第四象限表现为"低动力、高能力"区域，该区域的典型代表包括江苏、浙江及广东，主要集中于沿海相对发达区域。相关省份 PPP 投资规模较高，意在通过相应政策的引导，引入社会资本，提升公共服务项目的管理效率。PPP 项目参与意愿最为强烈的省份主要集中在矩阵中间的"能力-动力均衡区域"，该区域的代表省份包括四川、山东、河南等，主要集中在近中部地区。受限于样本量，多数解释变量在表 4-24 关于中部地区的分析中并未表现出显著性，这与该区域地方政府参与 PPP 积极性较高的实际情况有一定的背离。结合矩阵分析，可以发现相关省份受动力、能力双重驱动，目标更加多元化，动力与能力因素均对地方政府 PPP 参与有影响作用，相关结论在表 4-26 关于中部地区的分析中得到了支持。

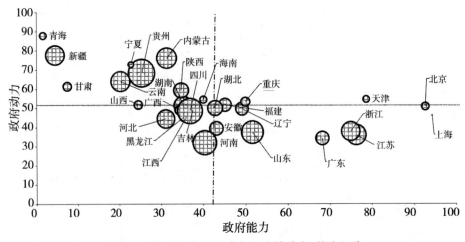

图 4-6 地方政府 PPP 参与程度的动力-能力矩阵

4.5　结论与讨论

4.5.1 主要结论

基于 2014—2014 年我国省级面板数据，本章分析了政府动力和政府能力对地方政府参与 PPP 的影响，并进一步分析了这种影响的区域差异，应用因子分析，进一步得到能力、动力指数，最后构建了地方政府 PPP 参与度的动力-能力矩阵，分析了区域差异形成的原因。本章研究的结论主要如下：

（1）政府动力和政府能力都对地方政府 PPP 参与度有着显著影响。其中，动力侧的债务负担、政策导向有着显著的影响，表明 PPP 仍具有鲜明的财政工具属性，地方政府的政策导向起着关键作用；另一方面，地方政府公共服务水平对 PPP 投资规模也有着较大的影响，公共服务水平较高的地区在一定程度上更能吸引社会资本的参与。

（2）无论动力还是能力，对地方政府 PPP 参与都存在区域差异。东部地区影响较为显著的因素有基础设施建设、债务负担、政策导向、公共服务及财政收入水平，其中财政收入水平对 PPP 参与有着负向影响；中部地区受政绩导向和公共管理服务水平影响较大，由于 PPP 的长期性，政绩导向对 PPP 参与表现出负向影响；西部地区的债务负担对 PPP 参与度影响显著，且较中东部地区更为明显。

（3）通过综合指数的进一步研究发现，政府能力比政府动力影响更大。仅在中部地区表现出动力与能力的双重影响，而在西部和东部更多的受到政府能力的驱动。

4.5.2 对策建议

结合上述结论，本章得到以下的政策启示：

（1）地方政府要加强自身能力建设。地方政府应当充分认识到 PPP 的合作属性，在运用 PPP 工具的过程中，地方政府的能力比政府的动力影响更显著，为了提高 PPP 项目的质量，除了政策导向，更重要的是提升政府的管理水平、服务能力，通过加强政府自身素质，增强与社会资本的合作效率，更好的满足社会公共服务需求。

（2）地方政府应当防控 PPP 市场泡沫风险。部分地区在大力推行 PPP 的同时，并不具备与动力相配备的能力，更多的将 PPP 视为缓解债务负担的财政工具，短期内大量项目积累，债务风险随之增加，一旦市场或政策等外部环境发生变化，在政府偿债能力不足的情况下，容易引起连锁反应，引发债务危机。

（3）应当统筹区域协调发展，引导地方政府合理使用 PPP。现阶段我国中西部相对东部落后，基础设施建设和公共服务需求强烈，但政府能力有待提升。相关地区应当结合自身能力，着重打造精品工程，避免"重规模轻管理"，从全生命周期的角度出发，推动 PPP 项目的可持续发展。东部地区政府应当充分利用现有优势，充分释放潜能，利用社会资本方较为先进的管理经验，积极发挥 PPP 的优势，同时也有借助社会合作方向中西部地区输送资本与经验的潜在作用。

参考文献

［1］樊千，邱晖．PPP 的本质、产生动因及演化发展动力机制［J］．商业研究，2015（05）：137-143.

［2］贾康，孙洁．公私伙伴关系（PPP）的概念、起源、特征与功能［J］．财政研究，2009（10）：2-10.

［3］Wang H, Xiong W, Wu G, et al. Public－private partnership in Public Administration discipline：a literature review［J］. Public Management Review，2017，20（2）：293-316.

［4］王俊豪，付金存．公私合作制的本质特征与中国城市公用事业的政策选择［J］．中国工业经济，2014（07）：96-108.

［5］欧纯智，贾康．PPP 是公共服务供给对官僚制范式的超越——基于我国公共服务供给治理视角的反思［J］．学术界，2017（07）：79-90+322-323.

［6］臧俊恒．PPP 项目：财政分权与公共物品供给——反垄断风险规制路径分析［J］．青岛农业大学学报（社会科学版），2016，28（01）：59-63.

［7］张霁阳，蔡庆丰，邰晓雯．"新常态"下银行资金参与 PPP 的风险防控——基于地方政府财政承受能力的评估［J］．上海金融，2017（12）：42-47.

［8］刘梅．PPP 模式与地方政府债务治理［J］．西南民族大学学报（人文社科版），2015，36（12）：142-146.

［9］马恩涛，李鑫．PPP 政府债务风险管理：国际经验与启示［J］．当代财经，2017（07）：24-34.

［10］缪小林，程李娜．PPP 防范我国地方政府债务风险的逻辑与思考——从"行为牺牲效率"到"机制找回效率"［J］．财政研究，2015（08）：68-75.

［11］胡欣然，雷良海．供给侧改革背景下地方政府财力变化及其面临的财政

风险分析 [J]. 当代经济管理，2018，40（04）：86-90.

[13] Xu Y，Chan A P C，Xia B，et al. Critical risk factors affecting the implementation of PPP waste-to-energy projects in China [J]. Applied Energy，2015，158：403-411.

[14] Liu T，Wang Y，Wilkinson S. Identifying critical factors affecting the effectiveness and efficiency of tendering processes in Public - Private Partnerships（PPPs）：A comparative analysis of Australia and China [J]. International Journal of Project Management，2016，34（4）：701-716.

[15] Mota J，Moreira A C. The importance of non-financial determinants on public-private partnerships in Europe [J]. International Journal of Project Management，2015，33（7）：1563-1575.

[16] 景诗龙，王俊豪. 基于动力机制的中国 PPP 模式发展策略研究 [J]. 经济与管理研究，2018，39（04）：136-144.

[17] 辛方坤. 财政分权、财政能力与地方政府公共服务供给 [J]. 宏观经济研究，2014（04）：67-77.

[18] 郑恒峰. 地方政府向社会组织购买公共服务的动力机制与实现路径[J]. 中共福建省委党校学报，2014（09）：17-22.

[19] 丁辉侠. 地方政府提供公共服务的能力与动力分析 [J]. 河南社会科学，2012，20（09）：30-32+107.

[20] 王焰，张向前. 购买服务、社会资本合作（PPP）中政府与社会组织合作模式研究 [J]. 科技管理研究，2017，37（18）：210-216.

[21] 彭程甸，余华. PPP 模式应用视角下地方政府诚信制度的构建 [J]. 求索，2017（12）：63-71.

[22] 吴森，徐小丰. PPP 模式中的政府规制：西方发达国家的经验研究[J]. 华中科技大学学报（社会科学版），2018，32（02）：133-140.

[23] 韩超，孙晓琳，肖兴志. 产业政策实施下的补贴与投资行为：不同类型政策是否存在影响差异？[J]. 经济科学，2016（04）：30-42.

[24] 仲为国，彭纪生，孙文祥. 政策测量、政策协同与技术绩效：基于中国创新政策的实证研究(1978—2006)[J]. 科学学与科学技术管理，2009，30（03）：54-60+95.

[25] 张国兴，高秀林，汪应洛，等. 中国节能减排政策的测量、协同与演变——基于 1978-2013 年政策数据的研究 [J]. 中国人口·资源与环境，2014，24（12）：62-73.

[26] 于文超，高楠，查建平. 政绩诉求、政府干预与地区环境污染——基于中国城市数据的实证分析 [J]. 中国经济问题，2015（05）：35-45.

[27] 逯东，孙岩，周玮，等．地方政府政绩诉求、政府控制权与公司价值研究 [J]．经济研究，2014，49（01）：56-69.

[28] 朱英姿，许丹．官员晋升压力、金融市场化与房价增长 [J]．金融研究，2013（01）：65-78.

[29] 邵传林．政府能力与创新驱动发展——理论机制与中国实证 [J]．社会科学，2015（08）：52-62.

[30] 李长青，朱亚君．在华外资企业履行社会责任的动力来源：政府规制还是市场驱动？[J]．产经评论，2016，7（05）：132-140.

第5章　PPP 参与主体间关系网络分析

5.1　社会网络分析

5.1.1 基本概念

社会网络分析方法（Social Network Analysis，SNA）是由社会学家根据数学方法、图论等发展起来的定量分析方法，是研究一组行动者的关系的研究方法。一组行动者可以是人、社区、群体、组织、国家等，他们的关系模式反映出的现象或数据是网络分析的焦点。从社会网络的角度出发，人在社会环境中的相互作用可以表达为基于关系的一种模式或规则，而基于这种关系的有规律模式反映了社会结构，这种结构的量化分析是社会网络分析的出发点。因此，社会网络分析关注的焦点是关系和关系的模式，采用的方式和方法从概念上有别于传统的统计分析和数据处理方法。

社会科学关注是诸如团体、社群、组织、市场等群体以及群体的结构，社会网络分析技术是分析社会关系的重要手段，其主要目的是探查和分析行动者之间社会纽带的模式。该方法的研究视角不同于统计学，一般不对网络结构进行假设，也不关心如何对网络特征进行抽样推断，SNA 更多是从群体动力学的角度来考察群体中实体间的关系及其结构特征。当前社会网络研究主要包括三类：侧重关系结构形式的"系统"研究；侧重关系内容的"情境"研究以及侧重渠道效应的"关系"本身研究。社会网络分析的一般过程包括定义网络、处理网络数据、确定网络的结构特征，然后进行可视化评判。近年来，该方法在职业流动、城市化对个体幸福的影响、世界政治和经济体系、国际贸易等领域广泛应用，并发挥了重要作用。社会网络分析是社会学领域比较成熟的分析方法，社会学家们利用它可以比较得心应手地来解释一些社会学问题。许多学科的专家如经济学、管理学等领域的学者们在新经济时代—知识经济时代，面临许多挑战时，开始考虑借鉴其他学科的研究方法，社会网络分析就是其中的一种。

早在 20 世纪 30 年代，学者 Moreno（1953）就出版了著作《社会关系图》，这标志着社会测量学（社会网络分析和诸多社会心理学的前身）的诞生。该著作对网络分析半个多世纪的工作进行了纵向分析，作者发明了一种描述群体内人际关系的方法，即社会关系图。在社会关系图中，使用二维空间的点来表示人或者社会单位，用点之间的连线表示主体与主体之间存在某种关系。这种方法在许多领域获得了验证，并取得了一定的成功（如社区精英间的影响结构，Laumann，Pappi，1976；Laumann，Knoke，1987；企业连锁分析，Levine，1972；小群体内的互动分析，Romeny，Faust，1982；Freeman，Michaelson，1989）。

到了 20 世纪 50 年代，学者发现在城市化进程中用经济、宗教、政治、血缘关系等传统方法描述社会组织并不理想，当他们把视线转向复杂社会时，发现社会网络分析是一种很好的工具（Barnes，1954；Bott，1957；Mitchell，1969；Boissevain，1968；Kapferer，1969）。此外，网络中的许多新的概念给了研究人员一些新的启示，拓宽了视野和思维方式，如密度（Bott，1957）、广度（Thurman，1980）、连通性（Kapferer，1969）等。在这里，网络指的是参与主体间的各种关联或关系，而社会网络即是由社会关系结成的拓扑结构，网络从某种意义上能够反映行动者之间的社会关系。

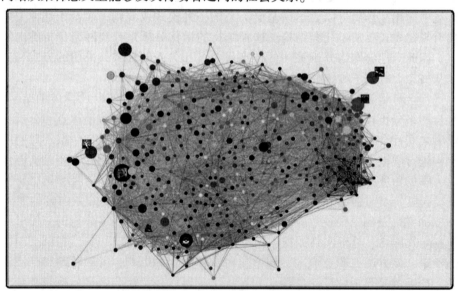

图 5-1　某工程师与合作者社会网络关系图

埃米尔·涂尔干（Emile Durkheim，1879）认为对于社会生活的解释，不应当靠参与者的观念进行，而应当根据尚未被自觉认识到的更深层的原因进行，认为这样做会极富成就，还认为其中的原因主要应当在由个人形成的组群的方式中去寻找。作为一种研究社会结构的基本方法，社会网络分析具有如下基本原理：

（1）关系纽带经常是不对称地相互作用着的，在内容和强度上都有所不同。

（2）关系纽带间接或直接地把网络成员连接在一起，故必须在更大的网络结构背景中对其加以分析。

（3）社会纽带结构产生了非随机的网络，因而形成了网络群（network clusters）、网络界限和交叉关联。

（4）交叉关联把网络群以及个体联系在一起。

（5）不对称的纽带和复杂网络使稀缺资源的分配不平等。

（6）网络产生了以获取稀缺资源为目的的合作和竞争行为。

5.1.2 构成元素及表达方式

构成社会网络的关键要素有两个：第一，行动者。这里的行动者不但指具体的个人，还可指一个群体、公司或其他集体性的社会单位。每个行动者在网络中的位置被称为"结点（node）"。第二，社会关系。行动者之间相互的关联即称为关系。人们之间的关系形式是多种多样的，如亲属关系、合作关系、交换关系、对抗关系等，这些都构成了不同的关系纽带。行动者（或个体）之间关系的表达方式有两种。

5.1.2.1 关系矩阵

矩阵是数据的排列，在形式化的表达中，关系网络是指一系列点和关系的集合。在二维方阵中，行和列包含相同的点列表，每个点代表一个行动者，而点与点相交的单元格则表示二者之间的关系，如果取值为 1 就表示二者有关系，如果取值为 0 就表示二者没有关系。矩阵表达是网络分析的基础，也是最简单的表达方式，是后续分析工作开展的起点，被称为"邻接矩阵"（Adiacency Matrix）。

比如，根据对某大学班集体的调查，班级同学之间按照交往的密切程度，每位同学可以选择一位与自己关系最好的同学，为简单起见，只分析无向情况，即无论某位同学选中别人或是被别人选中，均认为二者为"好朋友"关系，这种情况下，邻接矩阵为对称阵。

根据调查结果，可以生成如下关系矩阵，见表 5-1。

表 5-1　某大学生班级中同学关系邻接矩阵

	A	B	C	D	E	F	G
A	0	1	0	0	0	1	0
B	1	0	1	0	0	0	0
C	0	1	0	1	1	1	0
D	0	0	1	0	1	0	0
E	0	0	1	1	0	0	0
F	1	0	1	0	0	0	0
G	0	0	0	0	0	0	0

通过观察邻接矩阵可以发现：A 与 B、F 是好友关系，B 与 A、C 是好友关系，而 C 则与 B、D、E、F 都是好友关系，G 同学的好友关系数量为 0。

当然，关系矩阵可以是对称的，也可以是不对称的。一般情况下，在非对称矩阵中，行为关系发起者，列为关系目标方。此外，矩阵的关系值也可以是 0、1 以外的其他数值，即可以对关系强度进行赋值。

5.1.2.2 关系图

可视化的关系图往往能够比较直观地传达网络中个体间的连接特征，比如我们关心的连通性、中心性、密度值等。关系图是由点和线组成的，即由行动者和关系构成，弧线则表示行动者与其他行动者的关系。如果是有向弧，表示关系为单向（或不对称），如果是无向弧，则表示关系为双向（或对称）。

对前面的表 5-1 中的关系网络进行可视化处理，可以得到如图 5-2 所示的图像表达。

通过对图 5-2 的观察可以较为容易地发现，同学 C 与其他同学关系更为密切，并在其中处于关键位置，而同学 G 则处于边缘位置，与任何同学都没有交集，较为孤僻。总体来看，关系图是非连通的，存在孤立的节点。

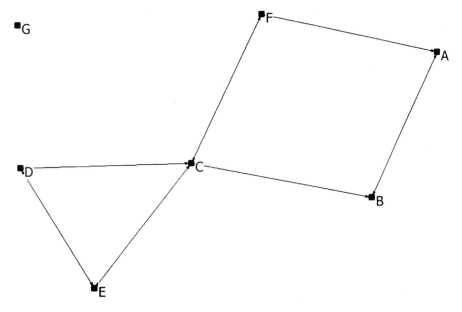

图 5-2　某大学班级同学关系网络图

5.1.3 主要研究内容

5.1.3.1 中心性分析

"中心性"是社会网络分析的重点之一。个人或组织在其社会网络中具有怎样的权力，或者说居于怎样的中心地位，这一思想是社会网络分析者最早探讨的内容之一。个体的中心度（Centrality）即测量个体处于网络中心的程度，反映了该点在网络中的重要性程度。因此一个网络中有多少个行动者/节点，就有多少个个体的中心度。除了计算网络中个体的中心度外，还可以计算整个网络的集中趋势（可简称为中心势）（Centralization）。与个体中心度刻画的是个体特性不同，网络中心势刻画的是整个网络中各个点的差异性程度，因此一个网络只有一个中心势。根据计算方法的不同，中心度和中心势都可以分为三种：点度中心度与点度中心势、中间中心度与中间中心势、接近中心度与接近中心势。

（1）点度中心性。在一个社会网络中，如果一个行动者与其他行动者之间存在直接联系，那么该行动者就居于中心地位，在该网络中拥有较大的"权力"。在这种思路的指导下，网络中一个点的点度中心度，就可以网络中与该点之间有联系的点的数目来衡量，即为点度中心度。中心度包括绝对中心度和相对中心度，前者指与点 i 直接相连的其他点的个数，如果一个点与许多点直接连，则意味着该点有较高的点度中心度。相对中心度则是指绝对中心度与图中点的最大可能度值之比。在一个规模为 n 的图中，最大度数是 $n-1$，若某点的度数中心度是 $C_{AD}(i)$，则其相对中心度 $C'_{AD}(i) = \dfrac{C_{AD}(i)}{n-1}$。

（2）点度中心势。网络中心的集中趋势，它是根据以下思想进行计算的：首先找到图中的最大中心度数值；然后计算该值与任何其他点的中心度的差，从而得出多个"差值"；再计算这些"差值"的总和；最后用这个总和除以各个"差值"总和的最大可能值。用公式表达为

$$C = \frac{\sum_{i=1}^{n}(C_{max} - C_i)}{max\left(\sum_{i=1}^{n}(C_{max} - C_i)\right)} \tag{1}$$

（3）中间中心性。在网络中，如果一个行动者处于许多其他两点之间的路径上，可以认为该行动者居于重要地位，因为他具有控制其他两个行动者之间交往的能力。根据这种思想来刻画行动者个体中心度的指标是中间中心度，它测量的是行动者对资源控制的程度。一个行动者在网络中占据这样的位置越多，就越代表它具有很高的中间中心性，就有越多的行动者需要通过它才能发生联系。对于两点 j 和 k 之间有多条路径可达，其中有 g_{jk} 条最短路径（捷径），有 $g_{jk}(i)$ 条最短路径需要经过点 i，则 i 对于点 j 和 k 具有较强的控制作用，可以使用比值来衡量点 i 的重要性，即为中间中心性。中间中心性用公式表达为

$$b_{jk}(i) = \frac{g_{jk}(i)}{g_{jk}} \tag{2}$$

将点 i 相对于图中其他所有点的中间中心度进行累加，可以得到该点的绝对中间中心度，为 $C_{AB}^{i} = \sum_{j}^{n}\sum_{k}^{n} b_{jk}(i)$。

（4）中间中心势。分析网络整体结构的一个指数，其含义是网络中中间中心性最高的节点的中间中心性与其他节点的中间中心性的差距。该节点与别的节点的差距越大，则网络的中间中心势越高，表示该网络中的节点可能分为多个小团体而且过于依赖某一个节点传递关系，该节点在网络中处于极其重要的地位。

一个图的中间中心势指数可表达为：

$$C_B = \frac{\sum_{i=1}^{n}(C_{AB}^{max} - C_{AB}^{i})}{n^3 - 4n^2 + 5n - 2} = \frac{\sum_{i=1}^{n}(C_{RB}^{max} - C_{RB}^{i})}{n-1} \tag{3}$$

其中 C_{RB}^i 表示点 i 的相对中心势，值为 $C_{RB}^i = \dfrac{2\,C_{AB}^i}{n^2 - 3n + 2}$。

（5）接近中心性。点度中心度刻画的是局部的中心指数，衡量的是网络中行动者与他人联系的多少，没有考虑到行动者能否控制他人。而中间中心度测量的是一个行动者"控制"他人行动的能力。有时还要研究网络中的行动者不受他人"控制"的能力，这种能力就用接近中心性来描述。在计算接近中心度的时候，我们关注的是捷径，而不是直接关系。如果一个点通过比较短的路径与许多其他点相连，我们就说该点具有较高的接近中心性。对一个社会网络来说，接近中心势越高，表明网络中节点的差异性越大，反之，则表明网络中节点间的差异越小。

一个点的接近中心度是该点与图中其他所有点的捷径距离之和（Sum of distance），即 $C_{APi}^{-1} = \displaystyle\sum_{j=1}^{n} d_{ij}$，该值衡量了点 i 的绝对接近中心度。在星型网络中，C_{APi}^{-1} 有最小值。相对中心度 $C_{RPi}^{-1} = \dfrac{C_{APi}^{-1}}{n-1}$。

5.1.3.2 凝聚子群

当网络中某些行动者之间的关系特别紧密，以至于结合成一个次级团体时，这样的团体在社会网络分析中被称为凝聚子群。分析网络中存在多少个这样的子群、子群内部成员之间关系的特点、子群之间关系特点、一个子群的成员与另一个子群成员之间的关系特点等就是凝聚子群分析。由于凝聚子群成员之间的关系十分紧密，因此有的学者也将凝聚子群分析形象地称为"小团体分析"。

凝聚子群并不是一个十分严谨的概念，如果一个集合内的行动者之间具有较强、直接、紧密、经常的联系，我们就可以认为这是一个凝聚子群。Wasserman & Faust（1994）认为凝聚子群具有 4 个特点：①关系的互惠性；②子群成员间的接近性或可达性；③子群内部成员之间关系的频次较高；④子群内部成员之间关系较外部成员关系密度更高。研究中常见的凝聚子群包括派系、n-派系、成分、n-宗派、k-丛、LS 集合、Lambda 集合、社会圈等。

派系指至少包含 3 个点的最大完备子图。符合派系的标准包括：派系至少包含 3 个点；任何两个点之间都是连接的；新加入其他点将破坏子图的完备性。对于 0-1 二值网络来说，派系较容易确定，而对于多值网络（即关系值是非 0、1 的多值数据）需要使用临界值来辅助分析，利用不同的关系层次进行派系分析，见表 5-2，相应的关系图如图 5-3 所示。

表 5-2   某大学班级同学关系派系分析

omponents with 3 or more members：

1：	Y201 L205 W211 H212 Z214
2：	M202 Y203 L206
3：	T204 L207 M220 W221 Z224 J225
4：	S213 Z215 Z216 Y218
5：	Z217 C219 H222 Y223 Y302 W303
6：	S226 G227 Z228 C229
7：	L230 D301 W304 W305
8：	L308 L309 C311 Z312 Z313 Z314 L315 L316 C318 H325 H327 W329 H330
9：	X323 G324 C328

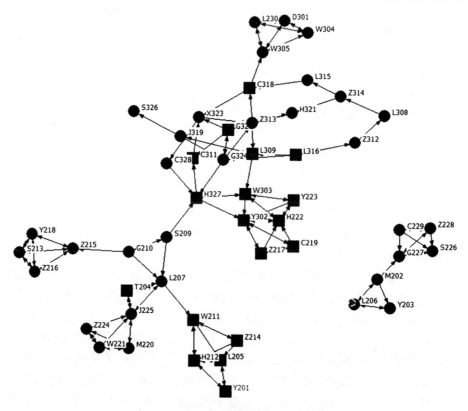

图 5-3   某大学班级同学派系关系图

核心—边缘（Core-Periphery）结构分析的目的是研究社会网络中哪些节点处于核心地位，哪些节点处于边缘地位。核心边缘结构分析具有较广的应用性，可用于分析精英网络、科学引文关系网络以及组织关系网络等多种社会现象中的核心—边缘结构。

5.1.4 主要研究工具

5.1.4.1 社会调查

当前获取社会关系数据的主要方式仍是标准化的问卷和访谈。与其他问卷调查方法有较大区别的是，社会网络问卷调查更多依赖"提名"的方法。使用该种数据获取方法要求受访者根据自己（一般设为节点 i）的实际情况确认与自己有关系的其他个体（设为节点 j），从而得到二者的关系数据 a_{ij}，如果 $a_{ij} = 1$，则表明二者存在关联，反之则表明二者没有关联。在当前，同样可以结合计算机辅助，能够简化访谈流程，快速完成数据处理。

比如，在对某大学班级同学进行调查时，可以让受访者回答以下问题："你同谁一起上自习""你同谁一起娱乐""你同谁一起进餐"，要求受访者提供至多 3 位对象，并对伙伴的亲密程度进行赋值（按亲密程度从低到高分别为 1~5 分），从而分别获得相应的受访个体之间关系数据，经整理后的关系数据（局部）见表 5-3。

表 5-3　某班级同学关系矩阵（局部）

	Y201	M202	Y203	T204	L205	L206	L207	S209	G210	W211	H212
Y201	0	0	0	0	2	0	0	0	0	0	3
M202	0	0	1	0	0	2	0	0	0	0	0
Y203	0	0	0	0	5	0	0	0	0	0	0
T204	0	0	0	0	0	0	5	0	0	0	0
L205	4	0	0	0	0	0	0	0	0	0	5
L206	0	3	4	0	0	0	0	0	0	0	0
L207	0	0	0	4	0	0	0	0	0	3	0
S209	0	0	0	0	0	0	3	0	5	0	0
G210	0	0	0	0	0	0	4	5	0	0	0
W211	0	0	0	0	3	0	0	0	0	0	5
H212	5	0	0	0	3	0	0	0	0	4	0

5.1.4.2 UCINET

目前常用的社会网络分析软件较多，但最知名的仍是 UCINET 和 Pajek 分析的。UCINET 是由加州大学欧文（Irvine）分校的一群网络分析者编写，并由斯蒂芬·博加提（Stephen Borgatti）、马丁·埃弗里特（Martin·Everett）和林顿·弗里曼（Linton Freeman）组成的团队进行扩展。

UCINET 为菜单驱动的 Windows 程序，集成的模包括 Pajek、Mage 和 NetDraw 三个软件。UCINET 能够处理的原始数据为矩阵格式，提供了大量数据管理和转化工具。该程序本身不包含网络可视化的图形程序，但可将数据和处理结果输出至 NetDraw、Pajek、Mage 和 KrackPlot 等软件作图。UCINET 包含大量包括探测凝聚子群（cliques、clans、plexes）和区域（components、cores）、中心性分析（centrality）、个人网络分析和结构洞分析在内的网络分析程序。UCINET 还包含为数众多的基于过程的分析程序，如聚类分析、多维标度、二模标度（奇异值分解、因子分析和对应分析）、角色和地位分析（结构、角色和正则对等性）和拟合中心—边缘模型。此外，UCINET 提供了从简单统计到二次指派程序（Quadratic Assignment Procedure，QAP）分析在内的多种统计程序。目前最新的版本为 6.674，可在 Analytictech 主页下载，但目前仅支持 Windows 操作系统，MAC 仍需使用模拟器，支持性仍不友好，如图 5-4 所示。

图 5-4　UCINET 主页及软件下载

UCINET 的操作界面较为简洁，菜单栏包括 File（文件）、Data（数据）、Transform（转换）、Tools（工具）、Networks（网络）、Visualize（可视化）、Options（选项）和 Helps（帮助）等，如图 5-5 所示。

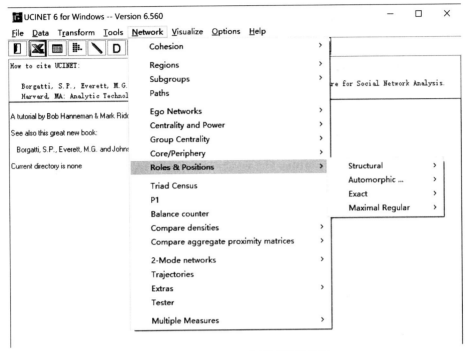

图 5-5　UCINET 6 主界面及菜单栏

　　UCINET 集成了 NetDraw 模块，能够快速生成关系网络图，帮助分析人员完成可视化操作。NetDraw 软件包括 File（文件）、Edit（编辑）、Layout（布局）、Analysis（分析）、Transform（转换）、Properties（属性）、Options（选项）、Help（帮助）等菜单，如图 5-6 所示。

5.1.4.3 Pajek

　　Pajek 同样是可用于大型复杂网络分析的工具，是用于研究目前所存在的各种复杂非线性网络的有力助手。Pajek 在 Windows 环境下运行，用于上千乃至数百万个节点大型网络的分析和可视化操作。在斯洛文尼亚语中 Pajek 是蜘蛛的意思，因此在很多著作中经常将 Pajek 称为"蜘蛛"，将 Pajek 绘制的网络图称为"蛛网"。Pajek 是免费软件，可自行下载，目前最新的版本是 5.07 版，如图 5-7 所示。

　　相较于 UCINET，"蜘蛛"的优势在于提供了纵向网络分析的工具。数据文件中可以包含指示行动者在某一观察时刻的网络位置的时间标志，因而可以生成一系列交叉网络，可以对这些网络进行分析并考察网络的演化。不过这些分析是非统计性的；如果要对网络演化进行统计分析，需要使用

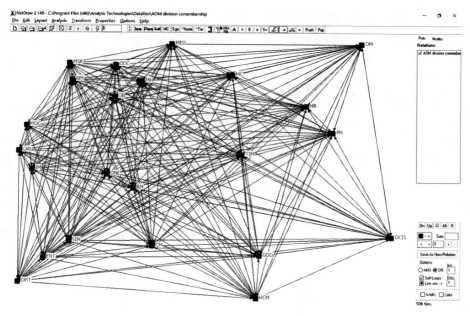

图 5-6   NetDraw 软件模块界面

StOCNET 软件的 SIENA 模块。"蜘蛛"另外的优势在于强大的处理能力，可以分析多于一百万个节点的超大型网络，而 UCINET 一般只能处理数以千计的节点。Pajek 提供了多种数据输入方式，例如，可以从网络文件（.NET）中引入 ASCII 格式的网络数据。网络文件中包含节点列表和弧/边（arcs/edges）列表，只需指定存在的联系即可，从而高效率地输入大型网络数据。图形功能是 Pajek 的强项，可以方便地调整图形以及指定图形所代表的含义。由于大型网络难于在一个视图中显示，因此 Pajek 会区分不同的网络亚结构分别予以可视化。但 Pajek 最大的短板在于统计模块，与 UCINET 相比量化分析能力偏弱。研究者可以将二者结合使用，同时 Pajek 可以接入 R 语言，能够弥补在统计分析方面的不足。

Pajek 的网络结构主要由顶点和连线组成，顶点表示行动者，连线表示行动者之间的关系。对于顶点和连线的定义可以使用文本编辑器，也可以先生成一定数量的顶点，再进行编辑。网络结构的定义主要有 3 类：Vertices（顶点）、Arcs（弧）和 Edges（边），如图 5-8 所示。其中 Vertices（顶点）有 9 个，分别定义为 1~9，其中 1 到 9 有一条有向弧，1 和 4 之间有一条无向边。

图 5-7　Pajek 软件主界面

```
*Vertices        9
        1 "a" ic Pink        bc Black
        2 "b" ic Yellow      bc Cyan
        3 "c" ic Cyan        bc Yellow
        4 "d" ic Purple      bc Orange
        5 "e" ic Orange      bc Brown
        6 "f" ic Magenta     bc Green
        7 "g" ic Brown       bc Magenta
        8 "h" ic Red         bc Blue
        9 "i" ic Green       bc Magenta
*Arcs
        1       2       1 c Blue
        2       3       1 c Red
        3       4       1 c Black
        4       5       1 c Yellow
        5       6       1 c Gray
        6       7       1 c Cyan
        7       8       1 c Magenta
        8       9       1 c Purple
        9       1       1 c Brown
*Edges
        1       4
        1       5
        2       4
        2       5
```

图 5-8　某 Pajek 网络结构定义数据

5.2 PPP 参与者关系网络构建

5.2.1 关系构成

将所有 PPP 项目视为一个整体，每个社会投资方（暂不考虑政府参与合作的地位问题）通过合作或竞争与其他社会投资方产生联系，从而构成社会网络。事实上，企业与企业之间并没有直接的投资或控股关系，但当共同参与某一 PPP 项目的运营，就建立起合作关系，形成了实质的连接。

比如，北京市轨道交通建设管理有限公司（bjgdjs）、北京市轨道交通运营管理有限公司（bjgdjsyy）及中铁十四局集团电气化工程有限公司（crcc14）等公司共同参与了北京轨道交通新机场线引入社会资本项目（BJME01）；而中铁十二局集团电气化工程有限公司（crcc12）和中铁十四局集团电气化工程有限公司（crcc14）又共同参与了北京市兴延高速公路（BJTS01）的建设。将上述关系转化为矩阵表达，具有共同参与关系则对单元格 a_{ij} 赋值为 1，否则为 0，见表 5-4。

表 5-4　某 PPP 社会网络 2-模关系矩阵（局部）

	bjgdjs	bjgdjsyy	bmec	bmrb	bucg	crcc	crcc12	crcc14
BJME01	1	1	1	1	1	1	1	1
BJTS01	0	0	0	0	0	0	1	1
FJME09	0	0	0	0	0	1	0	0
GZTS04	0	0	0	0	0	0	1	0
HNME02	0	0	0	0	0	0	0	1
HNME11	0	0	0	0	0	1	0	0
NMCUL01	0	0	0	0	0	0	1	0
NMME03	0	0	0	0	0	1	0	0
NMME07	0	0	0	1	0	0	0	0
SCME07	0	0	1	0	0	0	0	0
SDME01	0	0	0	0	0	1	1	1

	bjgdjs	bjgdjsyy	bmec	bmrb	bucg	crcc	crcc12	crcc14
SDME04	0	0	0	1	0	0	0	0
SDME05	0	0	0	0	0	0	0	0
XJME10	1	0	0	0	0	1	0	0
YNME16	0	0	0	0	0	1	0	0

将上述邻接矩阵导入 UCINET 6，进行可视化处理，结果如图 5-9 所示。可以看出，bjgdjs 与 crcc14 有直接联系，而与 crcc12 有间接联系；crcc12 和 crcc14 共同参与过 3 个项目（BJME01、BJTS01、SDME10），二者在网络中关系更为密切。

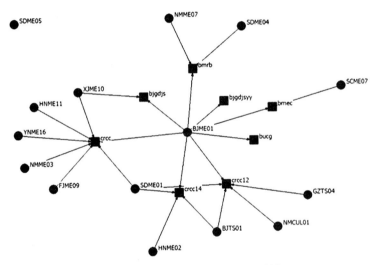

图 5-9　企业间关系网络图（局部）

PPP 社会网络中行动者（企业）和事件（项目）分属两个集合，行动者通过共同参与或独立完成项目构成完整的社会网络。运用 SNA 的 2-模网络可以挖掘这种结构下行动者间的内在联系，如果两个或更多企业（即 PPP 项目社会投资方）共同参与了某个 PPP 项目，则表明这些企业间存在某种的联系。企业 i 参与了项目 j 的建设，则令 $X_{ij} = 1$，否则为 0。2-模网络（企业-项目）研究的重点不是企业与项目的联系，而是通过观察企业共同参与项目的情况来分析企业间的联系。进一步地，可将 2-模网络转化为两个 1-模网络（企业集网络和项目集网络）分别进行分析。

在图 5-8 中，直观表达了企业参与项目以及企业与企业共同合作的关系，但研究者可能更关心的是参与主体——社会投资方（企业）之间的关系，这就需要将上述 2-模（2-Model）数据转化为 1-模数据，重点分析企业与的关系。2-模数据向 1-模数据的转换可以通过菜单 Data-Affiliation（2-model to 1-model）操作，获得企业与企业的 1-模关系数据，如图 5-10 所示。

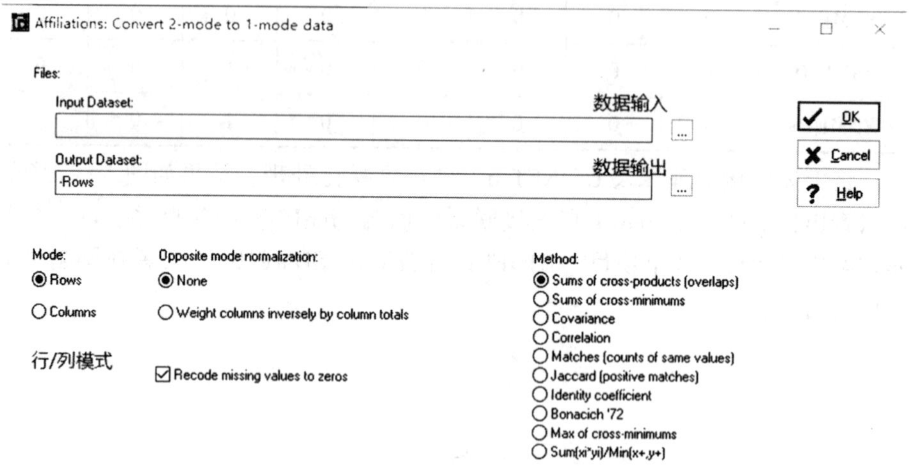

图 5-10　企业-项目 2-模关系转为企业-企业 1-模关系

转换后的企业邻接矩阵见表 5-5。

表 5-5　转换后企业间 1-模关系数据

	bjgdjs	bjgdjsyy	bmec	bmrb	bucg	crcc	crcc12	crcc14
bjgdjs	2	1	1	1	1	2	1	1
bjgdjsyy	1	1	1	1	1	1	1	1
bmec	1	1	2	1	1	1	1	1
bmrb	1	1	1	3	1	1	1	1
bucg	1	1	1	1	1	1	1	1
crcc	2	1	1	1	1	7	2	2
crcc12	1	1	1	1	1	2	5	3
crcc14	1	1	1	1	1	2	3	4

应用该邻接矩阵数据，进行可视化处理，可以得到企业关系网络图，如图 5-11 所示。

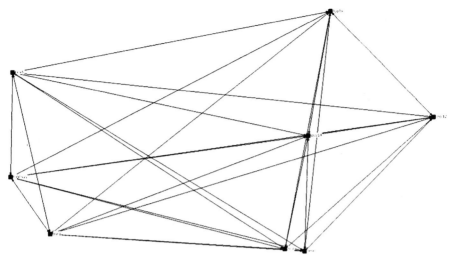

图 5-11　转换后企业间关系图

5.2.2 基本性质

一般来说，居于网络中心的节点具有更多的竞争优势，更有可能获得数量更多、价值更大的 PPP 合同。从社会网络分析（Social Net Analysis，SNA）的角度，社会投资方在网络中的中心性（即网络地位）可以通过以下 3 个指标进行衡量：

（1）点度中心度（Degree Centrality，DC）。即网络中节点与其他节点直接连接的数量。一个节点的点度中心度越高，其获得信息的能力也就越强，越有可能凭借这种社会资本在竞争中获取有利位置，尤其在大型项目竞标过程中，拥有更多的伙伴选择权。

（2）接近中心度（Closeness Centrality，CC）。即节点与所有其他点的捷径距离之和。一个节点的接近中心度越低，说明节点无需通过太多的中介者就可以与其他节点发生联系，表明该节点在网络中具有核心地位。

（3）中间中心度（Betweenness Centrality，BC）。即网络中其他顶点的最短路径经过某节点占总路径数的比例，体现了节点的中介能力。一个节点的中间中心度越高，越容易成为信息传递的控制者，因为"处于这种位置的节点可以通过控制或扭曲信息来影响群体"（Freeman，1979：221）。衡量节点中心性的 3 个指标从不同方面考查了节点在网络中的地位，三者的结论并不一定总是一致。

5.3　企业间关系构成

5.3.1　研究假设

　　企业在项目参与过程中，与其他企业产生合作或竞争的互动，这种交往活动发生的频率及强度取决于企业的收益期望，如果能够从交往中获益，则企业倾向于加强这种活动，反之，则会回避。在分析之前，提出以下几点假设：

　　（1）假设1：点度中心度（DC）越高，企业的绩效水平越高。点度中心度指标越高意味着越有可能获取更多信息。点度中心度指标用邻接点进行测量，两点邻接指二者被一条边所连接。点度中心度用于测量连接的活跃程度，也可以用来衡量企业的合作能力。企业的点度中心度越高，能够直接联系的其他企业就越多，越有可能成为中心节点。在一个高度集中化的网络中，少部分的节点占有多数的关系连接。

　　（2）假设2：接近中心度（CC）越高，企业的绩效水平越高。接近中心度定义为该节点与其他节点的最短距离之和（Freeman，1979），即 $\sum_{j=1}^{n} d_{ij}$，d_{ij} 指企业 i 和企业 j 之间的最短距离。显然，这个距离小表明企业 i 能够与其他企业更为便捷的建立联系。如果两个企业没有直接连接，但仅需很少的步数可以建立连接，则反映它们之间具有较高的接近中心度。在实际计算中，将上述绝对接近中心度转化为相对接近中心度。

　　（3）假设3：中间中心度（BC）越高，企业的绩效水平越高。中间中心度反映企业在其他企业之间两两联系的中介水平，经过企业 i 且连接企业 j 和企业 k 的捷径数占这两点者之间捷径总数的比值。如果一个企业的中间中心度为1，那么就意味着该企业 100% 的控制着其他企业的信息交流途径。

　　（4）假设4：企业资历越久，越易获得项目。根据学习曲线理论，组织能够从经验中进行学习，通过反复练习和改进使得组织的行为和表现获得一定的提升，达到"熟能生巧"的效果。因此，理论上来说，成立越早的企业在相应的项目竞标、项目建设、项目管理等方面的经验越丰富，越有可能获得更高额度的合同。

　　（5）假设5：国企比非国有企业更易获得项目。在 PPP 本土化的过程中，一个典型的差异就是社会投资方的身份问题。由于 PPP 项目的社会公益性、低收益性、合作主体多元性及项目管理复杂性等特性，非国有资本在项目中的占比偏少。但近年来，非国有资本在 PPP 领域发挥的作用越来越大，占有比例也逐年提高。

（6）假设 6：企业规模越大，越易获得项目。大型企业意味着拥有更多的有形资源和无形资源，能够支持企业开展更多的经营活动。规模可以从多个方面度量，定量划分主要包括雇员人数、资产额和销售收入，考虑资料获取的便利性及有效性，文章选用企业的注册资本作为企业规模的衡量指标。

（7）假设 7：有合作经验的企业更易获得项目。参与形式指企业是以独立身份还是联合体形式与政府展开合作。大型 PPP 项目在管理方面较为复杂，临时联合体可以利用成员的经验和资源，提高接触并选择有价值伙伴的可能性。

5.3.2 数据来源及处理

5.3.2.1 数据来源

采用社会网络分析及计量的方法考察中国（不含香港、澳门及台湾）PPP 领域项目社会资本参与方构成的网络中参与者地位及其对于获得项目的影响。研究数据主要来自于中国财政部政府和社会资本合作中心（China Public Private Partnership Center，CPPPC）综合信息平台系统和企业官方网站。考虑到研究主体的复杂性、项目的规范性，选取国家级示范项目进行分析（需满足行业特性、完成可行性论证、合作期限原则上不低于 10 年、采用建设—移交（BT）、没有保底承诺或回购安排，财金函〔2016〕47 号）。

5.3.2.2 数据处理

1. PPP 项目

通过初步筛选，从信息平台中获得国家级示范项目 700 个，剔除仍在识别或准备阶段且尚未达成合作的项目 163 个，有效项目样本 537 个。这些有效项目样本按照所处阶段划分，识别阶段 3 个，准备阶段 84 个，采购阶段 114 个，执行阶段 499 个，移交阶段 0 个；按照项目的投资金额划分，金额在 1 亿元以下的有 26 个，1~3 亿元 123 个，3~10 亿元 246 个，10 亿元以上 305 个；按照投资主体的参与情况划分，单一投资主体有 319 个，联合投资主体有 381 个；按照项目所属行业划分，主要为市政工程行业（307 个）、交通运输（77 个）和生态建设与环境保护（59 个）。

为了便于处理，对项目按"区域+行业+数字"的规则进行编码，如云南省曲靖市危险废物集中处置项目编码为"YNECEP07"。行业代码设置规则见表 5-6。

表 5-6　PPP 项目所属行业编码

行业	能源	交通运输	体育	生态建设和环境保护	农业	社会保障
编码	EN	TS	SPG	ECEP	AG	SI
行业	养老	市政工程	文化	水利建设	教育	科技
编码	EI	ME	CUL	WCC	EDU	ST
行业	城镇综合开发	保障性安居工程	医疗卫生	旅游	林业	其他
编码	UCD	GSH	NH	TA	FI	OT

2. 参与企业

通过对信息平台的筛选，有效企业样本共计 618 家。按照企业性质划分，其中国有企业 268 家，私营企业 337 家，合资企业 6 家，事业单位 3 家，外资企业 4 家。考虑到后面三类企业的数量较小，分析结果可信度偏低，与私营企业统一归入非国有企业类别进行分析。

使用 NetDraw 对 2-模数据进行可视化处理，去除孤立节点，进行精简后（Spring Embedding 距离设置为 10），结果如图 5-12 所示。可以看出，由 618 家企业和 537 个项目形成的强连通网络规模较小，表明大量企业或项目之间并没有有效的关联（●表示项目，■表示企业，节点大小表示中心度（BC））。

将所获得的 2-模数据进行转换（图 5-13），获得项目的 1-模数据（Enterprise），对网络进行对称处理（Enterprise-Sym），引入企业性质的标识矩阵（Property），按照企业中心度进行排序，使用 NetDraw 进行可视化（Spring Embedding 设置距离为 10），去除孤立节点，进行精简处理，结果如图 5-14 所示 [◆表示国有企业，▲表示非国有企业，节点大小表示中心度（BC）]。

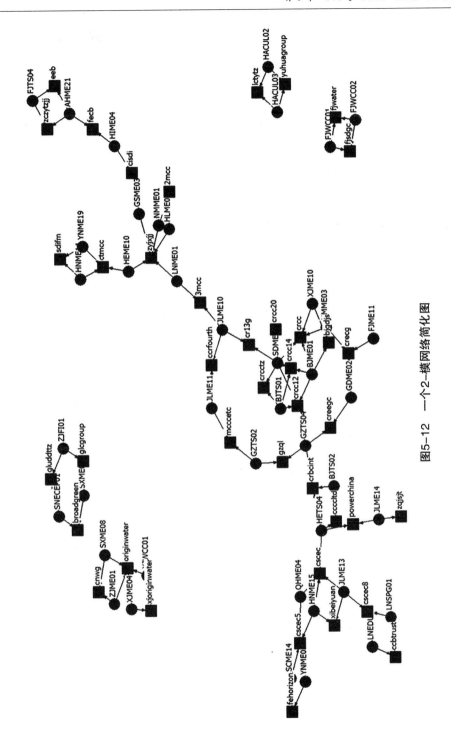

图5-12　一个2-模网络简化图

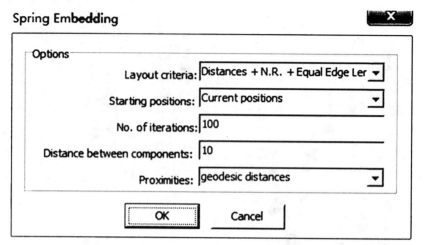

图 5-13　企业-项目 2-模数据转为企业间 1-模数据

图 5-14 直观反映出该网络以下特征：

（1）总体上，国有企业占据网络中的核心地位。

（2）国有企业之间的合作相较非国有企业更为密切。

（3）边缘小群体中国有企业与非国有企业均有分布，但二者联系并不密切，企业均更倾向于与同类进行合作。

获得企业各节点的个体网络属性，包括度数中心度、接近中心度以及中间中心度等关键指标值，见表 5-7。

表 5-7　企业间网络的主要 SNA 指标

指标	点度中心度 （Degree）	接近中心度 （Closeness）	中间中心度 （Betweenness）
Mean	0.395	0.180	0.039
Std Dev	0.789	0.024	0.245
Sum	224.084	77.952	23.831
Variance	0.622	0.001	0.060
Minimum	0.000	0.162	−0.000
Maximum	5.835	0.214	2.953

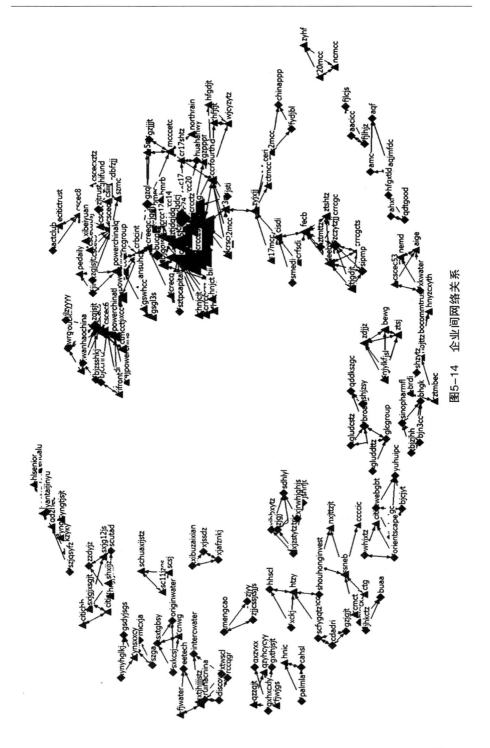

图5-14　企业间网络关系

对 618 家企业构成的网络进行分析，可以看出：

（1）点度中心度平均值为 0.395，属于较低水平，最大值与最小值之间的极差达到 5.835，说明不同节点在网络中能够直接联系到的企业数量差异明显。

（2）接近中心度均值为 0.180，标准差很小，说明各节点与其他节点的连接便利程度相近。主要原因是网络稀松程度强，孤立节点及小群体占比高，因此各节点都难以快速地与其他企业发生联系。

（3）中间中心度均值为 0.039，明显偏低，大多数节点的中间中心度为 0，只有中心活跃群体中的个别企业有可能成为这种"桥梁"角色。

对网络总体而言，可以通过网络密度衡量节点间的连通性，用实际连接的数量 l 与所有可能连接的数量 $n(n-1)$ 进行对比。

$$Density(\Delta) = \frac{l}{n(n-1)} \qquad (4)$$

密度为 1 意味着所有的点都是互相连通的，密度为 0 则说明任何点之间都没有连接。结果显示网络总体密度为 0.39%，标准差为 6.27%，表明网络处于弱的连通状态，企业间的联系并不密切。这与前面的网络图直观分析及节点的中心度分析结论相一致。

分别以 3-派系和 5-派系为例对参与企业的派系关系进行分析：在 3-派系分析下，网络中共有 74 个派系存在（见附录 2）；在 5-派系分析下，网络中有 9 个派系存在，见表 5-8。

表 5-8　5-派系分析结果

派系	成员
1	clamccqitic cr11dw cr126 cr13g cr14dq cr19dw crcc crcc11 crcc12 crcc14 crcc16 crcc17 crcc18 crcc19 crcc20 crcc22 crcc23 crcc24 crcc25 crcctzcrcebgqdcjztjdqjdq
2	bjgdjsbjgdjsyybmecbmrbbucgcrcc crcc12 crcc14
3	crcccrrcgczzhncsmtrhnjcjthnjct
4	22mcc 3mcc ccrfourth cr13g crsc
5	bewgcfyjslnjylkfzdjjzztsj
6	ccccltdcrbcintcscechcgrouppowerchinapowerchinalq
7	cnhxcc cscec3 cscec6 ctmcctjpowerchinapowerchinatlzqjsjt
8	crrcgcceebfecbzczytzjjztmttzztshtz
9	crrcgctseebsipmptjgdjtzczytzjj

5.4　模型构建及分析

5.4.1 变量设置

重点研究企业在网络中的地位对于企业绩效的影响，但仅使用中心度来解释企业的成功性可能是不充分的。为了更全面地理解企业的活动效果，进一步引入企业规模、资历、性质及参与形式等作为控制变量。

5.4.1.1 因变量

企业"成功"的标准可以是多维的，如营业额、净收益、声誉等，但最直观的评价标准仍是获得 PPP 项目的额度（Turnover），因而将其设为因变量较为适宜。样本中 618 家企业至少参与过一次 PPP 项目，按合同约定的比例计算企业所获项目额度，多次中标的企业将若干项目金额累计。合同中未明确约定政府与社会资本出资比例的，默认政府方不占有股份；联合体未明确约定出资比例，则参与企业平均分配项目额度。

需要注意的是，由于目前所有项目都未到移交状态，因此，项目额度均为协议投资额度。

5.4.1.2 自变量及控制变量

选取度数中心度（DC）、接近中心度（CC）及中间中心度（BC）作为自变量。选取企业注册资金（Capital）、资历（Seniority）、性质（Ownership）、参与形式（Participation）作为控制变量，其中，"资历"变量需进行标准化处理，企业性质和参与形式为哑变量（Dummy Variable）。

表 5-9　各变量的描述统计分析

变量	含义	观察数	均值	标准差	最小值	最大值
Turnover	营业额（合同承诺额度，单位：10 亿元）	618	1.73	4.5	0.004	71.31
DC	点度中心度	618	0.40	0.79	0.00	5.84
CC	接近中心度	618	0.13	0.09	0.00	0.21
BC	中间中心度	618	0.04	0.24	0.00	2.95

续表

变量	含义	观察数	均值	标准差	最小值	最大值
Capital	企业注册资金（单位：10 亿元）	618	2.77	15.84	0.001	324.79
Seniority	资历（注册时间越早取值越大）	618	0.2136	0.1690	0.0000	1.0000
Ownership	企业性质（企业是否为国有企业，国企为 1，非国企为 0）	618	0.4337	0.4960	0.0000	1.0000
Participation	参与形式（项目是否为联合体中标，联合体为 1，非联合体为 0）	618	0.6942	0.4611	0.0000	1.0000

5.4.2 模型检验

对前述假设内容进行检验，构建模型，使用 Stata14 软件进行分析。考虑到变量的偏态分布情况，对因变量采取对数化处理，建立如下回归方程：

$$Log(Turnover)$$
$$= \beta_0 + \beta_1 DC + \beta_2 CC + \beta_3 BC + \delta_1 Seniority + \delta_2 Capital \qquad (5)$$
$$+ \delta_3 Ownership + \delta_4 Participation + \varepsilon$$

对模型首先进行残差分析，结果如图 5-15 所示。

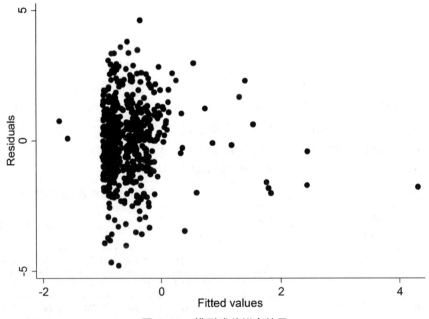

图 5-15　模型残差拟合结果

　　继续对模型进行 White 检验，发现自变量及控制变量对残差影响的 P 值为 0.1637，认为基本不存在异方差影响，结果如图 5-16 所示。

```
White's test for Ho: homoskedasticity
         against Ha: unrestricted heteroskedasticity

    chi2(33)    =      40.85
    Prob > chi2 =      0.1637

Cameron & Trivedi's decomposition of IM-test
```

Source	chi2	df	p
Heteroskedasticity	40.85	33	0.1637
Skewness	10.31	7	0.1718
Kurtosis	3.26	1	0.0709
Total	54.42	41	0.0782

图 5-16　模型 White 检验结果

　　通过相关系数计算发现，模型中 CC 变量与 Participation 变量的相关系数达到 0.9440，同时二者也具有较高的方差膨胀系数值，表明模型存在多重共线性，在分析过程中应予以关注，并在必要时剔除有影响的变量，结果如图 5-17 所示。

Variable	VIF	1/VIF
CC	10.91	0.091694
Participat~n	9.91	0.100896
DC	1.50	0.665730
BC	1.19	0.839626
Ownership	1.18	0.845232
Seniority	1.06	0.942621
Capital	1.01	0.987907
Mean VIF	3.82	

图 5-17　变量共线性分析

5.4.3 结果分析

　　为了更好地比较自变量的影响结果，首先对 4 个控制变量（Capital、Seniority、Ownership、Participation）进行分析，然后渐次引入不同的自变量（DC、CC、BC），观察不同情境下模型中变量影响的差异。分析结果见表 5-10。

　　模型 1 仅考虑所有控制变量对因变量的影响，分析结果显示，Seniority 和

Participation 两变量均未对企业的绩效产生显著的影响；而 Capital 和 Ownership 两变量的影响显著，表明大型企业更容易在项目竞争中获得成功，同时国有企业较非国有企业优势明显，能够获取更大的项目合同。

模型 2 在模型 1 基础上中引入 DC 变量，未产生多重共性线，各变量 VIF 值也都较小。结果显示，Seniority 和 Participation 两变量仍未通过显著性检验，表明对企业绩效影响不明显。DC 变量的系数为 0.1682 且影响显著，表明点度中心度越高的企业越容易获得更高的项目额度，因为这类企业够与更多企业建立直接联系并产生正面影响。同时，Capital、Ownership 变量影响结果与模型 1 相同，都较为显著。

在模型 1 中引入 CC 变量后，发现 VIF 均值上升明显，CC 和 Participation 变量的 VIF 值均接近 10，表明存在着一定程度的多重共线性。为了更好观察 CC 变量的影响，模型 3 在模型 1 基础上引入 CC 变量并剔除 Participation 变量，VIF 均值降至 1.08。模型 3 中 CC 和 Seniority 变量影响不显著，与模型 1 的结果基本一致，表明引入 CC 变量并未对绩效产生实质影响。通过前面社会网络分析可以看出，样本数据形成的网络并非强连通图（密度只有 0.0049），存在着大量孤立的点和群，因此很难保证节点之间能够形成路径，也就无法计算节点之间的距离，形成的接近中心度指标代表性就比较差，不具有实际的意义，难以对企业绩效产生影响。

模型 4 在模型 1 基础上引入 BC 变量，未产生多重共线性。结果显示，BC 变量影响显著，且系数值（为 1.0219）较大，远高于模型 2 中 DC 变量的影响。同时，控制变量中仍只有 Capital 和 Ownership 变量有显著影响。分析结果表明，作为网络的"中间人"更有利于企业在竞争中获得项目，这种"桥梁"作用比直接与企业建立联系更为显著，换而言之，控制信息的交流比直接进行信息交流对企业来说更为重要。

进一步地，引入所有因变量和控制变量，但由于 CC 和 Participation 的 VIF 值分别为 10.91 和 9.91，考虑到二者高度相关（相关系数为 0.9440），因此考虑剔除 Participation 变量。此外值得注意的是，由于共线性的存在，使得之前一直未能通过显著性检验的 Participation 变量在原模型 5 中表现出显著影响，并导致 DC 表现为负面影响，这与直观感受相背离，也是剔除 Participation 变量的原因之一。模型 5 考虑了 DC、CC 和 BC 变量和除 Participation 之外的所有控制变量，VIF 均值降至 1.19，DC 系数也变为正值。不过，分析结果表明在这个模型里，变量 DC、CC 和 Seniority 均未通过显著性检验，总体来看，对企业获取项目有实质影响的主要是 BC、Capital 以及 Ownership 等变量。

通过稳健性回归分析，各模型系数及相应显著性水平与多元回归结果基

表 5-10　模型回归分析结果

I Turnover	模型 1		模型 2		模型 3		模型 4		模型 5	
	系数	标准误	系数	标准误	系数	标准误	系数	标准误	系数	标准误
DC			0.1682**	0.0792					0.0335	0.0865
CC					0.5807	0.7103			0.1177	0.7532
BC							1.0219***	0.2352	0.9723***	0.2525
Capital	0.0147***	0.0036	0.0146***	0.0036	0.0148***	0.0036	0.0146***	0.0036	0.0147***	0.0036
Seniority	0.5205	0.3489	0.4398	0.3500	0.5040	0.3489	0.4986	0.3440	0.4730	0.3464
Ownership	0.4959***	0.1229	0.4463***	0.1248	0.4605***	0.1245	0.4270***	0.1222	0.3974***	0.1245
Participation	−0.0224	0.1296	−0.0989	0.1343	−	−	−0.0575	0.1281	−	−
VIF(Mean)	1.06		1.08		3.82					

注：*** 表示 P<0.01，** 表示 P<0.05，* 表示 P<0.1。

本一致，说明前述模型分析结果是稳健的。

5.5 主要结论及建议

5.5.1 主要结论

运用 SNA 与计量相结合的方法，以 CPPPC 数据库中 PPP 国家级示范项目为样本，进行了实证分析。研究将合作能力视为社会投资方在竞争中胜出的关键因素。对中心度等自变量的分析结果显示，企业的中间中心度、注册资本以及所有权性质对其赢得竞争项目有显著影响，而点度中心度、接近中心度、资历以及参与形式对项目竞争并没有显著的影响。主要结论详述如下：

（1）企业的"人脉"关系影响仍是显著的。中间中心度较高的企业往往处于群与群连接的关键路径上，起着"代言人"的作用，中间角色的缺失会造成网络密度的进一步下降，对于需要越来越多合作的大型工程项目来说，负面影响明显。但接近中心度和点度中心度的影响并不明显，因此应对企业的"人脉"资源深入分析，而不是简单概括为"要与其他企业搞好关系"。

（2）注册资本影响显著。PPP 项目普遍投资大、周期长、管理复杂（截至 2017 年 6 月，数据库共计有项目 13554 个，累计投资额 16.3 万亿元，平均每个项目投资额约为 12.03 亿元，而国家示范项目平均投资额更是达到 24.28 亿元），大型企业相对于中小企业仍有着明显优势。

（3）资历在各模型中的影响均不显著。这与中国企业寿命普遍不高有着直接的关联（样本企业的平均成立时间只有 15 年），此外，参与 PPP 项目的众多投资机构和合伙企业都是在近几年 PPP 行业成长过程中发展起来的，限于精力未能将这些组织的主要股东筛选出来，可能会造成统计结果的失真。

（4）企业性质影响显著。结果表明国有企业较非国有企业更受青睐，这与非国有企业技术能力相对较弱同时逐利性更强相关。但相关统计显示非国有企业参与度正在提高，截至 2017 年 6 月，民营企业（含民营独资和民营控股）参与比例较同期提高 5.1%，参与领域提高了 9.5%。

（5）参与形式影响并不明显。有些重大项目的社会投资方实力较强，为了管理的方便，倾向于独立完成，如北京轨道交通 14 号线投资额为 445 亿，由京港地铁公司承建，而京港地铁则是由北京首创和香港地铁共同出资建立的，这种投资关系在统计上未能完全表现出来。另外，对于合作项目计算项目额时进行了按比分配，使得联合体项目中参与者的项目额相对平均。

5.5.2 主要建议

结合上述的分析，对于 PPP 领域的企业提出以下建议：

（1）企业应当加强与其他企业的联系，成为群体的一员，并努力成为群体的"代言人"。虽然在模型 5 中 DC 未能表现为显著影响，但单独作为自变量进行分析时（模型 2），仍然是有着显著影响的，说明企业与其他企业进行更多的交流与合作仍然是有着积极作用的。

（2）企业与其他企业总体关系较近，看起来意义并不明显。对于具有较高接近中心度（CC）的企业来说，就像一个有着很多"朋友"，但却没有几个"亲密朋友"的人一样，需要朋友发挥作用的时候，实际意义并不大。简而言之，关系的数量固然重要，但关系的质量更重要。

总的来看，随着 PPP 行业的蓬勃发展，越来越多的企业投身其中。PPP 项目虽然有着收益率偏低、投资回报周期长等缺点，但由于具有公共或准公共的特点，在中国特定的环境下，仍然是相对保险的投资对象，对于企业来说，是其投资组合中非常有价值的组成部分。

研究过程中，仍需正视以下几点局限：

（1）对于样本数据的挖掘仍不够深入。对部分企业的分析发现，企业间存在着较多的母子关系，如中国铁建、中国中铁等大型企业的子公司众多，且在项目参与中有着密切合作，而这些子公司又通过控股、参股等方式与更多的公司产生关联，这些关系都对企业间的网络构成有着更深层次的影响，但在本书中限于精力未能深入挖掘。

（2）样本数据仅采用了国家级示范项目，对于 CPPPC 数据库来说仅占其样本量的 5.16%，如果扩大样本的规模，企业间可能会产生更多的关联从而使得原有不显著的变量变得显著。

（3）在模型的分析中，虽然变量表现出联合显著，但模型的可决系数均不高（R-Squared 不到 0.1），说明模型中的解释变量对企业项目绩效的解释能力仍不足。但考虑到本模型的重点在于解释变量的影响而非对项目绩效进行预测，其分析结果仍是有意义的。

参考文献

[1] ROEHRICH J K，LEWIS M A，GEORGE G. Are public – private partnerships a healthy option？A systematic literature review ［J］. Social Science & Medicine，2014，113：110-119.

［2］ 姚东旻,李军林．条件满足下的效率差异:PPP 模式与传统模式比较［J］. 改革, 2015, 2: 34-42.

［3］ 王天义．全球化视野的可持续发展目标与 PPP 标准: 中国的选择 ［J］. 改革, 2016 (2): 20-34.

［4］ 常雅楠, 王松江．一带一路背景下基础设施 PPP 项目风险分担研究 ［J］. 科技进步与对策, 2016 (16): 102-105.

［5］ 李永奎, 乐云, 崇丹.大型复杂项目组织研究文献评述:社会学视角［J］. 工程管理学报, 2011 (1): 46-50.

［6］ 刘佳, 王馨．组织内部社会网络联系对知识共享影响的实证研究 ［J］. 情报科学, 2013, 31 (2): 105-109.

［7］ MAZUR A, PISARSKI A, CHANG A, etal. Ratingdefence major project success: The role of personal attributes and stakeholder relationships ［J］. International Journal of Project Management, 2014, 32 (6): 944-957.

［8］ 许聪,丁小明.基于 SNA 的 PPP 项目利益相关者网络角色动态性分析［J］. 项目管理技术, 2014 (9): 24-29.

［9］ ALOJAIRI A, SAFAYENI F. The dynamics of inter-node coordination in social networks: a theoretical perspective and empirical evidence ［J］. International Journal of Project Management, 2012, 30 (1): 15-26.

［10］ 任志涛, 李海平,张赛,等．环保 PPP 项目异质行动者网络构建研究［J］. 科技进步与对策, 2017 (9): 38-42.

［11］ 李永奎,乐云,何清华,等.基于 SNA 的复杂项目组织权力量化及实证［J］. 系统工程理论与实践, 2012, 32 (2): 312-318.

［12］ 崇丹, 李永奎, 乐云．城市基础设施建设项目群组织网络关系治理研究: 一种网络组织的视角 ［J］. 软科学, 2012, 26 (2): 13-19.

［13］ LING F Y Y, LI S. Using social network strategy to manage construction projects in China［J］.International Journal of Project Management,2012,30(3): 398-406.

［14］ LIU L, HAN C, XU W. Evolutionary analysis of the collaboration networks within National Quality Award Projects of China ［J］. International journal of project management, 2015, 33 (3): 599-609.

［15］ LIENERT J, SCHNETZER F, INGOLD K. Stakeholder analysis combined with social network analysis provides fine-grained insights into water infrastructure planning processes ［J］. Journal of environmental management, 2013, 125: 134-148.

［16］ SEDITA S R, APA R. The impact of inter-organizational relationships on contractors' success in winning public procurement projects：The case of the construction industry in the Veneto region ［J］. International journal of project management，2015，33（7）：1548-1562.

［17］卫志民，孙杨. 民营企业参与"PPP 项目"的制约因素分析 ［J］. 江苏行政学院学报，2016（3）：56-61.

［18］王俊豪，朱晓玲，陈海彬. 民营企业参与 PPP 的非正式制度壁垒分析——基于新制度经济学的视角 ［J］. 财经论丛，2017（6）：07-113.

［19］SONGJ，ZHANG H，DONG W. A review of emerging trends in global PPP research：analysis and visualization ［J］. Scientometrics，2016，107（3）：1111-1147.

［20］石建中. 关于企业规模与企业绩效关系的实证研究 ［J］. 中国海洋大学学报（社会科学版），2014（5）：85-92.

［22］林枫. 蜘蛛:社会网络分析技术[M].北京:世界图书出版公司,2014:1

［23］刘军. 整体网分析 UCINET 软件实用指南 ［M］. 2 版. 上海：格致出版社，2014：11-12.

第6章 典型国家 PPP 发展分析

6.1 世界状况

由于世界银行在统计私人资本参与基础设施建设情况时，仅考虑中低收入国家，对于 PPP 发展较为成熟的英国、加拿大、澳大利亚等国的数据并未纳入（以下内容中提到"世界"均指 PPI 数据库中所包括国家，不再赘述）。因此在本章的分析中，无论从总体情况还是典型案例的分析，均以中低收入国家为研究对象。由于中国也被纳入中低收入国家范畴，因此相关研究对中国的 PPP 事业发展仍极具参考意义。

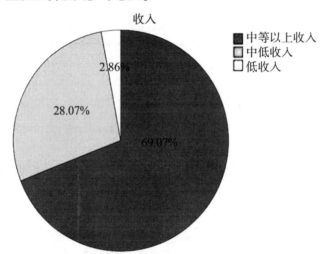

收入

- ■ 中等以上收入
- □ 中低收入
- □ 低收入

2.86%

28.07%

69.07%

图 6-1　按国家收入水平划分的 PPI 项目分布情况

6.1.1 热点地区

世界共计 128 个国家及地区发起了 9475 个 PPP 项目，绝大多数的发展中国家都或多或少应用 PPP 模式解决本地区的公共服务供给问题。按项目数量排序，前 20 位国家发起的项目累积百分比达到 82.90%，表现出较强的集中性（表 6-1）。

从更高层次的区域分布来看，多数的项目都分布在拉丁美洲和加勒比海地区（LAC）以及亚太地区（EAP），占比分别为 38.78% 和 25.74%。PPP 项目的分布与所属国家经济发展状况密切相关：处于经济上升期的国家基础设施建设需求旺盛，但国家财政能力有限，需要充分挖掘社会资本的潜力，PPP正好迎合了政府的这一需求，成为该发展阶段国家的自然选择。

表 6-1　世界 PPP 项目数量前 20 国家

国家	频率	百分比	累积百分比
巴西	1798	22.89%	22.89%
中国	1531	19.49%	42.38%
印度	1078	13.72%	56.10%
阿根廷	568	7.23%	63.33%
俄罗斯联邦	430	5.47%	68.80%
墨西哥	352	4.48%	73.28%
哥伦比亚	266	3.39%	76.67%
土耳其	247	3.14%	79.81%
秘鲁	229	2.91%	82.73%
泰国	193	2.46%	85.18%
菲律宾	189	2.41%	87.59%
印度尼西亚	154	1.96%	89.55%
马来西亚	146	1.86%	91.41%
越南	116	1.48%	92.88%
乌克兰	110	1.40%	94.28%
巴基斯坦	107	1.36%	95.65%
南非	103	1.31%	96.96%
斯里兰卡	84	1.07%	98.03%
保加利亚	79	1.01%	99.03%
哈萨克斯坦	76	0.97%	100.00%
合计	7856		

6.1.2 发展趋势

世界 PPP 事业从 1990 年开始，已有 30 年的发展历史，总体上保持了较明显的"倒 U 型"变化趋势。在 1990—1993 年间，PPP 概念被多个国家接受，一大批试点项目落地；经过短暂的磨合，PPP 模式渐入人心，数量开始出现显著且稳定的上升态势，从 1995—2012 年间保持了大约 18 年的繁荣。这一过程中出现了两次并不剧烈的挫折，主要原因在于 1997 年和 2008 年发生的较大范围的经济危机，部分国家的财政能力受到一定的程度的打击。但随着经济的复苏，基建需求重又抬头，PPP 项目也表现出明显的回升趋势。但在 2012 年以后，出现了显著的下降趋势，至 2018 基本跌回 25 年前的投入水平，如图 6-2 所示。

PPP 发展的阶段性繁荣与外部经济、政治环境息息相关。PPP 事业的良好发展离不开大量公共服务需求的支撑，同时地方政府要具备一定的财政支付能力，而且还要有相对完善的法律体系、良好的信誉背景等。因此，PPP 的繁荣有着一定的偶然性，但 PPP 模式又因其各种优点，有其存在的必然性。

图 6-2　世界 PPP 发展趋势

6.2　欧盟地区

6.2.1　基本情况

欧盟各成员国对 PPP 并没有一个统一完整的定义，凡是政府公共部门与社会机构为了运营公共基础设施、提供公共服务而签订的合同都统统被看作是 PPP 模式的变种。各成员国或候选国家 PPP 的发展水平和所采取的措施也有很大差别。有些国家，如奥地利、丹麦、德国、爱尔兰、意大利、荷兰、葡萄牙、英国等，设置 PPP 专门机构进行管理；还有许多国家没有专职机构，如塞浦路斯、斯洛文尼亚等；有些国家通过了专门的法律来管理 PPP 项目；还有更多的国家，如法国、德国、希腊、葡萄牙、西班牙、土耳其等，则通过系列法律形成机制或体系来对 PPP 进行约束。

欧盟委员会和议院对于 PPP 的探索始于 2003 年 5 月发布的《统一市场战略（2003—2006）》，随后发表了 PPP 绿皮书。在该绿皮书中，欧盟委员会回顾了委员会对公共服务的政策后，提出了"是否能为社区层面的公共服务设计一个基本的法律框架结构"的构想，欧盟委员会进一步提出并发表了以 PPP 模式进行公共服务采购的绿皮书计划。该计划在 2003 年下半年得以实施。2004 年欧盟委员会向欧盟理事会和欧洲议院提交了绿皮书，在听取了欧洲经济—社会委员会、欧洲区域委员的意见后，于 2006 年在欧洲议院通过了相应 PPP 立法方案。

自 2008 年全球金融危机和欧洲债务危机冲击以后，欧盟国家对于 PPP 的态度从观望逐渐转为积极主动，但其中也有欧盟法律对于各国稳定财政，缩减财政赤字的客观要求和影响。PPP 模式从某种程度上迎合了欧洲经济统一和崛起的内在需求。欧盟成员国在区域经济和社会发展上存在一定的客观差距，这些差异必然要求政府加大对基础设施和公共服务的投资，尤其是在基础设施比较薄弱的成员国。基础设施建设投资不足将会从以下几个方面影响欧盟的发展：交通道路网投资不足将导致产品和服务成本的上升和交期的延迟；教育和医疗投资不足将导致国家经济发展缺乏持续潜力；政府公共服务供给不足将导致整个实体经济的负担过重，效率降低；落后的基础设施不足以吸引国际资本直接投资。总之，欧盟整体基础设施投资的质量、规模和速度成为欧洲建立统一市场，生成可持续发展经济动力的关键制约因素。

由于欧盟对成员国环境保护方面的要求使得基础设施和发展水平相对较弱的东欧国家的投资缺口明显加大，原有的发展基金不能完全满足成员国庞大的基础设施投资需求。PPP 在欧洲的出现使得各国政府在矛盾的命题前似乎看到了一线曙光。继英国之后，PPP 项目在欧洲各国如雨后春笋般快速崛起。依据欧洲投资银行（European Investment Bank，EIB）提供的统计数据，其在欧洲投资的 PPP 项目总金额从 1990 年的 2 亿多欧元上升至 2014 年的 32 亿欧元，累计 PPP 项目投资总金额为 432 亿多欧元。除英国大陆以外，欧洲 PPP 项目累计金额最多的几个国家依次为西班牙、丹麦、葡萄牙、法国、意大利和希腊（49 亿至 21 亿欧元不等）。预计随着欧洲经济复苏和增长乏力的持续，PPP 项目的范围和规模在欧洲将继续扩大，欧盟委员会、欧洲理事会和欧洲议院正加紧对 PPP 的讨论和相应立法监管。

6.2.2 典型分析——西班牙

西班牙在交通运输领域应用 PPP 的经验较为丰富，早在 1953 年，就通过特许经营的方式在北马德里地区修建了瓜达拉马隧道（Guadarrama tunnel）。自此起，在西班牙全国各地利用特许经营的方式建设的道路里程超过 2500 公里（Ministerio de Fomento，2013）。

与欧洲部分国家相比，西班牙在 PPP 立法方面更为健全，在 PPP 项目开展过程中限制较少，而且与国际标准接轨，有利于 PPP 项目的顺利开展。据欧洲建设与开发银行（European Bank for Reconstruction and Development，EBRD）统计，由于在特许经营法规方面的限制，欧洲有部分国家很少或完全没有成功实施 PPP 的经验。在这方面，西班牙则有一些成熟的经验可供其他国家借鉴。

世界银行认为在公路及高速等交通运输领域实施 PPP 需要如下两方面完全不同的法律体系：

（1）可行性。即一套使 PPP 项目具备运作的基础法律框架，如国家特许经营法或 PPP 专门法。

（2）可靠性。即一套能够保证 PPP 项目按照既定目标运营的法律框架。

由于 PPP 项目普遍规模较大且运营期较长，涉及多方参与主体，需要有健全的法律约束各方行为。

完备、适合的特许经营法体系对建立良好 PPP 基础至关重要，相关法律需要考虑到建设、成长、运营等各个阶段，无论是普适性的行业法律还是具体有针对性的条文，都应当按照操作指南形成明文，以方便参与者参照执行。在这方面西班牙的经验较为丰富，已出台的相关法规涉及项目生命周期中各个阶段，具有较高的适用性和可操作性。

以交通运输行业为例，西班牙在约 500000km² 土地上已建成公路网络超过 165000km（不含城镇或郊区道路系统），其中有 15000km 属于高速公路，具有较高的通车容量，其中 PPP 作出了较大的贡献，见表 6-2。西班牙的公路交通网络承担了本国 83% 的货运输量以及 91% 的客运量，因此 PPP 的应用对于国家经济发展起到了重大作用。

表 6-2 西班牙 2010—2013 年 PPP 项目投资情况   单位：百万欧元

行业	2010	2011	2012	2013
港口	139.3	106.7	20.0	–
公路	6218.4	3289.0	430.0	–
铁路	–	1151.4	–	–
机场	–	–	–	–
水利工程	–	–	–	147.5
城市通信	1401.9	–	–	–
公共停车场	253.1	46.3	128.4	29.7
医疗健康	1379.0	–	–	–
地方服务	15.3	–	9.3	–
其他	1098.7	19.7	32.9	–
总计	10514.7	4791.1	620.7	321.6

西班牙在 1972 年通过了《高速公路收费法》，由于境内外工程项目中政府担保利率差异的影响，相关法案被 1988 年通过的《公路法》所代替。2003 年的《公共项目特许经营法》中，对 PPP 模式从不同法律角度进行了解释，包括风险在政府和私人资本之间如何分配等。到了 2007 年，西班牙政府又通过了一项新的法律以替代 2003 年的特许经营法，新法规中对 PPP 的准则进行了重新阐释，尤其是对社会资本进行了更详细的界定。

西班牙专门成立了公路管理局（Dirección General de Carreteras）负责特许经营性质交通工程的技术管理，同时专门设立在特许收费性公路项目的代表部门（Delegación de Gobiernoen las SociedadesConcesionarias de Autopistas de Peaje），以政府授权人身份负责财务监督以及相关合作事宜。该部门主要职责包括特许经营协议的实施、财务进展的跟进、特许条款的平衡等，负责项目运营状况的信息发布、年报公布、审计报告等。

西班牙的 PPP 法律体系对项目经营过程中特别是投标的若干阶段都作了详细规定：

（1）可行性研究的公开披露。根据项目，适时公开经济金融研究和初步设计，此外标准招标文件也将在本阶段披露。

（2）修改完善。在公开披露阶段，如果有合适的意见或建议被接纳，公路管理局将对原有方案进行完善，并进入细节设计阶段。

（3）依法公开宣布的实际投标。标书的评估通常考虑到：技术质量、可行性、特许权享有人所提方案的技术和财务偿付能力、特许经营方案的效率等。

6.2.3 典型分析——芬兰

芬兰位于欧洲北部，国家面积较小，仅有 33.8 万 km^2，略低于西班牙，人口约为西班牙的 1/9，是高度发达国家。芬兰应用 PPP 模式的历史较晚，大约在 20 世纪 90 年代开始了 PPP 的初步尝试。早期主要采用比较经典的 PPP 模式，如 DBFO、DBFM、DBFMO 等。芬兰的首个 PPP 项目是从 Järvenpää 到 Lahti 的高速公路工程（E-75 号），特许经营期为 15 年，并于 2012 年 8 月 30 日完成移交。

PPP 道路项目在 20 世纪 90 年代中期开始出现零散的案例，但仍局限在少数地区，并未在世界范围内兴盛。芬兰的 PPP 运作主要是学习英国的操作流程，多数项目都是运营阶段，较少进入移交阶段。芬兰的经营性交通项目主要由国家交通管理局负责，该机构成立于 2001 年，并于 2010 年更名为芬兰交通管理署。

考虑到私人资本激励、移交方法、项目产出的可持续性等影响因素，芬兰大多数的 PPP 项目仍采用传统的 DBB（设计—投标—建设）模式。1996 年 3 月，芬兰第一试点性项目落地，该项目为 Järvenpää 到 Lahti 四号公路，原有公路为单车道，限速 70km/h。改建后的道路通行速度显著提升，可以达到 130km/h；项目需要新建 88 座桥梁、8.5km 防噪护栏，而且需要移植 175000 株植物，工程量较大，极大地改善了两城间的交通效率。

在芬兰国家交通管理局主政期间，确定了一批示范项目，其中包括典型的 PPP 项目 E-75 高速公路，该项目在较短时间内落地，主要得益于政策导向以及具有较好的盈利能力。事实上，芬兰的多数公路都是非收费性的，由于交通量并不大，因此并不适宜使用 PPP 模式，相应的通行费用已经附加到了燃油税和车辆购置税等项目中。但具体到 E-75 工程，原有道路质量较差、拥堵频发，但同时又是交通要道，道路亟需从单车道升级为双车道。此时，道路的环境评估已经获取通过，通行费收取权业已获得，初期的成本效益分析也较为理想，因此具有较好的可行性。

E-75 项目设计了一种独特的影子收费模式（Shadow Toll Payment Mechanism）。传统的 DBB 收费模式下，通常是在建设阶段就开始支付相应的费用，根据项目进度确定支付进度。而影子收费模式则不同，它主要根据具体的车流量来确定额度，同时是由道路管理局而不是由用户支付费用。传统收费模式与影子收费模式的差别就在于究竟是由谁来实际支付，是道路管理局还是车辆驾驶员。事实上，影子收费模式在英国已有先例，在芬兰也得到了较好的验证。

一般来说，采用影子收费模式时，收费机制通常包括若干个区间，主要依据道路通行量来确定。如果交通量低于一个约定的下限，那么特许经营者就没有任何收益，当然这样的情况一般不会发生。如果交通量高于一个约定的上限，那么特许经营者会得到一个约定的最高回报，这个回报不再随交通量的增加而增加。芬兰所采用的影子收费机制包括 4 个区间段，这种回报机制确保了私人投资方风险的最小化，同时也限制了私人投资方收益无限增加。

具体到 E-75 项目，由于道路分两段开放，收费机制也由两种模式构成。其中一部分并未采用影子收费机制，而是根据实际交通流量来向通行者收取费用，并且相应的费用也是分区间的，流量越大的时候，通行费用也就越高。如图 6-3 所示。

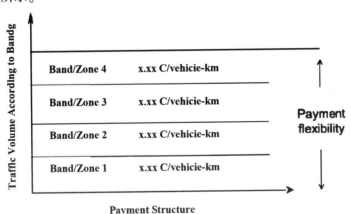

图 6-3　芬兰 E-75PPP 项目弹性收费模式

项目主要由私人投资方负责融资，主要部分向北欧投资银行贷款，特许经营方占有 10% 的股份。在项目完成初期准备工作后，于 1996 年 3 月通过国际期刊向国际社会发出合作要约，并获取了 5 家企业的回应。这 5 家企业均在 1996 年 9 月这一截止日期前确认了合作意向，其中一家是芬兰本土企业，一家是纯外资企业，另有三家是合资企业。筛选合作伙伴的主要标准是以最低的净现值中标，其中企业信誉占 5% 的权重、企业财力占 5% 的权重、企业竞标价格占 90% 的权重。最终，相关企业于 1997 年 3 月达成合作协议，合作期为 15 年，从 1997 年持续至 2012 年。

该项目是芬兰的第一交通类 PPP 项目，也是交通管理局的大胆尝试。E-75项目的成败对于其他潜在 PPP 项目具有较强的示范意义，如果项目失败，政府管理部门可能面临社会的强烈指责。但最终该项目成功落地并顺利移交，积累了丰富的经验，对于其他 PPP 项目有着较好的借鉴意义，可以说是真正的双赢。PPP 模式在交通运输领域的成功应用，也为其他领域应用该模式提供了一个良好开端。

6.3 亚太地区

6.3.1 基本情况

根据世界银行 PPI 的统计数据，全球 PPP 投资项目数量前 20 的国家中，亚洲占有 10 席（中国、印度、泰国、菲律宾、印度尼西亚、马来西亚、越南、巴基斯坦、斯里兰卡和哈萨克斯坦），名副其实的"半壁江山"，如图 6-4所示。

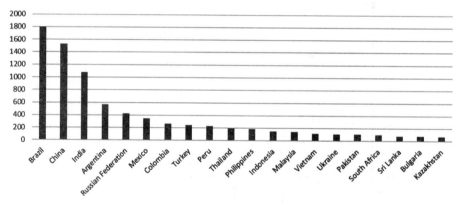

图 6-4　世界 PPI 项目数量前 20 位国家排行情况

2017 年 9 月 26 日，亚洲开发银行发布《2017 年亚洲发展展望更新：通过公私合作支持亚洲发展》（Asian Development Outlook 2017 Update：Sustaining Development through Public － Private Partnership）公告，该报告认为在全球贸易大范围复苏、主要工业经济体稳健扩张、中国经济前景好转以及大多数发展中亚洲经济体的增长势头依然强劲等因素的共同推动下，2017 年和 2018 年发展中亚洲的经济增长将超过之前预测。贸易复苏将推动发展中亚洲的经济增长，美国、日本、欧元区都将因之受益（图 6-5）。

在报告中，特别提到"通过公私合作（PPP）的方式利用私有资本和专业技术知识，可以帮助亚太地区经济体满足其每年约 1.7 万亿美元的基础设施建设需求"。报告认为，如果得以妥善实施，PPP 可以同时改善基础设施和公共服务的提供，使之成为推动包容性经济发展的有效工具。报告指出，要在亚太地区的开发性项目中有效实施 PPP 方案，必须对治理、立法、体制结构和 PPP 技能加以完善。除了改善投资环境和深化金融市场等广泛措施之外，该地区各经济体政府可以通过优化各利益相关方的风险分配、实施恰当的监管政策、选择有资格采用 PPP 的合适项目以及寻找适合的私人合作伙伴，增加成功实施 PPP 的机会。

报告显示，印度、菲律宾和泰国拥有最发达的金融市场，能够提供较长期限（十年期以上）的本币贷款支持基础设施建设。这些市场拥有包括项目债券融资在内的一系列融资方案。报告指出，中国已融资到位的 PPP 项目居世界之最。通过吸引更多私营企业参与，中国仍有扩大 PPP 规模的空间。本年度报告所确定的主要趋势表明，能源生产成为应用 PPP 模式最为成功的领域之一。在《公私合作监测》所调查的大多数国家中，热能和可再生能源发电均占主导地位。在中国，水利也是 PPP 投资的主要领域，超过 40% 的 PPP 项目集中在该领域。由于私营部门参与社会基础设施建设的时间尚短，因此在整个亚太地区，社会部门特别是卫生和教育领域的 PPP 发展依然缓慢。印度在此方面最有成效，目前已在医疗卫生领域实施多个 PPP 项目。PPP 的进一步发展仍面临着各种挑战，包括加强融资机制的发展、推动投资者进一步多元化、开发一批可靠的 PPP 项目以及将 PPP 扩展至能源以外的部门。

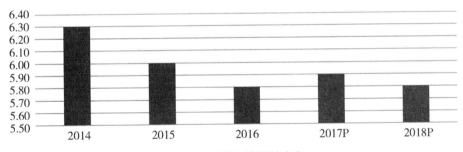

图 6-5 亚洲经济增长速度

6.3.2 典型分析——印度

近年来，越来越多的发展中国家开始使用 PPP 这一有力工具助力公共基础设施建设，印度也不例外。据估计，在印度第 12 个五年计划期间（2012—2017），基础建设需求大约为 10000 亿美元，其中约有一半的资金需要从私人资本方募集。在财政能力有限的情况下，PPP 成为理想的选择。

与其他国家一样，印度基础设施建设经常受到高成本、长周期的困扰，采用 PPP 模式，通常能够在利用社会资本高效管理的同时，降低项目的经营成本。自 1990 年以来，印度不断加大 PPP 项目的应用，在库项目数量过千，如图 6-6 所示。

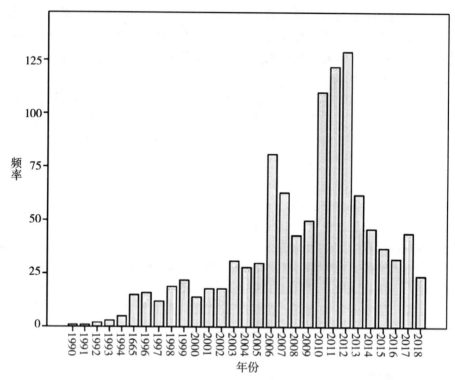

图 6-6　印度 1990—2018 年 PPP 立项情况

印度 PPP 项目投资强度为 248.11 百万美元/项目，与之前分析的世界平均投资强度相比，均值显著高于世界水平（124.41 百万美元/项目），如表 6-3 和图 6-7 所示。

表 6-3　印度 PPP 项目投资额基本情况　　　　单位：百万美元

指标	数值	指标	数值
总样本	1078	标准差	446.26
有效样本	1035	方差	199145.40
缺失样本	43	偏度	4.51
均值	248.11	峰度	26.75
中位数值	108.10	极大值	4200.00
众数值	13.00	极小值	0.80

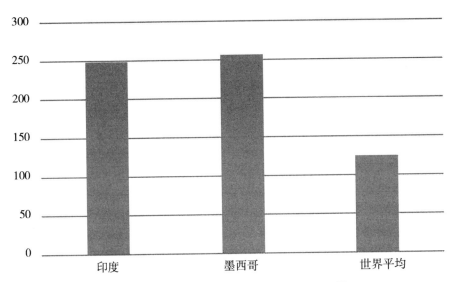

图 6-7　印度 PPP 项目平均投资强度横向比较

与其他国家相似，印度 PPP 项目多集中在能源和交通运输行业，占项目总量的比例分别为 48.61% 和 47.22%，累计占比达到 95.83%，相较世界其他国家及地区更显集中，如图 6-8 所示。

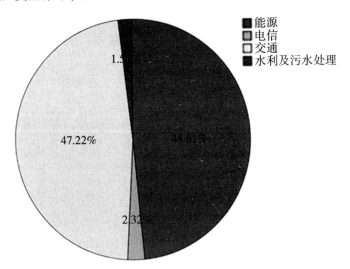

图 6-8　印度 PPP 投资行业分布

印度 PPP 项目特许经营期均值为 22.27 年，标准差为 8.66，总体上保持在较为集中的区间内。与其他国家在特许经营期约定的特征相类似，出现频数较高的期限为 25 年、20 年、30 年和 15 年，如图 6-9 所示。

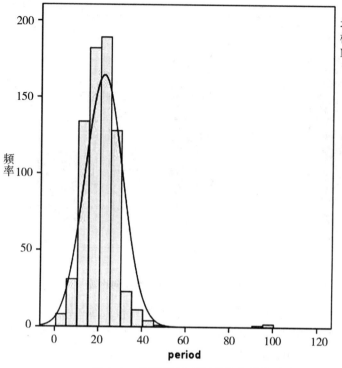

均值=22/27
标准偏差=8.661
N=714

图 6-9　印度 PPP 项目特许经营期分布情况

　　在控股方面，私人资本占有项目绝大部分的股权，平均达到 95.04%，而多数的项目由私人资本 100% 控股，表明在绝大多数国家，政府部门都不寻求对项目的绝对控制。政府部门的影响更多是通过土地规划、项目审批、用量保证等隐性约束中予以体现。

　　然而，也有部分针对印度 PPP 交通项目的研究认为，在该国采用 PPP 并未显著提升工程效率，在成本管理方面与传统的非 PPP 类项目基本相当，而在进度管理方面可能表现为糟糕。究其原因，可能在于以下几个方面：第一，PPP 项目普遍规模较大，因此涉及的影响因素更为复杂和多元，这种复杂性会造成 PPP 项目需要更高的管理成本。做好项目规划工作，尽可能地掌握基础信息有助于降低成本支出。第二，由于合同约定中，关于投资回报的部分可能会基于前期的支出额度，因此私人资本方出于利己性考虑，倾向于增加前期项目成本，这样在后期更容易向政府方索取项目回报，从投资回报率等绩效指标来看，也更容易有一个好的表现。

　　另外，有缺陷的规划以及不完备的合同都有可能导致成本超支，从而导致公共资源的浪费。由于长期项目会显著增加项目成本，因此将大的工程拆分为若干个小的工程项目也许是一个有益的办法。项目参与方还需要加强项目规划和管理工作，与其在后期支付更高的成本，不如在前期做好精确的估算工作，从而降低整个生命周期的总成本。

6.3.3 典型分析——马来西亚

PPP/PFI 在马来西亚的应用已有三十多年的历史。受限于财政能力，政府迫切需要寻求创新方式以满足日益增长的经济发展需求。PPP 模式意味着针对长期工程，政府可以采用"分期付款"的方式取代期初额度较大的"一次性付款"，这对于包括马来西亚在内的绝大多数国家政府都有很大的吸引力。公共服务市场的状况瞬息万变，而私人资本也有参与基础设施建设的需求，公私双方存在合作的基础，通过政企合作使得社会责任从政府部门转移部分至企业身上。

PPP 模式在马来西亚的应用并非没有争议，包括行业政府的制定及实施、工程腐败、监管松弛等问题都时有发生，影响了 PPP 模式的广泛开展。此外，贿赂、任人唯亲、行业垄断、竞争不充分等方面的投诉也经常出现，导致 PPP 项目在实施过程中面临诸多困境。当然，这些问题不仅在马来西亚出现，也不仅是 PPP 模式自身的问题，需要全球的监管者、从业者共同努力。

2009 年，马来西亚成立隶属于总理府的 PPP 专门委员会，主要用于制定并监督与 PPP 相关的政策、项目，由社会资本合作管理局（Unit Kerjasama Awam-Swasta，UKAS）负责实施。具体来说，UKAS 负责 PPP 项目的规划、评估、合作、缔约、监管以及实施等，此外，UKAS 还要对技术方案、财务内容等方面负责。为了保证项目的实施，UKAS 制定了三阶段方案：提案及审批、柔性谈判及合同签订、建设及项目管理。

马来西亚多数的工程项目是由政府方发起的，可以通过公开招标的方式，也可以不进行招标工作。前者通常由政府相关管理部门或授权单位开展，而后者往往是针对不在规划内的项目。无论是否进行招标，均须向 UKAS 部门提交初步评估报告并获得批准，方可进入下一步。UKAS 设立专门审批委员会负责项目的初期审核，该部门是 UKAS 的核心部门，同时还获得财政部（Ministry of Finance，MOF）、总检察院（Attorney General's Chamber，AGC）、经济规划局（Economic Planning Unit，EPU）以及相关部门的授权。该委员会在初期审核项目的主要依据是马来西亚公共部门比较值评价（Public Sector Camparator，PSC）。UKAS 以历史发生的优秀项目为参考，确定评估标准。同时，在评估时也参考项目的价值管理（Value Management，VM）。

通过第一阶段审核的项目进入公开谈判阶段。在此阶段，合同内容向所有响应者完全公开，但只有具有良好信誉且符合物有所值评价（Value for

Money，VFM）的响应者可以继续参与下一步的审核。UKAS 在所有的投标者中选取最有最佳 VFM 的社会资本，在确定了投标人后才进行具体的合同协商及谈判阶段。UKAS 委员会在选择过程中具有完全的权威，即使是马来西亚内阁部长认可的社会资本也只能排在第二或第三顺位。

签订合作协议后，项目就进入建设和合同管理阶段，这是整个项目中最后也是最关键的部分。该阶段主要涉及项目执行过程中的监管和控制，确保政府代理人和特殊项目公司（Special-Purpose Vehicle，SPV）按照法规及合同约定开展工作。

马来西亚 PPP 项目的管理过程主要参考并学习英国的模式，但在具体执行过程中仍然存在一些差异。与英国相比，最大的不同在于预评估阶段 PSC 应用的强度，即使 UKAS 委员会认为在实践过程中，他们参考了英国最好的工程样本作为标杆，但事实上，与英国的项目对标仍是一件比较困难的事情。在英国，寻找与目标项目背景相似的既有项目作为 PSC 比较对象，以决定是不是社会资本能够提供更好的 VFM，而马来西亚的 PSC 只是使用历史具有相近产出的最优项目的作为标杆。通过 PSC 评估，在 29 个 PPP 项目中英国政府节约了数量可观的成本，相较传统的采购模式节约了近 17%。

值得注意的是，2012 年 12 月，英国财政部公布了"关于公私伙伴关系新模式"的政策文件以及"私人融资 2 代（Private Finance 2，PF2）标准化合同指引"，替代 2007 年发布的"私人融资项目标准化合同指引第四版（Private Finance Initiavtive，PFI）"。新标准的出台以及 2018 年英国第二大建筑商 Carillion 的破产对包括马来西亚在内的全球 PPP 参与者影响较大。但目前 PF2 模式仍处于发展初期，包括英国在内全球也仅有 6 个 PF2 项目，新标准的适用性仍待考察。一直以英国 PPP 为范本的马来西亚 PPP 事业仍在摸索中前进。

6.4　非洲地区

6.4.1 基本情况

从全世界来看，非洲长期被视为投资洼地，在基础建设方面也不例外。受经济、政治、历史等诸多因素综合影响，居住着全球约七分之一人口的撒哈拉沙漠以南非洲地区在几乎所有基础设施领域的表现都在全球垫底。但从另一个角度来看，全球约七分之一的人口规模意味着巨大的市场，对资本仍具有强大的诱惑力。2018 年 9 月，主题为"合作共赢，携手构建更加紧密的中非命运共同体"的中非合作论坛北京峰会在北京举行，在"一带一路"的背景下，中国与非洲的合作将进一步加深，尤其是基础设施建设领域。中国已经帮助包括撒哈拉以南非洲在内的非洲国家新增约 3 万 km 的公路里程、8500 万吨/年的港口吞吐能力、超过 900 万吨/日的清洁用水处理能力、近 2 万兆瓦的发电能力和 3 万多 km 的输变电线路。

根据预测，非洲国家在 2010—2040 年的年均经济增长率可达到 6%。这样的增长率意味着在今后将近 30 年的时间内非洲国家 GDP 将增加到目前的 6 倍。经济的持续增长将迅速扩大对基础设施的需求。非洲国家对各类基础设施建设需求旺盛，在 2040 年前规划建设 37200km 高速公路、30200km 铁路、架设 16500km 输电线路、增加 54150MW 供电能力和 13 亿吨港口吞吐能力，累计投资额超过 3600 亿美元。其中，2020 年前建设 51 个大型项目，投资额约 680 亿美元。但最大的问题来自于资金，严重的资金短缺是非洲国家基础设施开发建设的瓶颈问题。非洲基础设施发展规划（PIDA）中指出，规划项目目前每年的资金缺口为 310 亿美元，其中 75% 用于建设资金，25% 用于基础设施的维护费用。另据世界银行统计，撒哈拉以南非洲国家年度基础设施建设所需资金为 933 亿美元。其中，国家自筹资金为 450 亿美元，每年短缺资金将近 500 亿美元，非洲国家在基础设施建设方面的投资远远满足不了其经济发展的需求。

"授人以鱼不如授人以渔"，非洲国家不可能靠援助来发展，本地的内生发展能力将是决定未来发展潜力和发展前景非常重要的因素，包括一些核心的基础设施，PPP 也是议题之一。就目前而言，PPP 在非洲仍是并不显眼的力量，据世界银行的统计数据，1990—2015 年间，该地区的 PPP 项目数量占全球新兴市场及发展中经济体 PPP 项目总数的比重在 2% ~ 12% 之间。截至 2015 年，包括布隆迪在内的 7 个国家仍然没有 PPP 项目。对于不太发达的非洲国家来说，政府仍然需要提供"配套基础设施"来激励私有投资者。这些配套措施包括法律和税收框架、能降低成本的关税政策，以及其他直接或者间接的政府支持。这些外部条件在部分非洲国家仍不完善。但并不意味着 PPP 在非洲是"没有前途"的，讨论 PPP 在非洲的本地化应用，对于提升中非合作、增加当地就业、促进贸易合作都有较大的现实意义。

在 2018 年的中非合作论坛期间，财政部政府和社会资本合作中心（CPPC）已与联合国副秘书长、非洲经济委员会（UNECA）探讨了中非开展 PPP 合作的可行性。与会双方建议从培训开始加强非洲能力建设，同时开展标准化合同研究，探讨适合非洲项目特点的融资模式和风险分担方式等，以便能真正吸引中国投资者参与非洲基础设施建设。双方一致同意，在 11 月中国 PPP 融资论坛期间共同签订合作备忘录，由 UNECA 准备 4~5 个非洲 PPP 项目在论坛期间进行推介，探索由中心指派相关人员到 UNECA 支持建立非洲

PPP 中心、帮助开展 PPP 项目甄别筛选等。

6.4.2 典型分析——加纳

加纳共和国（The Republic of Ghana）是非洲西部的一个国家，位于非洲西部、几内亚湾北岸，在西非国家中加纳经济较为发达，以农业为主，黄金、可可和木材三大传统出口产品是加经济支柱。按世界银行标准，加纳自 2010 年起从低收入国家进入中等偏低收入国家行列。

按照世界银行 PPI 数据统计，加纳目前采用 PPP 模式的工程项目有 29 个，在所有中低收入国家中排第 39 位，与萨尔瓦多、阿尔及利亚、肯尼亚相当。在非洲地区仅次于南非（103 项）、埃及（54 项）以及尼日尼亚（54 项），具有一定的代表性。

加纳应用 PPP 的历史较长，在 1994 年就在电力行业实施了第一个 PPP 项目，此后基本保持着每年 2 项左右的应用规模，在 2016 年的高峰年份也仅仅只有 4 项，表现出较为稳定的态势，如图 6-10 所示。

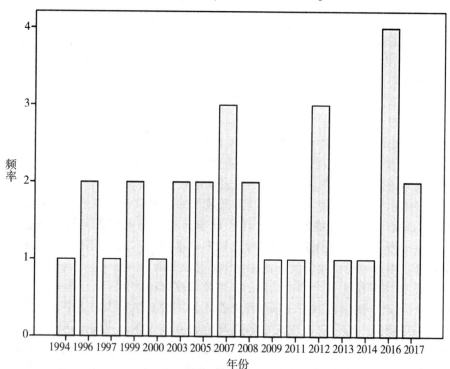

图 6-10 加纳历年 PPP 项目立项数量

与印度相比，加纳的项目投资偏好有以下几点显著不同：

（1）投资强度更高。加纳 PPP 项目投资均值为 375.73 百万美元，远高于印度的 248.11 百万美元，见表 6-4。

（2）与其他国家交通运输项目较多不同，电信行业在加纳采用 PPP 模式较为多见，占到总数的 34.14%，而且污水处理项目也占有一定的比例，这与非洲地区的实际需求关系密切，如图 6-11 所示。

（3）在交通运输项目中，均为海港建设（Seaport），并无内陆的高速公路、铁路或机场等项目，表明加纳交通基础设施建设更倾向于增加国际贸易水平，增强进出口货物通行能力。

表 6-4 加纳 PP 项目投资额基本情况　　　　单位：百万美元

指标	数值	指标	数值
总样本	29	标准差	386.04
有效样本	22	方差	149025.50
缺失样本	7	偏度	1.50
均值	375.73	峰度	2.07
中位数值	200.00	极大值	1500
众数值	200[a]	极小值	10

注：a 的意义为存在多个众数，显示最小值。

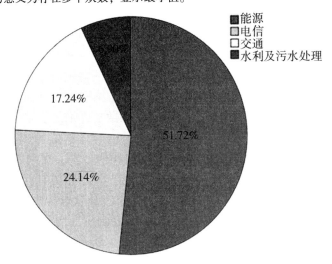

图 6-11 加纳 PPP 项目行业分布情况

一般情况下，政府部门与社会资本合作，需要得到财政与经济规划部门的支持。与别的国家不同的是，加纳的 PPP 项目中，政府财务部门并不参与实际经营，也不承担任何风险。因此，财务方案的设计对于工程项目来说十分重要。以 2015 年的加纳油气服务项目为例，该项目由中国港湾公司与英国 Lonrho 公司旗下的加纳阿土阿博自由港公司组成联合体，加纳政府和国有企业分别占股 10% 和 35%，但无需负责项目融资和贷款担保。项目风险主要集中在社会投资方一侧，最大程度的规避政府责任，这对社会资本来说是一个重大挑战。

在此背景下，对加纳的 PPP 项目的健康运行来说，道德风险（Moral Hazard）和逆向选择（Adverse Selection）成为一个重要的议题。道德风险是在信息不对称条件下，不确定或不完全合同使得负有责任的经济行为主体不承担其行动的全部后果，在最大化自身效用的同时，做出不利于他人行动的现象。逆向选择，是信息不对称带来的另一个问题，是指市场的某一方如果能够利用多于另一方的信息使自己受益而使另一方受损，倾向于与对方签订协议进行交易。在实践过程中，承包商可能有意隐瞒部分事实，从而降低项目建设成本，但从长远角度来看，可能会影响项目产品或服务的质量。

尽管统计数据表明在 2011—2015 年间，世界上经济增长最快的 20 个经济体中，近一半都位于非洲大陆，但仍不能改变非洲地区基础设施建设落后的现状。比如，非洲大陆上铁路线的长度仅占世界铁路长度的 7%，非洲空中交通总量仅占全球总量的 5%，普通公路和高速公路的密度分别占世界平均水平的 25% 和 10%，近一半的非洲国家电力、饮水缺乏严重，其中非洲撒哈拉以南地区有近 6 亿人无法获得电源，有近 3 亿人不能获得干净饮水。PPP 模式成为许多非洲国家推动基础设施建设的重要手段，但良好的外部环境是项目开展的基础条件，特别是法律规定方面，需要对公共机构、私人投资者的权利和义务、风险的分担、利益的分配等事项作出明确的规定。有一些非洲国家开始着手制定专门针对 PPP 的法律法规，如坦桑尼亚在 2011 年 6 月通过了《公私合营法实施条例》，对公私合营法的实施做了详细的规定；加纳在 2013 年 5 月制定了《公私合营法（草案）》。

根据世界银行经济学人情报部（EIU）的评估标准，在判断一国 PPP 法律制度环境是否优劣时，要考虑以下 4 个因素：PPP 相关制度的质量和一致性、PPP 项目遴选及决策是否高效、招投标程序及合同变更是否公正透明、争议解决机制是否通畅便捷。利用上述标准，经济学人情报部在 2015 年所做的有关非洲公私合营环境评估的报告中对南非、埃及、肯尼亚、赞比亚、加纳、卢旺达等 15 个非洲国家的 PPP 法律政策进行了评估。其中得分最高的南非为 75.0 分，而排名第六的加纳仅有 50.0 分，最末的刚果（金）只有 21.9 分。

除了完善的法律条文，政府的信用也是另一个值得关注的问题。一些非洲国家虽然制定了 PPP 法律政策，但在实施过程中也暴露了许多问题。例如，政府官员不严格遵循 PPP 法律政策规定的相关程序，在招投标等程序中存在暗箱操作现象。还有一些非洲国家如南非、尼日利亚等分别存在中央、地方层次的 PPP 立法和政策，在实践中存在如何协调的问题。

经济学人情报部在评估非洲的 PPP 环境时，设置了结构框架（20%）、运营成熟度（15%）、投资环境（15%）、财政支持手段（15%）以及地方政府的适应能力（10%）五个维度的指标。其中评分最高的南非为 70.7 分，而加纳仅排名第十，得分为 43.0 分。一方面表明非洲投资环境仍然不够理想，当然，从另一方面来看，非洲仍是一片有待开发的沃土。

非洲曾连续多年成为中国第二大海外工程承包市场，中国在非洲的工程项目主要是以工程总承包（EPC）形式进行的。近年来，中国在非洲的工程项目开始出现新的变化，由工程总承包逐渐向基础设施运营、工业园区建设经营、金融服务等中高端领域迈进。非洲 PPP 项目的开放为中国在非工程项目的转型提供了更多的机会，同时也带来许多新的挑战。为了鼓励中国企业拓展"一带一路"工程承包市场，参与"一带一路"沿线国家的 PPP 项目建设，国家发改委联合多家部门和单位共同建立了"一带一路"PPP 工作机制，通过多种方式在"一带一路"建设中推广 PPP 模式。

6.5　拉美地区

6.5.1 基本情况

拉美是指美国以南的美洲地区，包括墨西哥、中美洲、西印度群岛和南美洲，东临大西洋，西靠太平洋，北部有墨西哥湾和加勒比海。拉美地区共有 30 多个国家，其中，比较重要的有墨西哥、巴拿马、巴西、智利、阿根廷、委内瑞拉、哥伦比亚等。拉美国家在 1950—1980 年期间经历了经济高速发展的 30 年"黄金期"，整个地区年均增长 5.3%，巴西在 1968—1973 年更是取得了 10% 以上的增长率。但拉美地区长期陷入"增长陷阱"，2017 年，韩国人均 GDP 已接近 3 万美元，但巴西仅为 9800 多美元，不到韩国的 1/3。

根据中国社会科学院拉丁美洲研究所发布的《拉丁美洲和加勒比发展报告（2016—2017）》，拉美经济持续衰退，基本指标持续恶化，短期衰退与分化持续且愈加突出；外债指标超警戒线，外债敞口扩大；外部市场环境继续恶化，贸易投资量下降；经济结构性改革进入僵持阶段，难以突破；经济治理能力相对薄弱，政策逆周期性不足。经过一年的发展，拉美地区在 2018 年经济摆脱了连续两年的衰退，重获低速增长，通货膨胀和国际收支等主要基础性指标出现一定好转。对外贸易呈现复苏迹象，结束了连续五年出口商品价格下滑和出口量增长缓慢的状态。在宏观经济改善的背景下，拉美国家的财政政策以稳健为目标，增收节流成为多国的政策选择。

就基础建设领域而言，拉美地区已经经历了两轮基础设施建设高峰期，第一轮是 19 世纪中后期至 20 世纪初叶以铁路建设为代表的基础设施建设，第二轮是 20 世纪 50—70 年代以公路建设为代表的基础设施建设。目前，随着拉美地区基础设施一体化进程的加速推进，拉美地区正在掀起第三轮基础设施建设高峰，如图 6-12 所示。

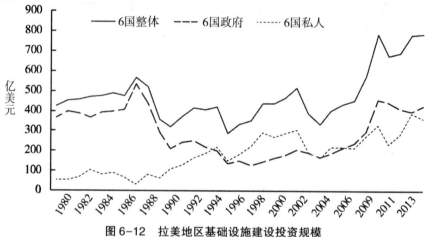

图 6-12　拉美地区基础设施建设投资规模
（6 国指阿根廷、巴西、智利、哥伦比亚、墨西哥和秘鲁）

交通、电力、通信是拉美地区基础设施一体化的三大重点领域，以南美洲基础设施一体化倡议（Iniciativa para la Integración de la Infraestructura Regional Suramericana，IIRSA）、中美洲一体化和发展项目（Proyecto de Integracióny Desarrollo de Mesoamérica，PM）为代表的拉美地区基础设施一体化进程加速推进，开始进入项目建设和项目竣工高峰期。前者于 2000 年开始实施，包括南美地区的 12 个国家，即阿根廷、玻利维亚、巴西、智利、哥伦比亚、厄瓜多尔、圭亚那、巴拉圭、秘鲁、苏里南、乌拉圭、委内瑞拉。后者于 2008 年开始实施，包括 10 个国家，即伯利兹、哥伦比亚、哥斯达黎加、多米尼加、萨尔瓦多、洪都拉斯、危地马拉、墨西哥、巴拿马和尼加拉瓜。两大倡议涉及的 21 个国家，其国土面积合计约 1987 万 km^2，约占拉美地区的 99%；人口约 6.0 亿人（2015 年），约占拉美地区的 95%；国内生产总值（2016 年估计数，按美元现价计）约 49376 亿美元，约占拉美地区的 99%。

从拉美基础设施领域的历史发展看，以商品价格为基础的经济波动、政府的能力和作为以及私人部门的参与既是其背后的重要驱动因素，同时也是投资者面临的主要风险。PPP 模式是拉美地区实施基础设施建设的重要方式，当前市场上已存在众多来自区域内外的投资者，反映出拉美地区基础设施投资的吸引力。然而，拉美各国政府掌控 PPP 模式的能力差异以及对基础设施投资多元化目标的追求，也使得拉美基建市场呈现出较大复杂性。

在 1987 年以前，拉美国家的基础设施建设主要采用传统的政府投资模式，随着国家经济实力的衰退，到 20 世纪 90 年代初期，拉美国家政府开始将眼光投向 PPP 模式，逐渐开展试点建设。到了 1996 年，拉美地区的私有化改革吸引了大量的社会资本，在 1996—2002 年间 PPP 投资规模大幅上升，并在 1997 年达到顶峰。其后虽有波动，但项目总体数量仍保持在 300 个左右，如图 6-13 所示。

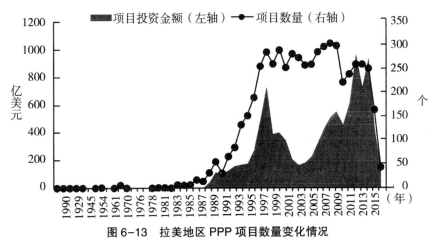

图 6-13　拉美地区 PPP 项目数量变化情况

对于 PPP 项目来说，政府能力的影响是至关重要的，同时金融环境也具有较大影响。经济学人智库（EIU）同样对拉美地区的 PPP 投资能力指数进行了评估。拉美各国 PPP 模式的执行能力分化明显：智利、秘鲁、巴西、墨西哥和哥伦比亚排名靠前，多米尼加、尼加拉瓜、厄瓜多尔、阿根廷和委内瑞拉排名靠后。从 PPP 操作成熟程度得分来看，巴西和智利得分明显领先，意味着这两国政府对于 PPP 模式的掌控和运作能力较强；排名紧随其后的是秘鲁、哥伦比亚和乌拉圭，尼加拉瓜、特立尼达和多巴哥、阿根廷等国家在该项得分上比较靠后。

6.5.2 典型分析——墨西哥

墨西哥是拉美地区使用 PPP 模式较为积极的国家，自 1990 年起，已有近

20 年的发展历史，在项目管理方面经验较为丰富。按照世界银行 PPI 的统计，共有 352 项目公私合作项目落地，在全球 PPP 应用国家排在前列。

总体来看，墨西哥在各年份 PPP 立项数量方面变化并不显著，除少数年份出现极端值（2013 年有 25 项，1997 年也有 22 项），多数情况下，保持在年均 18 项的常规水平。表明墨西哥在 PPP 应用方面总体较为平稳，行业关注度并没有出现较大波动，如图 6-14 所示。

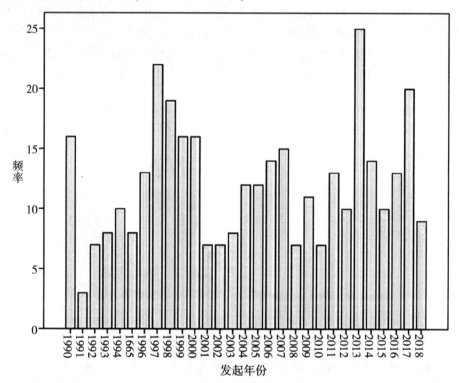

图 6-14 墨西哥 PPP 项目发起年分布情况

与世界平均水平相比较，墨西哥的平均投资额度更高，达到 255.85 百万美元/项目，在标准差基本一致的情况下，均值显著高于世界水平（124.41 百万美元/项目），见表 6-5。

表 6-5 墨西哥 PPP 项目投资额基本情况　　　　单位：百万美元

指标	数值	指标	数值
总样本	352	标准差	380.96
有效样本	333	方差	145132.74
缺失样本	19	偏度	4.58

指标	数值	指标	数值
均值	255.85	峰度	0.13
中位数值		极大值	4167.00
众数值	120.00	极小值	0.30

墨西哥 PPP 项目多集中在能源和交通运输行业，占项目总量的比例分别为 36.93% 和 42.90%，累计占比达到 79.8%。其中交通运输行业的比重远高于世界平均水平（20.38%），表明墨西哥在交通运输方面更青睐使用 PPP 模式进行融资和管理，这与墨西哥的交通建设偏好关系密切。

墨西哥全国公路通车里程约 370000km，公路是国家交通系统的主干内容，也是国内居民交通出行方式的首选，满足了全国 1.2 亿居民出行。公路交通承担了 98% 的客流量和 70% 的货流量。全国公路网中大约有 50000km 由联邦政府交通管理局负责（The Secretariat of Communications and Transportation，SCT），此外，SCT 还负责 82 条收费公路以及 45 条收费大桥，大约有 7000km 的通车里程。

墨西哥的收费公路通常都较为陈旧，最早的一条是从墨西哥城（Mexico City）到库埃纳瓦卡（Cuernavaca），从 1952 年开始投入使用，全程 80km。由此开始，墨西哥的收费公路网络不断扩张、延伸，到了 19 世纪 80 年代，全国收费公路网络达到近 1000km，多数都是围绕在墨西哥城周边。这些公路都是由联邦收费路桥经营公司（Federal Toll Road and Bridge Revenue Corporation）负责建设和运营，属于国有性质。1989—1994 年间，联邦政府将 52 条公路的特许经营权授予私人企业经营，这些公路由私人投资并运营，总里程约 4500km，需要投资约 120 亿美元。由于设计过程中存在的部分缺陷，这些项目最终影响到了建设方以及融资方，到了 1994 墨西哥经济危机时期，这些公路陷入了巨大的危机之中。

随着经济危机的加深和影响的日益明显，政府尝试寻求一种全方位的解决方案，联邦交通管理局和财政与公共信用部组成联合部门，设计并规划了一个道路救援计划（Road Bailout）。按照规划内容，政府将接管 23 条公路，财政部门将提供 77 亿美元的银行贷款帮助政府实现稳定托管。该计划于 1997 年 8 月宣布，拟在两年内实施。

为了帮助该计划的实施，在 1995—2000 年间，政府成立了国家公共事务与服务银行（National Public Works and Services Bank），用以提高私人参与公共基础建设的积极性。在运营初期，社会资本对于这一信托基金兴趣并不大，主要是由于墨西哥国家的整体经济形势仍不明朗，但在这一计划实施的后期，仍然起到了一定的积极作用，推动了部分 PPP 项目的发展。

到了 2001—2012 年间，随着经济的逐渐复苏以及交通量的逐渐提升，收费公路的总体收益日渐增加。同时，国家的基础建设需求得到了释放，现代化的进程需要大量的资金投入。回顾过去，除了 1989—1994 年间，公路投资主要是由政府完成的，但是政府在诸如教育、医疗等方面的财政支出也较以往有大幅提升，财政能力捉襟见肘，对社会资本的渴望越来越强烈。为此，政府设计了一种新的特许经营模式，在借鉴过去经验的基础上允许私人部门重返交通开发领域。

总的来看，在 2007—2012 年间，墨西哥应用 PPP 模式的交通项目投资约57 亿美元，占同期道路投资总额的 21.3%。不过，这些投资中只约 40% 被分配给道路项目建设，其余资金主要用于维护联邦公路网、小容量道路建设和项目改善。在这些项目开发过程中，政府对社会资本给予了足够的重视，在同类项目的建设开发过程中，对国有资本和私人资本同行对待，吸引了大量的社会资本进入 PPP 领域，在 2003—2012 年间利用 PPP 模式兴建了 35 条高速公路，效果良好，见表 6-6。

表 6-6　墨西哥 2003—2012 年间高速公路建设项目 PPP 应用情况

项目	数量/个		里程/km		投资额/百万美元	
特许经营型（Concessions）	17		989.3		2523	
运营期		12		725.3		1575
建设期		5		264.0		948
长期服务协议（PPs）	7		557.8		1634	
运营期		4		238.8		271
建设期		3		319.0		1363
资产利用（Asset Utilization）	11		438.1		1166	
运营期		7		181.8		398
建设期		4		256.3		768
合计	35		1985.2		5323	

6.5.3 典型分析——巴西

与其他拉美国家相似，巴西在基础设施建设方面存在巨大的需求，而仅靠政府财政能力是无力完全满意的。尽管基建需求较大，但受限于近年来经济发展速度有所放缓，在基建方面的投资规模相对较低。以中国为例，基建投资规模为 GDP 总量的 40%，而在巴西，基地投资规模仅为 GDP 的 18%，在所有的发展中国家中几乎是最低的。据估计，要满足巴西每年 5% 的经济增长速度相应的建设需求，投资量至少要达到 GDP 的 24%。

巴西在 2011 年 GDP 增长率仅为 2.7%，而 2012 年更低，仅为 1.0%；到了 2013 年，略有提升，达到 2.5%。随后几年，经济状况更加恶化，在 2015—2016 年间，甚至分别达到-3.55% 和-3.47%；到了 2017 年，才回到增长的轨道上。根据世界经济论坛（World Economic Forum）的评估，巴西的基建水平在全球 148 个经济体中仅排名 114 位。将政府和社会资本统统考虑在内，巴西 GDP 中仅有 1.5% 流向基础设施建设，而同期世界的平均水平是 3.8%。多数的意见均认同巴西的内部潜力已经所剩无几，而预算也限制了政府在基建方面的投入能力，要实现基建发展，必须考虑如何利用好 PPP 这一工具，事实上巴西也是这样努力的。

根据世界银行的统计数据，巴西 PPI 项目数量居于全球第一位，达到 1798 项。从 1993 年开始第一个项目试点起，PPP 的应用数量迅速攀升，在 1997—2016 年近 20 年的时间里一直保持在 50 项以上的规模，平均每年立项近 70 项，如图 6-15 所示。

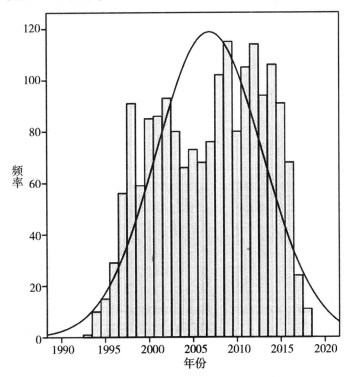

图6-15 巴西 1993—2018 年 PPP 立项数量

　　巴西 PPP 项目的投资规模与墨西哥、印度相当，低于加纳，但明显高于世界平均投资规模。不过值得注意的是，在投资额方面，巴西 PPP 项目的标准差更大，意即项目投资异质性较明显，有 1110 个项目的投资额是低于 100 百万美元的，比例达到 61.73%，如表 6-7 和图 6-16、图 6-17 所示。

表 6-7　巴西 PP 项目投资额基本情况　　　　　　单位：百万美元

指标	数值	指标	数值
总样本	1798	标准差	715.32
有效样本	1565	方差	511679.10
缺失样本	223	偏度	10.74
均值	247.34	峰度	164.63
中位数值	79.90	极大值	14800
众数值	1.80	极小值	0

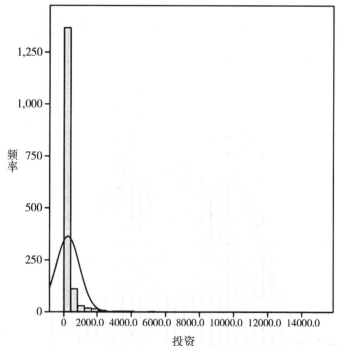

图 6-16　巴西 PPP 项目投资强度分布情况

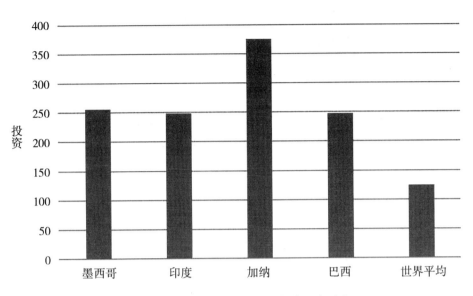

图 6-17　典型国家 PPP 平均投资强度对比

巴西 PPP 项目多集中在能源领域，占比达到 65.6%，远高于其他国家；其次为交通运输行业项目，占比为 23.0%。能源项目主要包括发电厂、输配电项目、天然气输送等，其中发电厂项目是在细分行业中占比最高的，占比达到 28.0%，其次为输配电工程，占比为 11.3%，如图 6-18 所示。

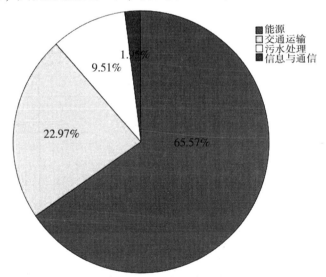

图 6-18　巴西 PPP 项目行业分布情况

巴西 PPP 行业的另一个特色是特许经营期普遍较长，均值达到 29.07 年，显著高于世界平均年限 26.71 年，较印度的均值高出近 5 年。巴西有超过六成的项目特许经营期设定为 30 年，在 225 个项目的特许经营期为 35 年，甚至有 21 个项目的经营期为 50 年（图 6-19）。这种超长经营期的约定方式与巴西经济压力较大有直接关系，但同时也考验巴西地方政府的信用以及政策的连续性。

巴西经过长期实践，初步建立起一套 PPP 相适应的法律法规体系。在相应的法律框架下，政府部门能够向社会资本做出长期承诺，比如为服务支付费用等。基于联邦法律，巴西中央政府和自治市可以结合实际情况制定更为详细的法律文件，但不得于联邦法律内容相违背。巴西 PPP 法律对项目合同条款进行两方面的约定：发起人特许条款和政府部门特许条款。前者约定社会投资方可以采用用户收费或财政支付两种方式获得回报；后者只允许政府根据绩效支付费用，不允许向用户直接收费。总的来说，巴西 PPP 法律体系是在吸收、借鉴国际上其他国家较为成熟的 PPP 模式基础上建立起来的，比如英国的 PFI 体系，因此在本地化方面仍有一段较长的路要走，而英国 PFI 转向 PF2，对于巴西的影响如何目前尚未可知。

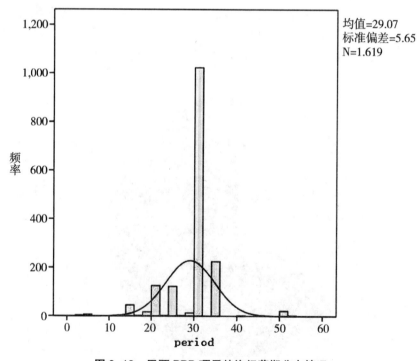

图 6-19 巴西 PPP 项目特许经营期分布情况

6.5.4 典型分析——哥伦比亚

对于拉美地区来说，PPP 的特色很大程度上受到多边投资基金（Multilateral Investment Fund，MIF）的左右。该组织通过技术支持、教育培训、财政支援等多种手段刺激私人资本参与国家建设，意在评估并促进拉美地区各方资本的合作，增进地区繁荣。其中，巴西和墨西哥是该组织较为重要的成员：巴西 PPP 落地项目超过 1000 项，而墨西哥也近 400 项；值得注意是，巴西的 PPP 专门法律仅有 2 项，而墨西哥则有 15 条相关的法律条文。在拉美诸国中，哥伦比亚也同样比较热衷于使用 PPP 模型开展基础设施建设。

哥伦比亚是 IIRSA 和 PM 两大倡议的成员国。作为相对成熟和发达的市场经济国家，哥伦比亚政府很久以前就放弃了在基础设施领域建设和投资的主导地位。政府对于国家省市交通干线，机场和港口等耗资巨大、建设难度大、运行维护专业要求高的大型基础设施项目，主要以政策支持、制度保障、资金配套等举措来引导和促进，由国家基础设施局（ANI）组织发起特许权招标或纯粹由私人发起特许经营项目（简称 PPP）。为保证为特殊经营项目提供稳定的、可持续发展的法律环境，哥伦比亚政府制定出台了一系列的关于保护外国投资、规范 PPP 项目运作的法律和制度。

2005 年 7 月 8 日，哥伦比亚议会通过了旨在为投资者在哥伦比亚投资提供稳定的法律环境的 2005 第 963 号法律。2012 年出台的第 1508 号法律，即《公私合作法》，简称 PPP 法。1993 年第 80 号法和 2007 年 1150 号法关于公共合同的招标签约流程及规则。经过 20 多年的发展，哥伦比亚 PPP 项目发展逐渐成熟，法律制度逐步完善，市场商业规则逐步健全，项目运作逐渐规范，形成了一套完善的项目运作规则和商业模式。

哥伦比亚大规模开展 PPP 建设的时间更早一些，在 1994 年的时候，立项数量已经达到 14 项，并在 1997 年达到高峰达到 25 项。此后虽有下降，但总体仍保持较为稳定的状态，除 2011-2012 年间略低一些，总体上保持在 10 项/年的应用规模，如图 6-20 所示。

比较有趣的是，哥伦比亚 PPP 的热潮与世界总体趋势相比，呈现出较为明显的"背道而驰"的态势。尤其是在 2011—2012 年间，哥伦比亚分别仅有 2 项和 3 项落地，形成一个明显的"低谷"。而此时，世界范围内的 PPP 项目总数分别为 592 项和 621 项，与前后一段时期相比，反而形成一个"高峰"，如图 6-21 所示。

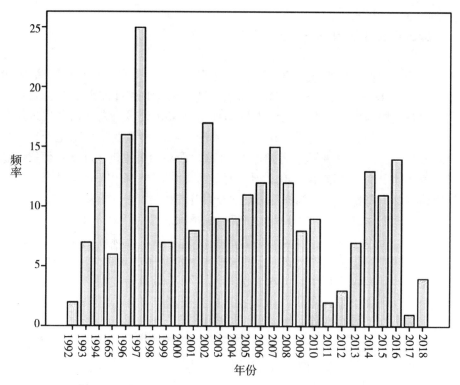

图 6-20 哥伦比亚 1992—2018 年 PPP 立项数量变化情况

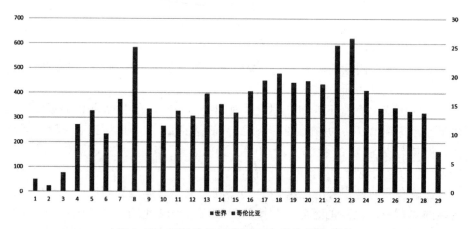

图 6-21 哥伦比亚与世界 PPP 投资趋势对比

究其原因，哥伦比亚在这一时期内经济出现小幅"过热"情况，政府采取了一定的调控措施：在 2011 年数次加息，至 2011 年末，哥伦比亚存款利率和贷款利率分别为 5.0% 和 12.0%，同比分别上升 1.5% 和 3.1%。2012 年，哥伦比亚经济又出现明显减速现象，央行已将货币政策的主要目标由控制信贷过快增长调整为刺激经济增长：继第 1 季度 2 次加息 25 个基点后，哥伦比亚央行在 2012 年下半年连续 4 次降息，使哥伦比亚基准利率由 5.25% 在年底降至 4.25% 的水平。年末哥伦比亚商业银行存款利率为 5.3%，同比上升 0.3%，贷款利率为 12.0%，与 2011 年末持平。这种政策上的反复，造成 PPP 项目投资随之波动。

和其他国家相比，哥伦比亚在污水处理方面表现较明显的偏好。能源项目占比（43.35%）低于世界平均水平（59.38%），交通运输项目（34.59%）和污水处理项目（21.80%）占比则均高于世界平均水平（分别为 23.08%、11.86%），如图 6-22 所示。

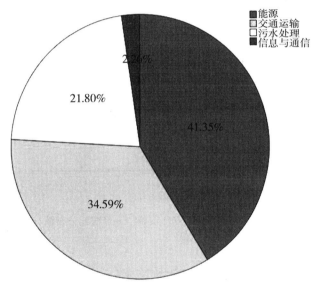

图 6-22　哥伦比亚 PPP 项目行业分布情况

哥伦比亚 PPP 项目的另一个特征是特许经营期普遍较短，平均为 21.94 年，显著低于世界 26.71 年的均值；与同为拉美的巴西相比，差异更为显著。在 166 个有效样本中，特许经营期为 20 年的占到 24.10%；特许经营期在 10 年以下的达到 7.8%，如图 6-23 所示。

这或许与哥伦比亚个别失败案例的经验教训有关。20 世纪 90 年代，为鼓励私人部门参与提供公共产品，哥伦比亚政府为多个机场和收费公路项目的收入提供担保，而在能源领域又与部分独立发电企业签订长期购电协议，承诺公用事业付款。到 2005 年，由于项目收入低于预期，哥伦比亚政府已经向私人部门支付了 20 亿美元。由于经营期较长，政府不得面对漫长的"担保之路"，财政不堪重负。哥伦比亚政府为促成 PPP 项目，强迫国有商业银行向收费公路项目提供融资，结果由于公路收益低于预期加上利率上升，政府被迫接管这些项目，承担了近百亿美元债务。

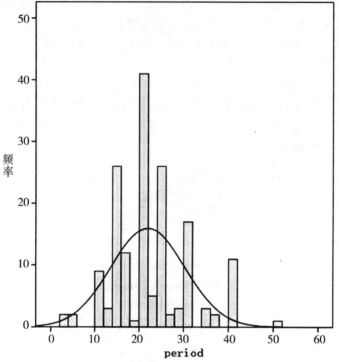

图 6-23　哥伦比亚 PPP 项目特许经营期分布情况

参考文献

［1］QiX，YiC，LiJ. The Improvement Measures of the Chinese PPP Project Decision-Making System Compared with Australia ［J］. Applied Mechanics and Materials，2014.

［2］Ojelabi R A，Fagbenle O I，Afolabi A O，etal. Appraising the Barriers to Public-Private Partnership as a Tool for Sustainable Development of Infrastructures in a Developing Economy ［J］. IOP Conference Series：Earth and Environmental Science，2018，146：012-016.

［3］Sastoque，LinaMaría，Arboleda C A ，Ponz J L. A Proposal for Risk Allocation in Social Infrastructure Projects Applying PPP in Colombia ［J］. Procedia Engineering，2016，145：1354-1361.

［4］ AkintoyeA，AzadA，Liyanage C L. PPP road projects in Bangladesh：Identi-fication and priotisation of risk ［J］. Delivering Value to the Community，2012.

［5］ Kwofie T E，AframS，BotchwayE. Critical success model for PPP public hous-ing delivery in Ghana ［J］. Built Environment Project & Asset Management，2015，6（1）：58-73.

［6］ Delhi V S K，MahalingamA，PalukuriS. Governance issues in BOT based PPP infrastructure projects in India ［J］. Built Environment Project & Asset Man-agement，2012，2（2）：234-249.

［7］ BingL，AkintoyeA，Hardcastle C. Critical success factors for PPP/PFI projects in the UK construction industry ［J］. Construction Management & E-conomics，2005，23（5）：459-471.

［8］ Gómez-ZaldívarM，Ventosa-SantaulàriaD，Wallace F H. The PPP hypothesis and structural breaks：the case of Mexico ［J］. Empirical Economics，2013，45（3）：1351-1359.

［9］ QiX，YiC，LiJ. The Problems in PPP Project Decision Process in China Com-paring with Singapore ［J］. Applied Mechanics and Materials，2013，357-360：2519-2523.

［10］ GordonC. The challenges of transport PPP´s in low-income developing coun-tries：A case study of Bangladesh ［J］. Social Science Electronic Publishing，2012，24（C）：296-301.

［11］ DengZ，SongS，ChenY. Private participation in infrastructure project and its impact on the project cost［J］. China Economic Review，2016，39：63-76.

［12］ Rui C M. Empirical Evidence of Unsolicited Proposals in PPP Arrangements：A Comparison of Brazil，Korea and the USA ［J］. Journal of Comparative Policy Analysis，2017（2）：1-16.

［13］ 叶芳. 多边开发银行参与基础设施项目投资空间分布的影响因素——基于世界银行 PPI 数据库的实证分析［J］. 财政研究，2017（10）：65-75.

［14］ 陈涛涛，徐润，金莹，等. 拉美基础设施投资环境和中国基建企业的投资能力与挑战 ［J］. 拉丁美洲研究，2017（03）：23-41+158-159.

［15］ 霍伟东，陈若愚，李行云. 制度质量、多边金融机构支持与 PPP 项目成效——来自非洲 PPP 项目数据的经验证据 ［J］. 经济与管理研究，2018，39（03）：52-64.

［16］ 倪香芹. 印度公私合作伙伴关系产生的背景、发展模式及其启示 ［J］. 南亚研究季刊，2017（02）：54-60+5.

附录1 2014—2016 年各地 PPP 政策文件清单

1. 河北省

市	发文单位	发文号	文件日期	文件名
	省政府	冀政〔2014〕115 号	2014/12/4	河北省人民政府关于深化政府性债务管理改革的意见
		冀政〔2014〕121 号	2014/12/12	河北省人民政府关于深化预算管理制度改革的意见
		冀政〔2014〕125 号	2014/12/17	河北省人民政府关于推广政府和社会资本合作（PPP）模式的实施意见
		冀政办发〔2015〕17 号	2015/5/28	河北省人民政府办公厅关于推行环境污染第三方治理的实施意见
		冀政发〔2015〕20 号	2015/5/28	河北省人民政府关于促进云计算创新发展培育信息产业新业态的实施意见
		冀政发〔2015〕32 号	2015/5/30	河北省人民政府关于创新重点领域投融资机制鼓励社会投资的实施意见
		冀政办发〔2015〕36 号	2015/11/19	河北省人民政府办公厅转发省财政厅省发展改革委人行石家庄中心支行关于在全省公共服务领域推广政府和社会资本合作模式实施意见的通知
	省发改委	冀发改投资〔2014〕1236 号	2014/8/28	河北省发改委关于向社会发布我省首批交通能源市政等领域鼓励民间投资项目清单的通知
		冀发改投资〔2014〕1810 号	2014/12/26	河北省发改委关于印发我省交通能源市政公共服务等领域鼓励社会投资项目清单（第二批）的通知
		冀发改投资〔2015〕487 号	2015/5/18	河北省发展和改革委员会关于全力做好政府和社会资本合作（PPP）模式推广工作的通知
	城建厅	冀建城〔2014〕64 号	2015/10/28	河北省住房和城乡建设厅关于加强城市地下管线建设管理工作的通知

续表

市	发文单位	发文号	文件日期	文件名
石家庄	市政府	石政办函〔2015〕45 号	2015/4/14	石家庄市人民政府办公厅关于落实河北省人民政府推广政府和社会资本合作（PPP）模式实施意见的通知
	市政府	石政发〔2015〕6 号	2015/4/28	石家庄市人民政府关于创新重点领域投融资机制鼓励社会投资的指导意见
	市政府	石政发〔2015〕10 号	2015/5/22	石家庄市人民政府关于印发石家庄市加快新能源汽车发展和推广应用实施意见的通知
邯郸	市政府	邯政办字〔2015〕83 号	2015/6/30	邯郸市人民政府办公厅关于推广政府和社会资本合作（PPP）模式的实施意见
	县政府		2015/6/30	肥乡县人民政府办公室关于推广政府和社会资本合作（PPP）模式的实施意见
唐山	市政府		2015/3/25	唐山市人民政府关于推广运用政府和社会资本合作（PPP）模式的实施意见（试行）
沧州	市政府		2015/8/6	沧州市人民政府关于推进政府和社会资本合作的实施意见

2. 北京市

发文单位	发文号	文件日期	文件名
市政府	京政发〔2015〕14 号	2015/3/20	北京市人民政府关于创新重点领域投融资机制鼓励社会投资的实施意见
市政府	京政发〔2015〕27 号	2015/5/29	北京市人民政府关于深化预算管理制度改革的实施意见
市政府	京政办发〔2015〕52 号	2015/11/3	北京市人民政府办公厅关于在公共服务领域推广政府和社会资本合作模式的实施意见
市政府	京政发〔2016〕29 号	2016/7/23	北京市人民政府关于推进供给侧结构性改革进一步做好民间投资工作的措施
市发改委	京发改规〔2014〕8 号	2014/12/5	北京市发展和改革委员会、北京市规划委员会、北京市国土资源局、北京市交通委员会关于印发鼓励社会资本参与机动车停车设施建设意见的通知

续表

发文单位	发文号	文件日期	文件名
市财政局	京财采购〔2015〕171 号	2015/2/9	北京市财政局关于转发《政府采购竞争性磋商采购方式管理暂行办法》的通知
市财政局	京财采购〔2015〕173 号	2015/2/9	北京市财政局关于转发《政府和社会资本合作项目政府采购管理办法》的通知
市财政局	京财经二〔2016〕2520 号	2016/11/23	北京市财政局北京市规划和国土资源管理委员会关于政府和社会资本合作（PPP）项目用地有关事项的通知
市财政局	京财经二〔2016〕1634 号	2016/4/27	北京市水务局北京市财政局关于印发《北京市水务行业政府和社会资本合作项目管理暂行办法》的通知
市财政局	京财经二〔2016〕510 号	2016/4/7	北京市财政局关于印发《北京市推广政府和社会资本合作（PPP）模式奖补资金管理办法》的通知

3. 天津市

发文单位	发文号	文件日期	文件名
市政府	津政发〔2015〕10 号	2015/5/21	天津市人民政府关于推进政府和社会资本合作的指导意见

4. 山西省

市	发文单位	发文号	文件日期	文件名
	省政府	晋政办发〔2015〕35 号	2015/4/27	山西省人民政府办公厅关于加快经济技术开发区转型升级创新发展的实施意见
	省政府	晋政办发〔2015〕108 号	2015/11/6	山西省人民政府办公厅关于推进城市地下综合管廊建设的实施意见
	省政府	晋政办发〔2016〕35 号	2016/4/15	山西省人民政府办公厅关于加快推进政府和社会资本合作的若干政策措施
大同	市政府	同政办发〔2016〕96 号	2016/7/20	关于印发大同市推广运用政府和社会资本合作（+PPP）模式实施方案的通知

续表

市	发文单位	发文号	文件日期	文件名
晋城	市政府	晋市政发〔2015〕13 号	2015/6/4	晋城市人民政府关于开展政府和社会资本合作工作的实施意见
	市政府	晋市政发〔2015〕24 号	2015/10/8	晋城市人民政府关于推进政府和社会资本合作投融资模式改革的实施方案

5. 内蒙古自治区

市	发文单位	发文号	文件日期	文件名
	自治区	内政发〔2013〕7 号	2013/1/26	自治区医改办关于进一步鼓励和引导社会资本举办医疗机构实施意见的通知
		内政办发〔2015〕3 号	2015/1/7	内蒙古自治区人民政府办公厅关于加强城市地下管线规划建设管理的实施意见
		内政发〔2015〕14 号	2015/1/21	内蒙古自治区人民政府关于促进健康服务业发展的实施意见
		内政发〔2015〕16 号	2015/1/21	内蒙古自治区人民政府关于加强地方政府性债务管理的实施意见
		内政发〔2015〕56 号	2015/5/15	内蒙古自治区人民政府关于金融支持自治区重点工作重点项目建设的指导意见
		内政发〔2015〕58 号	2015/5/22	内蒙古自治区人民政府关于进一步促进房地产市场平稳健康发展的若干意见
		内政发〔2015〕62 号	2015/6/4	内蒙古自治区人民政府关于进一步强化稳增长促改革调结构惠民生政策措施的意见
		内政发〔2015〕70 号	2015/6/30	内蒙古自治区人民政府关于公共服务领域推广政府和社会资本合作模式的实施意见
	市政府	呼政字〔2017〕92 号	2017/4/26	呼伦贝尔市人民政府关于进一步加快推进政府和社会资本合作（PPP）模式的实施意见

6. 黑龙江省

市	发文单位	发文号	文件日期	文件名
	省政府	黑政发〔2015〕4 号	2015/2/2	黑龙江省人民政府关于深化预算管理制度改革的实施意见
		黑政发〔2015〕8 号	2015/3/9	黑龙江省人民政府关于印发黑龙江省新型城镇化规划（2014—2020 年）的通知
		黑政发〔2015〕24 号	2015/8/21	黑龙江省人民政府关于加快发展体育产业促进体育消费的实施意见
		黑政发〔2015〕30 号	2015/6/20	黑龙江省人民政府办公厅关于建立黑龙江省推进政府和社会资本合作（PPP）联席会议制度的通知
		黑政办发〔2015〕9 号	2015/3/2	黑龙江省人民政府办公厅关于促进节能环保产业发展的意见
		黑政办发〔2015〕63 号	2015/10/16	黑龙江省人民政府办公厅关于转发省财政厅省发改委人民银行哈尔滨中心支行黑龙江省推广运用政府和社会资本合作（PPP）模式工作实施方案的通知
		黑政办综〔2016〕25 号	2016/9/9	黑龙江省人民政府办公厅关于切实做好政府和社会资本合作(PPP)有关工作的通知
哈尔滨	市政府	哈政发〔2015〕2 号	2015/2/28	哈尔滨市人民政府关于加快推进养老服务业发展的实施意见
黑河	市政府	黑市政办规〔2017〕17 号	2017/5/16	黑河市人民政府办公室关于印发黑河市人民政府与社会资本合作（PPP）项目财政支持基金管理办

7. 吉林省

市	发文单位	发文号	文件日期	文件名
	省政府	吉政办发〔2015〕6 号	2015/2/25	吉林省人民政府办公厅关于加快建立有利于生态文明建设投融资机制的实施意见
		吉政办发〔2015〕18 号	2015/4/30	吉林省人民政府办公厅关于实施定向精准调控稳定经济增长的若干意见
	省财政厅	吉财债〔2014〕158 号	2014/4/2	吉林省财政厅关于开展政府和社会资本合作（PPP）专题业务学习和培训的通知

续表

市	发文单位	发文号	文件日期	文件名
	省财政厅	吉财债〔2015〕86号	2015/2/11	吉林省财政厅关于推广运用政府和社会资本合作的实施意见
长春	市政府	长府发〔2014〕14号	2015/8/18	长春市人民政府关于加快养老服务业发展的实施意见
			2015/4/20	长春市政府和社会资本合作模式实施方案
通化	市政府	通市政办发〔2015〕5号	2015/3/16	通化市人民政府办公室关于印发政府和社会资本合作（PPP）工作方案的通知
白山	市政府	白山政办发〔2017〕12号	2017/5/19	白山市人民政府办公室关于印发白山市本级政府和社会资本合作（PPP）模式管理实施办法的通知

8. 辽宁省

市	发文单位	发文号	文件日期	文件名
	省政府	辽政办发〔2014〕46号	2014/10/2	辽宁省人民政府办公厅关于印发加快养老服务业发展若干政策的通知
		辽政发〔2015〕37号	2015/8/22	辽宁省人民政府关于推广运用政府和社会资本合作模式的实施意见
	省财政厅	辽财债〔2015〕474号	2015/7/28	辽宁省财政厅关于印发政府和社会资本合作项目库管理暂行办法的通知
		辽财债〔2015〕475号	2015/7/28	辽宁省财政厅关于印发政府和社会资本合作项目专家评审暂行办法的通知
沈阳	市政府	沈政发〔2015〕10号	2015/3/27	沈阳市人民政府关于加快发展养老服务业的实施意见
		沈政发〔2015〕14号	2015/4/3	沈阳市人民政府关于开展政府和社会资本合作试点的实施意见
		沈政办发〔2015〕14号	2015/4/3	沈阳市人民政府办公厅关于印发沈阳市2015年推进政府和社会资本合作工作方案的通知
鞍山	市政府	鞍政发〔2014〕28号	2014/12/8	鞍山市人民政府关于加快发展体育产业促进体育消费的实施意见

市	发文单位	发文号	文件日期	文件名
辽阳	市政府	辽市政办发〔2015〕6 号	2015/2/3	辽阳市人民政府办公室关于印发辽阳市政府和社会资本合作（PPP）工作方案的通知
		辽市政办发〔2015〕8 号	2015/2/12	辽阳市人民政府办公室关于印发辽阳市矿山生态修复示范工程实施方案的通知
葫芦岛	市政府	葫政办发〔2017〕90 号	2017/5/13	葫芦岛市人民政府办公室关于大力推进市 PPP 工作的通知

9. 山东省

市	发文单位	发文号	文件日期	文件名
	省政府	鲁政发〔2014〕13 号	2014/6/25	山东省人民政府关于贯彻落实国发〔2013〕36 号文件进一步加强城市基础设施建设的实施意见
		鲁政发〔2014〕20 号	2014/11/27	山东省人民政府关于深化预算管理制度改革的实施意见
		鲁政发〔2014〕23 号	2014/12/10	山东省人民政府关于贯彻国发〔2014〕43 号文件加强政府性债务管理的实施意见
		鲁政办发〔2015〕16 号	2015/4/16	山东省人民政府办公厅关于贯彻落实国办发〔2014〕27 号文件加强城市地下管线建设管理的实施意见
		鲁政发〔2015〕12 号	2015/5/27	山东省人民政府关于贯彻国发〔2014〕60 号文件创新重点领域投融资机制鼓励社会投资的实施意见
		鲁政发〔2015〕14 号	2015/6/4	山东省人民政府关于运用财政政策措施进一步推动全省经济转方式调结构稳增长的意见
		鲁政办发〔2015〕35 号	2015/8/20	山东省人民政府办公厅转发省财政厅省发展改革委人民银行济南分行关于在公共服务领域推广政府和社会资本合作模式的指导意见的通知
	省财政厅	鲁财预〔2015〕45 号	2015/7/30	山东省财政厅关于印发《山东省政府和社会资本合作（PPP）发展基金实施办法》的通知
	省住建厅	鲁财金〔2015〕28 号	2015/7/31	关于印发《山东省 2015 年政府和社会资本合作项目奖补资金管理办法》的通知
		鲁建城字〔2014〕67 号	2014/12/4	山东省住建厅关于做好城镇基础设施建设 PPP 试点项目推荐工作的通知

续表

市	发文单位	发文号	文件日期	文件名
济宁	市政府	济政发〔2014〕20 号	2014/9/26	济宁市人民政府关于进一步转变财政支持经济发展方式的意见
青岛	市发改委	青发改投资〔2014〕400 号	2014/12/27	青岛市发展和改革委员会关于印发鼓励和引导社会资本参与投资基础设施等领域项目实施方案的通知
东营	市政府	东政办字〔2015〕49 号	2015/8/12	东营市人民政府办公室关于成立东营市市级政府和社会资本合作（PPP）工作领导小组的通知
泰安	市政府	泰政发〔2015〕2 号	2015/1/21	山东泰安市人民政府关于印发泰安市政府投资项目管理暂行办法的通知
济南	市政府	济政发〔2015〕4 号	2015/2/15	济南市人民政府关于加快推进海绵城市建设工作的实施意见
淄博	市政府	淄政办发〔2015〕23 号	2015/10/21	淄博市人民政府办公厅关于印发淄博市市级政府和社会资本合作操作办法的通知

10. 江苏省

市	发文单位	发文号	文件日期	文件名
	省政府	苏政办发〔2014〕110 号	2014/12/25	江苏省政府办公厅关于加强城市地下管线建设管理的实施意见
		苏政发〔2015〕101 号	2015/9/5	江苏省政府关于在公共服务领域推广政府和社会资本合作模式的实施意见
	省财政厅	苏财金〔2014〕85 号	2014/12/12	江苏省财政厅关于推进政府与社会资本合作（PPP）模式有关问题的通知
		苏财金〔2015〕1 号	2015/1/11	江苏省财政厅关于政府和社会资本合作（PPP）示范项目实施有关问题的通知
		苏财规〔2015〕19 号	2015/7/10	江苏省 PPP 融资支持基金实施办法（试行）
	财政厅	苏财规〔2016〕25 号	2016/6/6	江苏省财政厅关于印发《政府和社会资本合作（PPP）项目奖补资金管理办法（试行）》的通知
扬州	市政府	扬府发〔2015〕5 号	2015/1/21	扬州市人民政府关于鼓励民间资本参与健康和养老服务项目建设和运营的意见

市	发文单位	发文号	文件日期	文件名
徐州	市政府	徐政发〔2015〕19号	2015/3/17	徐州市政府关于推进政府与社会资本合作（PPP）模式的实施意见（试行）
常州	市财政局	常财金〔2015〕1号	2015/2/11	常州市财政局关于印发常州市PPP试点工作实施方案的通知
	新北区党政办	常新委办〔2015〕67号	2015/7/3	常州市新北区党政办公室关于印发常州市新北区关于推进政府与社会资本合作（PPP）模式的实施意见（试行）的通知
镇江	市政府	镇政办发〔2015〕79号	2015/4/3	镇江市人民政府办公室关于加强城市地下管线建设管理的实施意见
		镇政办发〔2015〕196号	2015/10/23	镇江市人民政府办公室关于推进政府和社会资本合作（PPP）模式的工作意见（试行）

11. 安徽省

市	发文单位	发文号	文件日期	文件名
	省政府	皖政〔2014〕46号	2014/6/4	安徽省人民政府关于加强城市基础设施建设的实施意见
		无发文号	2014/9/1	安徽省城市基础设施领域PPP模式操作指南
		皖政〔2015〕40号	2015/4/13	安徽省人民政府关于贯彻国家依托黄金水道推动长江经济带发展战略的实施意见
		皖政办〔2015〕22号	2015/4/18	安徽省人民政府办公厅关于推行环境污染第三方治理的实施意见
		皖政〔2015〕56号	2015/5/20	安徽省人民政府关于充分发挥投资关键作用深入推进项目工作的意见
		皖政办〔2015〕51号	2015/9/28	安徽省人民政府办公厅转发省财政厅省发展改革委人行合肥中心支行关于在公共服务领域推广政府和社会资本合作模式实施意见的通知
		皖财金〔2014〕1828号	2015/12/29	安徽省财政厅关于推广运用政府和社会资本合作模式的意见
安庆	市政府	宜政秘〔2015〕20号	2015/3/9	安徽安庆市人民政府关于推广运用政府和社会资本合作模式的实施意见（试行）
滁州	市财政局省财政厅	财金〔2017〕1号	2014/10/8	关于印发《政府和社会资本合作（PPP）综合信息平台信息公开管理暂行办法》的通知

续表

市	发文单位	发文号	文件日期	文件名
铜陵	市政府	办〔2014〕127 号	2014/11/27	铜陵市人民政府办公室关于印发铜陵市推进城市基础设施 PPP 建设模式试点工作实施方案的通知
铜陵	市政府	办〔2017〕18 号	2017/3/6	铜陵市人民政府办公室转发市财政局关于进一步加强政府和社会资本合作（PPP）工作推进方案的通知
黄山	市政府	黄政办秘〔2015〕26 号	2015/5/8	黄山市人民政府办公厅关于推进城市基础设施 PPP 建设模式试点工作的实施意见
黄山	市政府	黄政办秘〔2015〕25 号	2015/9/8	黄山市人民政府关于进一步做好政府和社会资本合作（PPP）工作的通知
马鞍山	市政府	马政办秘〔2015〕140 号	2015/12/29	关于印发马鞍山市本级政府和社会资本合作模式（PPP）操作指南的通知
淮南	市政府	淮府办〔2016〕50 号	2016/7/14	淮南市人民政府办公室关于印发淮南市政府和社会资本合作模式（PPP）前期服务引导基金管理暂行办法的通知
阜阳	市政府	阜政办秘〔2016〕18 号	2016/3/1	关于印发阜阳市城市基础设施 PPP 建设模式试点工作实施方案的通知
宿州	市政府	宿政办秘〔2017〕9 号	2017/2/6	宿州市人民政府办公室关于推广政府和社会资本合作（PPP）模式的实施意见
淮北	市政府	淮政〔2015〕20 号	2015/5/28	淮北市人民政府关于推广运用政府和社会资本合作模式的实施意见（试行）
马鞍山	市政府	马政〔2014〕72 号	2014/10/31	马鞍山市人民政府关于加快发展养老服务业的实施意见

12. 上海市

发文单位	发文号	文件日期	文件名
市政府	沪府办发〔2015〕7 号	2015/1/31	上海市人民政府办公厅印发关于进一步深化本市政府采购改革创新实施意见的通知
	沪府办发〔2016〕37 号	2016/8/29	上海市推广政府和社会资本合作模式的实施意见

13. 浙江省

市	发文单位	发文号	文件日期	文件名
	省政府	浙政发〔2014〕16 号	2014/4/25	浙江省人民政府关于发展民办养老产业的若干意见
		浙政办发〔2014〕153 号	2014/12/23	浙江省人民政府关于切实做好鼓励社会资本参与建设运营示范项目工作的通知
		浙政办发〔2015〕9 号	2015/1/27	浙江省人民政府办公厅关于推广运用政府和社会资本合作模式的指导意见
		浙政办发〔2015〕42 号	2015/5/5	浙江省人民政府办公厅关于切实加强城镇污水处理工作的通知
	省财政厅	浙财金〔2015〕5 号	2015/2/10	浙江省财政厅关于推广运用政府和社会资本合作模式的实施意见
		浙财金〔2015〕32 号	2015/5/8	浙江省财政厅转发财政部关于印发《政府和社会资本合作项目财政承受能力论证指引》的通知
		浙财金〔2015〕99 号	2015/12/30	关于印发浙江省推广政府和社会资本合作模式综合奖补资金管理暂行办法的通知
	省财政厅	浙财建〔2016〕44 号	2016/4/15	浙江省财政厅关于印发浙江省基础设施投资（含 PPP）基金管理办法的通知
	省财政厅	浙财金〔2016〕13 号	2016/3/3	关于在公共服务领域推广政府和社会资本合作模式的实施意见
衢州	市政府	衢政发〔2014〕40 号	2014/6/30	衢州市人民政府关于加快发展养老服务业的实施意见
金华	市政府	金政办发〔2014〕102 号	2014/11/20	印发关于鼓励和引导社会资本参与市区基础设施建设实施方案的通知
丽水	市政府	丽政发〔2015〕4 号	2015/1/27	丽水市人民政府关于促进社会资本进入公共设施建设领域的实施意见（试行）
温州	市政府	温政发〔2015〕36 号	2015/6/4	温州市人民政府关于推广运用政府和社会资本合作模式的实施意见
绍兴	市政府	绍政办发〔2014〕134 号	2014/11/4	绍兴市人民政府办公室关于鼓励和引导民间资本进入养老服务业的实施意见
		绍政办发〔2015〕52 号	2015/7/10	绍兴市人民政府办公室关于推广运用政府和社会资本合作模式的实施意见

市	发文单位	发文号	文件日期	文件名
宁波	市政府	甬政发〔2014〕68 号	2014/7/24	宁波市人民政府关于进一步鼓励民间资本投资养老服务业的实施意见
		甬政办发〔2015〕114 号	2015/6/23	浙江宁波市人民政府办公厅关于推广运用政府和社会资本合作模式的指导意见（试行）

14. 江西省

市	发文单位	发文号	文件日期	文件名
	省政府	赣府厅发〔2014〕46 号	2014/9/26	江西省人民政府办公厅关于加强城镇地下管线建设管理的实施意见
		赣府发〔2014〕39 号	2014/11/23	江西省人民政府关于鼓励社会资本进入社会事业领域的意见
		赣府发〔2015〕25 号	2015/5/16	江西省人民政府关于开展政府和社会资本合作的实施意见
		赣府厅发〔2015〕51 号	2015/9/14	江西省人民政府办公厅转发省财政厅、省发改委、人行南昌中心支行关于在公共服务领域推广政府和社会资本合作模式实施意见的通知
	财政厅	赣财债〔2016〕93 号	2016/7/5	江西省财政厅关于印发《支持政府和社会资本合作模式发展专项奖励资金管理暂行办法》的通知
南昌	市政府	洪府发〔2015〕2 号	2015/1/29	南昌市《推广政府与社会资本合作（PPP）模式的实施意见（试行）》
新余	市政府	余府发〔2015〕10 号	2015/5/7	新余市人民政府关于开展政府和社会资本合作的意见
赣州	市政府	赣市府发〔2015〕24 号	2015/6/16	赣州市人民政府关于开展政府和社会资本合作的实施意见
赣州	市政府	赣市府办字〔2017〕73 号	2017/4/14	赣州市人民政府办公厅关于加快推进政府和社会资本合作（PPP）项目规范实施的通知
抚州	市政府	抚府办发〔2017〕11 号	2017/2/14	抚州市人民政府办公室关于印发抚州市本级政府和社会资本合作模式（PPP）项目基本操作流程（试行）
景德镇	市政府	景府办发〔2015〕26 号	2015/7/14	景德镇市人民政府办公室关于印发景德镇市推广政府与社会资本合作（PPP）模式实施意见的通知

市	发文单位	发文号	文件日期	文件名
吉安	市政府	吉府发〔2015〕13 号	2015/9/11	吉安市人民政府关于印发吉安市推行政府和社会资本合作实施意见（试行）的通知

15. 福建省

市	发文单位	发文号	文件日期	文件名
	省政府	闽政〔2014〕47 号	2014/9/6	福建省人民政府关于推广政府和社会资本合作（PPP）试点的指导意见
		闽政办〔2015〕69 号	2015/5/11	福建省人民政府办公厅关于推广政府和社会资本合作（PPP）试点扶持政策的意见
		闽政办〔2015〕137 号	2015/10/10	福建省人民政府办公厅贯彻落实国务院办公厅转发财政部发展改革委人民银行关于在公共服务领域推广政府和社会资本合作模式指导意见的通知
	省发改委	闽发改社会〔2015〕90 号	2015/3/2	福建省教育厅、福建省民政厅、福建省财政厅、福建省体育局关于印发福建省加快推进健康与养老服务工程建设行动计划（2015—2020 年）的通知
		闽发改数字〔2015〕661 号	2015/9/28	福建省发展和改革委员会关于印发数字福建公共平台开展政府和社会资本合作建设运营管理暂行办法的通知
三明	市政府	明政〔2015〕2 号	2015/1/24	福建三明市人民政府关于鼓励和引导社会资本参与基础设施等领域建设的实施意见
厦门	市政府	厦府〔2015〕64 号	2015/3/18	厦门市人民政府《关于厦门市推广运用政府和社会资本合作（PPP）模式实施方案的通知》
	市政府	厦府办〔2015〕172 号	2015/9/10	厦门市人民政府关于印发《厦门市推广运用政府和社会资本合作（PPP）模式实施方案》的通知
漳州	市政府	漳政办〔2015〕46 号	2015/3/17	漳州市人民政府办公室关于推进政府和社会资本合作（PPP）试点工作的通知
漳州	市政府	漳政办〔2016〕64 号	2016/12/02	漳州市人民政府办公室关于印发漳州市推进政府和社会资本合作（PPP）试点工作（修订）的通知

市	发文单位	发文号	文件日期	文件名
福州	市政府	榕政综〔2015〕262 号	2015/9/2	福州市人民政府关于印发福州市推进政府和社会资本合作实施意见的通知
福州	市政府	榕政办〔2016〕189 号	2016/10/6	福州市人民政府办公厅关于印发福州市政府和社会资本合作(PPP)项目管理办法的通知
南平	市政府	南政综〔2016〕58 号	2016/3/29	南平市人民政府关于印发南平市推广运用政府和社会资本合作(PPP)模式实施方案的通知
泉州	市政府	泉政文〔2015〕128 号	2015/10/13	泉州市人民政府关于推广运用政府和社会资本合作（PPP）模式的实施意见
宁德		宁政办〔2016〕62 号	2016/3/29	宁德市人民政府办公室关于对政府和社会资本合作（PPP）模式予以政策扶持的通知
龙岩	市政府	龙政综〔2015〕274 号	2015/10/16	龙岩市人民政府关于推广政府和社会资本合作（PPP）试点的实施意见

16. 河南省

市	发文单位	发文号	文件日期	文件名
	省政府	豫政〔2014〕89 号	2014/11/27	河南省人民政府关于推广运用政府和社会资本合作模式的指导意见
		豫政〔2015〕11 号	2015/2/15	河南省人民政府关于进一步加快推进铁路建设的意见
		豫政〔2014〕72 号	2014/9/19	关于进一步加强城镇基础设施建设管理工作的实施意见
		豫政〔2015〕14 号	2015/3/10	河南省人民政府关于创新重点领域投融资机制鼓励社会投资的实施意见
		豫政〔2015〕24 号	2015/4/29	河南省人民政府关于印发促进经济平稳健康发展若干政策措施的通知
		豫政办〔2011〕30 号	2011/4/11	河南省人民政府办公厅转发关于创新投融资机制鼓励引导社会资本投入教育领域意见的通知
		豫政办〔2014〕170 号	2014/12/4	河南省人民政府办公厅关于转发河南省政府存量债务清理甄别工作方案的通知
		豫政办〔2015〕9 号	2015/1/28	河南省人民政府办公厅关于促进政府投融资公司改革创新转型发展的指导意见
		豫政办〔2015〕57 号	2015/4/30	河南省人民政府办公厅关于印发财政支持稳增长若干政策措施的通知

续表

市	发文单位	发文号	文件日期	文件名
	省财政厅	豫财金〔2014〕74号	2014/2/23	河南省财政厅关于转发《财政部关于印发政府和社会资本合作模式操作指南（试行）的通知》的通知
		豫财金〔2015〕5号	2015/2/10	河南省财政厅关于转发《财政部关于规范政府和社会资本合作合同管理工作的通知》的通知
		豫财资合〔2015〕5号	2015/6/2	河南省财政厅关于印发河南省PPP开发性基金设立方案的通知
		无发文号	2016/2/17	河南省财政厅PPP项目库入库指南（试行）
洛阳	市政府	洛政〔2014〕51号	2014/8/11	洛阳市人民政府关于加快发展养老服务业的意见
驻马店	市政府	驻政〔2015〕3号	2015/1/9	驻马店市人民政府关于转发《河南省人民政府关于推广运用政府和社会资本合作模式的指导意见》的通知
驻马店	市政府	驻政〔2016〕104号	2016/11/21	驻马店市人民政府关于推广运用政府和社会资本合作（PPP）模式的实施意见
新乡	市政府	新政文〔2015〕31号	2015/3/19	河南新乡市人民政府关于推广运用政府和社会资本合作模式的通知
安阳	市政府	安政〔2015〕8号	2015/4/17	安阳市人民政府关于推广运用政府和社会资本合作模式的实施意见
安阳	市政府	安政办〔2015〕98号	2015/10/28	安阳市人民政府办公室关于印发安阳市政府和社会资本合作（PPP）项目推进工作方案的通知
许昌	市政府	许政办〔2015〕39号	2015/6/15	许昌市人民政府办公室关于印发许昌市推广运用政府与社会资本合作（PPP）模式实施意见（试行）的通知
开封	市政府	汴政办〔2017〕65号	2017/6/7	关于印发开封市政府和社会资本合作（PPP）保障性基金暂行管理办法的通知
濮阳	市政府	濮政〔2015〕25号	2015/5/7	河南濮阳市人民政府关于推广运用政府和社会资本合作模式的实施意见
鹤壁	市政府	鹤政〔2015〕16号	2015/5/8	鹤壁市人民政府关于推广运用政府和社会资本合作模式的实施意见
周口	市政府	周政〔2015〕27号	2015/5/12	周口市人民政府关于推广运用政府和社会资本合作模式的实施意见

续表

市	发文单位	发文号	文件日期	文件名
郑州	市政府	郑政〔2015〕28 号	2015/6/17	河南郑州市人民政府关于推广运用政府和社会资本合作（PPP）模式的实施意见
焦作	市政府	焦政〔2015〕17 号	2015/12/21	焦作市人民政府关于创新重点领域投融资机制鼓励社会投资的实施意见

17. 湖北省

市	发文单位	发文号	文件日期	文件名
	省政府	鄂政发〔2014〕46 号	2014/10/11	湖北省人民政府关于进一步加强城镇生活污水处理工作的意见
	省政府	鄂政发〔2015〕55 号	2015/8/16	湖北省人民政府关于在公共服务领域推广运用政府和社会资本合作模式的实施意见
咸宁	市政府	咸政办发〔2016〕44 号	2016/8/12	市人民政府办公室关于印发咸宁市政府和社会资本合作(PPP)项目实施办法的通知
宜昌	市政府	宜府办发〔2016〕41 号	2016/6/16	关于印发宜昌市 PPP 民生事业发展基金设立方案的通知
荆门	市政府	荆政发〔2015〕11 号	2015/5/8	荆门市人民政府关于推广政府和社会资本合作模式试点工作的意见
襄阳	市政府	襄政办发〔2015〕29 号	2015/7/10	襄阳市人民政府办公室关于印发《襄阳市推广运用政府和社会资本合作模式创新投融资改革的实施意见》的通知

18. 湖南省

市	发文单位	发文号	文件日期	文件名
	省政府	湘政办发〔2016〕94 号	2016/12/3	湖南省人民政府办公厅关于实施积极财政政策扩大有效投资推动调结构稳增长的意见
	省财政厅	湘财金〔2014〕49 号	2014/12/19	湖南省财政厅关于推广运用政府和社会资本合作模式的指导意见
	省财政厅	湘财金〔2014〕52 号	2014/12/19	湖南省财政厅关于全省政府和社会资本合作首批示范项目实施有关问题的通知
	省财政厅	湘财建〔2014〕110 号	2014/12/26	湖南省财政厅湖南省住房和城乡建设厅关于印发《湖南省"两供两治"设施建设财政贴息奖补资金管理办法》的通知

市	发文单位	发文号	文件日期	文件名
长沙	市政府	长政办发〔2014〕35 号	2014/11/4	长沙市政府性债务管理暂行办法
娄底	市政府	娄政办发〔2015〕36 号	2015/7/27	娄底市人民政府办公室关于印发《娄底市推进政府与社会资本合作（PPP）项目实施办法》的通知

19. 广东省

市	发文单位	发文号	文件日期	文件名
	省发改委	粤发改投资函〔2014〕4625 号	2014/12/8	广东省关于编报政府与社会资本合作（PPP）项目的通知
		粤发改投资函〔2015〕564 号	2015/2/6	广东省关于开展生态功能区公共服务设施建设领域政府和社会资本合作试点的通知
	省政府	粤府〔2015〕43 号	2015/4/15	广东省人民政府关于加强政府性债务管理的实施意见
		粤府办〔2015〕44 号	2015/7/15	广东省关于在公共服务领域推广政府和社会资本合作模式的实施意见
		粤府〔2016〕12 号	2016/2/6	广东省人民政府关于创新重点领域投融资机制鼓励社会投资的实施意见
惠州	市政府	惠府办〔2016〕27 号	2016/11/30	惠州市人民政府办公室关于印发《惠州市推广政府和社会资本合作（PPP）模式实施办法（试行）》的通知
东莞	市政府	东府办〔2015〕94 号	2015/9/10	关于在公共服务领域推广政府和社会资本合作模式的实施意见
珠海	市政府	珠府办〔2015〕21 号	2015/10/17	珠海市人民政府办公室转发市财政局市发展改革局人民银行珠海中心支行关于在公共服务领域推广政府和社会资本合作模式实施意见的通知

20. 广西壮族自治区

市	发文单位	发文号	文件日期	文件名
	自治区政府	桂政发〔2014〕73 号	2014/12/15	广西壮族自治区人民政府关于进一步加强政府性债务管理的意见
		桂政办发〔2014〕118 号	2014/12/25	广西壮族自治区人民政府办公厅印发关于加强城市基础设施建设实施方案的通知
		桂政办发〔2015〕65 号	2015/7/16	广西壮族自治区人民政府办公厅关于推广运用政府和社会资本合作模式增加公共产品供给的指导意见
	自治区财政厅	桂财综〔2015〕53 号	2015/8/18	广西壮族自治区财政厅、广西壮族自治区住房城乡建设厅、广西壮族自治区国土资源厅等关于印发广西壮族自治区公共租赁住房项目政府和社会资本合作模式试点方案的通知
		桂财金〔2015〕87 号	2015/12/2	关于在公共领域推广运用政府和社会资本合作模式的实施意见
贺州	市政府	贺政办发〔2015〕87 号	2015/7/7	贺州市推广运用政府和社会资本合作（PPP）模式实施方案（试行）
玉林	市政府	玉政办发〔2015〕45 号	2015/5/11	玉林市人民政府办公室关于推广运用政府和社会资本合作（PPP）模式的实施意见
河池	市政府	河政办发〔2016〕31 号	2016/8/15	河池市人民政府关于河池市推广运用政府和社会资本合作（PPP）模式的实施意见
贵港	市政府	贵政办发〔2016〕7 号	2016/4/5	贵港市人民政府办公室关于在公共领域推广运用政府和社会资本合作（PPP）模式的实施意见
来宾	市政府	来政办发〔2015〕103 号	2015/12/30	来宾市人民政府办公室关于来宾市政府与社会资本合作（PPP）模式的实施意见
钦州	市政府	钦政发〔2015〕28 号	2015/8/12	钦州市人民政府关于开展政府和社会资本合作的实施意见

21. 海南省

发文单位	发文号	文件日期	文件名
省政府	琼府办〔2015〕5 号	2015/1/29	海南省人民政府办公厅关于加强城市地下管线建设管理的实施意见
		2015/2/11	海南省关于编报政府与社会资本合作（PPP）项目的通知
	琼府〔2015〕95 号	2015/11/12	海南省人民政府关于鼓励在公共服务领域推广政府和社会资本合作模式的实施意见
省财政厅	财金〔2015〕158 号	2016/1/7	关于实施政府和社会资本合作项目以奖代补政策的通知
	财金〔2016〕32 号	2016/7/5	关于进一步共同做好政府和社会资本合作（PPP）有关工作的通知
	琼财债〔2016〕22 号	2016/7/5	海南省财政厅转发财政部关于印发 PPP 物有所值评价指引（试行）的通知
	琼财债〔2015〕1391 号	2015/9/6	海南省财政厅关于进一步做好政府和社会资本合作项目报送工作的通知
	琼财债〔2015〕196 号	2015/3/2	海南省财政厅《关于推广运用政府和社会资本合作模式的实施意见》
	琼财债〔2015〕759 号	2015/5/31	海南省财政厅关于印发政府和社会资本合作模式操作指南（试行）的通知

22. 贵州省

市	发文单位	发文号	文件日期	文件名
	省政府	无发文号	2007/11/23	贵州省市政公用事业特许经营管理条例
		无发文号	2015/6/23	贵州省政府办公厅关于推广政府和社会资本合作模式的实施意见
		黔府办发〔2015〕5 号	2015/1/28	贵州省人民政府办公厅关于支持社会力量发展养老服务业的政策措施
		黔府办发〔2015〕20 号	2015/5/4	贵州省人民政府办公厅关于加强城市地下管线建设管理的实施意见
		黔府办发〔2015〕25 号	2015/6/11	贵州省人民政府办公厅关于推广政府和社会资本合作模式的实施意见
		黔府发〔2015〕23 号	2015/6/7	贵州省人民政府关于加强政府性债务管理的实施意见（试行）

市	发文单位	发文号	文件日期	文件名
		黔府发〔2015〕25 号	2015/7/1	贵州省人民政府关于贵州省创新重点领域投融资机制鼓励社会投资的实施意见
	财政厅	黔财金〔2015〕68 号	2015/12/21	关于开展推选政府和社会资本合作示范县示范项目工作的通知
黔东南	市政府	黔东南府办发〔2015〕21 号	2015/5/15	州人民政府办公室关于印发黔东南州推广政府和社会资本合作(PPP)模式实施意见的通知
安顺	市政府	安府发〔2015〕7 号	2015/5/25	市政府关于印发安顺市推广政府与社会资本合作(PPP)模式的实施意见(暂行)的通知
六盘水	市政府	六盘水府办函〔2015〕58 号	2015/5/25	市人民政府办公室转发市财政局关于六盘水市推广政府和社会资本合作（PPP）模式实施意见的通知
六盘水	市政府	六盘水府办发〔2016〕17 号	2016/8/1	市人民政府办公室关于印发《关于推行市中心城区生活垃圾清运项目 PPP 模式的指导意见》的通知
遵义	市政府	遵府办发〔2016〕22 号	2016/3/30	市人民政府办公室关于印发《遵义市 PPP 投资引导基金设立方案》的通知
贵阳	市政府	筑府办发〔2014〕60 号	2014/11/17	贵阳市政府存量债务清理甄别工作方案

23. 四川省

市	发文单位	发文号	文件日期	文件名
		川府发〔2014〕15 号	2014/3/19	四川省人民政府关于加快推进危旧房棚户区改造工作的实施意见
		川府发〔2014〕52 号	2014/9/5	四川省人民政府关于加强城镇地下管线建设管理的意见
	省政府	川办函〔2014〕165 号	2014/11/7	四川省人民政府办公厅关于开展地方政府存量债务纳入预算管理清理甄别工作的通知
		川府发〔2015〕3 号	2015/1/9	四川省人民政府关于印发四川省政府性债务管理办法的通知
		川府发〔2015〕41 号	2015/7/28	四川省人民政府关于创新重点领域投融资机制鼓励社会投资的实施意见

市	发文单位	发文号	文件日期	文件名
		川府发〔2015〕45 号	2015/9/14	四川省人民政府关于在公共服务领域推广政府与社会资本合作模式的实施意见
	省财政厅	川财金〔2014〕85 号	2014/12/22	四川省财政厅关于支持推进政府与社会资本合作有关政策的通知
		川财金〔2014〕86 号	2014/12/22	四川省财政厅关于印发《四川省"政府与社会资本合作"项目管理办法(试行)》的通知
成都	市政府	成办函〔2014〕192 号	2014/11/20	成都市人民政府办公厅关于开展地方政府存量债务纳入预算管理清理甄别工作的通知
攀枝花	市政府	攀办函〔2014〕200 号	2014/11/25	四川攀枝花市关于印发《攀枝花市政府和社会资本合作(PPP)试点工作推进方案》的通知
广元	市政府	广府发〔2015〕1 号	2015/2/28	四川广元市人民政府关于开展政府和社会资本合作的意见
达州	市政府	达市府发〔2016〕15 号	2016/7/29	达州市人民政府关于印发达州市市级政府和社会资本合作（PPP）项目管理暂行办法的通知
自贡	市政府	自府办发〔2015〕19 号	2015/6/29	自贡市人民政府办公室印发关于推广政府和社会资本合作模式的指导意见的通知
乐山	市政府	乐府办发〔2015〕28 号	2015/7/9	乐山市人民政府办公室转发市财政局、市发改委关于推广运用政府和社会资本合作（PPP）模式的实施意见（试行）的通知

24. 重庆市

发文单位	发文号	文件日期	文件名
市政府	渝北府发〔2014〕40 号	2014/10/28	关于探索推进 PPP 投融资模式加快临空都市区建设的实施意见
	渝府发〔2015〕27 号	2015/5/7	重庆市人民政府关于创新重点领域投融资机制鼓励社会投资的实施意见
	渝府发〔2014〕38 号	2014/8/1	重庆市人民政府关于印发重庆市 PPP 投融资模式改革实施方案的通知案
市发改委	渝发改投〔2014〕1444 号	2014/12/23	重庆市发展和改革委员会关于印发 PPP 合作通行协议指导文本的通知

25. 云南省

市	发文单位	发文号	文件日期	文件名
	省政府	云政发〔2014〕73 号	2014/12/30	云南省人民政府关于印发云南省深化政府性债务管理体制改革等 3 个实施方案的通知
		云政办发〔2015〕76 号	2015/10/9	云南省人民政府办公厅转发省财政厅省发展改革委人民银行昆明中心支行关于在公共服务领域加快推进政府和社会资本合作模式实施意见的通知
昆明	市政府	昆政办〔2014〕45 号	2014/11/6	昆明市人民政府关于鼓励和引导社会资本参与基础设施等领域建设的实施意见
		昆政办〔2015〕135 号	2015/9/23	昆明市人民政府办公厅关于印发政府和社会资本合作工作文件的通知

26. 陕西省

市	发文单位	发文号	文件日期	文件名
	省政府	陕政办发〔2014〕114 号	2014/8/1	陕西省人民政府办公厅转发省住房城乡建设厅等部门关于鼓励社会资本参与城市基础设施建设意见的通知
		陕政办发〔2015〕81 号	2015/8/28	陕西省人民政府办公厅关于在公共服务领域推广政府和社会资本合作模式的实施意见
		陕政发〔2015〕10 号	2015/2/26	陕西省人民政府关于深化预算管理制度改革的实施意见
	省政府	陕发改经体〔2014〕688 号	2014/6/13	陕西省发展和改革委员会关于鼓励社会资本参与重点项目建设的通知
		陕发改经体〔2014〕1570 号	2014/12/18	陕西省发展和改革委员会关于转发《国家发展改革委关于开展政府和社会资本合作的指导意见》的通知
宝鸡	市政府	宝政发〔2015〕26 号	2015/10/19	宝鸡市人民政府关于加快推进政府和社会资本合作（PPP）项目工作的实施意见
铜川	市政府	铜政办发〔2016〕16 号	2016/4/20	铜川市人民政府办公室关于利用 PPP 模式推动易地扶贫搬迁和美丽乡村建设的意见

27. 宁夏省

市	发文单位	发文号	文件日期	文件名
	自治区政府	宁政办发〔2015〕51 号	2015/4/27	宁夏自治区人民政府办公厅转发自治区发展改革委关于加快推进实施国家和自治区重大工程建设意见的通知
		宁政办发〔2017〕96 号	2017/5/17	自治区人民政府办公厅关于进一步推进政府和社会资本合作模式（PPP）的实施意见
银川	市政府	银党办〔2015〕44 号	2015/5/13	银川市推广应用 PPP 模式实施方案
		银政办发〔2016〕26 号	2016/3/22	银川市人民政府办公厅关于推进 PPP 建设模式加快地下综合管廊建设的指导意见

28. 甘肃省

市	发文单位	发文号	文件日期	文件名
	省政府	甘政发〔2015〕23 号	2015/2/16	甘肃省人民政府关于创新重点领域投融资机制鼓励社会投资的实施意见
		甘政办发〔2017〕37 号	2017/3/3	甘肃省人民政府办公厅关于印发甘肃省政府和社会资本合作(PPP)项目工作导则的通知
		甘政发〔2016〕24 号	2016/2/28	甘肃省人民政府批转省财政厅等部门关于在公共服务领域推广政府和社会资本合作模式实施意见的通知
	省发改委	甘发改投资〔2015〕142 号	2015/2/13	甘肃省发展和改革委员会关于开展政府和社会资本合作的实施意见
	省卫计委	甘卫医政发〔2014〕486 号	2014/11/20	甘肃省卫生和计划生育委员会关于进一步加强县级医院服务能力建设的通知
武威	市政府		2017/3/23	武威市人民政府办公室关于进一步做好政府和社会资本合作（PPP）有关工作的通知
天水	市政府	天政发〔2015〕88 号	2015/8/21	天水市人民政府关于创新重点领域投融资机制鼓励推广政府和社会资本合作的实施意见

29. 青海省

发文单位	发文号	文件日期	文件名
省政府	青政〔2014〕41 号	2014/7/9	青海省人民政府关于加快推进城镇基础设施建设的意见
	青政〔2015〕40 号	2015/4/30	青海省人民政府关于深化政府性债务管理改革的意见
	青政〔2016〕43 号	2016/5/11	青海省人民政府关于在公共服务领域推广政府和社会资本合作模式的实施意见
	青政办〔2014〕173 号	2014/10/28	青海省人民政府办公厅关于印发加强城镇地下管线建设管理工作意见的通知
省财政厅	青财地金字（2014）1230 号	2014/8/4	青海省财政厅、青海省发展和改革委员会关于鼓励社会资本参与基础设施建设和运营有关问题的通知

30. 新疆维吾尔族自治区

市	发文单位	发文号	文件日期	文件名
	自治区政府	新政发〔2015〕12 号	2015/1/29	新疆维吾尔自治区人民政府关于加快城镇基础设施建设的实施意见
		新政办发〔2015〕127 号	2015/9/6	新疆维吾尔自治区人民政府办公厅关于在公共服务领域加快推行政府和社会资本合作模式的指导意见
吐鲁番	市政府	吐政办〔2016〕1 号	2016/1/6	关于印发《加快推进吐鲁番市 PPP 项目实施方案》的通知
乌鲁木齐	市政府	乌政办〔2015〕58 号	2015/3/31	新疆乌鲁木齐市《关于印发乌鲁木齐市推广政府与社会资本合作（PPP）模式指导意见的通知》

附录2 3-派系分析结果

派系	成员
1	clamccqitic cr11dw cr126 cr13g cr14dq cr19dw crcc crcc11 crcc12 crcc14 crcc16 crcc17 crcc18 crcc19 crcc20 crcc22 crcc23 crcc24 crcc25 crcctzcrcebgqdcjztjdqjdq
2	bjgdjsbjgdjsyybmecbmrbbucgcrcc crcc12 crcc14
3	biibjgdjscrcc
4	crcccrecgsztpcapital
5	crcccrrcgczzhncsmtrhnjcjthnjct
6	17mcc cisdizyjxjj
7	20mcc ncmcczyhf
8	22mcc 3mcc ccrfourth cr13g crsc
9	2mcc chinapppfydjbl
10	4jpowerchina ecidipowerchinatl
11	5mcc gzjjjtgzqlmcccetc
12	aaciccfjlcjsfjlhjz
13	actclub cscec8 ecitictrust
14	ahxfhfgxtldqdtgood
15	aige cscec53 nemdxkwater
16	amcaqfaqjmfdc
17	bewgcfyjslnjylkfzdjjzztsj
18	bhgk bjn3cc bjzjhhsinopharmfl
19	bjcchrtz cscec6 ifront
20	bjcjythebglgcwebgbtyuhuipc
21	bjrjckbuaajhkctz
22	bjzsshkjwanhaochinazqjsjt
23	bocommtrustshzytzhnyzcxyth

派系	成员
24	brdihbjttzztmbec
25	broadgreenglcgroupgludcstz
26	broadgreenglcgroupgluddttz
27	broadgreenqddkszgcshjzsy
28	cahslhnicpalmla
29	ccbfundwjcyzytzhfjtjthfgdjt
30	ccccltdcrbcintcscechcgrouppowerchinapowerchinalq
31	ccccltdcrbcintfheb
32	ccrfourthmcccetcnorthrain
33	cdadrigzjgjtscfygqtz
34	cdbfzjjcsceccscecxztzzjtrust
35	cerictmcczyjxjj
36	cisdicrfsdifecbsmedi
37	citicengiorientscapewhjxtz
38	citichbciticpeshsus
39	cmctctgsneb
40	cnhxcc cscec3 cscec6 ctmcctjpowerchinapowerchinatlzqjsjt
41	cnwgoriginwatersxkcsjsxtgbsy
42	cr17shtz crcc17 huahanwy
43	crbcint crcc12 creegcgzql
44	crbcintgansuhc gsgl3s gswhcc
45	crrcgceebfecbzczytzjjztmttzztshtz
46	crrcgctseebsipmptjgdjtzczytzjj
47	cscec cscec8 cscecdbsjxibeiyuan
48	cscec cscec5 xibeiyuan
49	cscec cscec4 csiil
50	cscecqhifundszmc
51	cscec cscec5 zgjsjt

派系	成员
52	cscec3 eciticamcwrg
53	czkzyky gd2hec szjqsyfz
54	discoveryescorccqgrruinachina
55	eetechfjsdgcfjwater
56	ehualuhlsenioryantaijinyu
57	fjwjgsqzyhcycyyqzzqjt
58	gsdyjsgsynsxxcyynyhglkj
59	gxhxcxlygxthjsjtgxzyxx
60	crcc20 gzpppfjsti
61	heyouchinajlzyyyyzqjsjt
62	hhsclhtzyxckj
63	hngtszylgcyngltzyngtjsjt
64	hnjyjstzscutadzzdyjz
65	htzysbcmccshouhonginvest
66	intercwaterxtjhjjjstzxtwscl
67	jshhjtshelectriczjgj
68	kmyflymlcxjaszga
69	mengcaozjjcssjtsjjszjyy
70	nxjttzjtnxlqsneb
71	powerchinalqjinfuzipedaily
72	sc11jzgs schuaxijstzscsj
73	sdhlylxjhbxytzxjrwhjghjsxjzstytz
74	shxijz sxjg12js sxjgjxsgjt
75	xibuzaixianxjafznkjxjssdz

附录3　UCINET 的基本操作与应用

1. 路径设定

UCINET 6 软件默认的路径为 C:/Program Files/Analytic Technologies/Ucinet 6/DataFiles，每次打开文件时均从该文件夹下读取，对于特定的工作夹建议修改默认路径，以方便快速打开文件。选择 File→Change Default Folders 菜单，再选择目标文件夹。

2. 数据录入

UCINET 数据录入方式有以下两种：

（1）直接导入。UCINET 可直接导入 TXT 文件或 Excel 文件，步骤如下：

1）导入前的文件需经整理，建议使用 Excel 保存原始数据，方便观察、对照和分析。

图1　UCINET 6 菜单栏

2）使用 Data Import Excel→DL-Type Formats 菜单，打开 DL 文件编辑器。选择 File→Open-Excel File，再选择目标文件。注意如果 Excel 中有多个 Sheet 文件，要选择你所需要的 Worksheet，如图2所示。

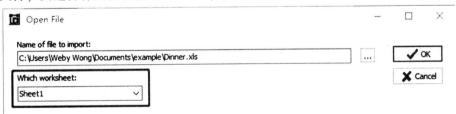

图2　导入 Excel 文件

3）结果如图3所示。选择所需要的数据格式并保存。

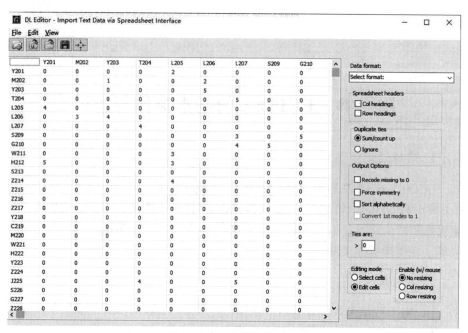

图 3 Excel 文件读取结果

（2）直接录入。可以在快捷菜单直接点击 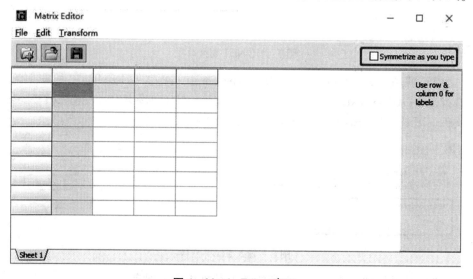 图标打开数据编辑器（Matrix Editor）；也可以从菜单 Data→Data Editor→Matrix Editor 中打开，Mabix Editor 窗口如图 4 所示。UCINET 还提供了另一种更为直观的数据录入方式。

图 4 Matrix Editor 窗口

可以在 Data Editor 菜单中选择 Spreadsheet Editor（obsolete），打开编辑窗口。在窗口中可以在 Matrix dimensions 中直接定义所需的行列数量，也可以直接定位当前活动单元格所处的位置（Current Cell），如图 5 所示。无论哪种方式，都可以直接将节点及节点间的邻接矩阵复制到窗口中，保存为 DL 文件即可使用。

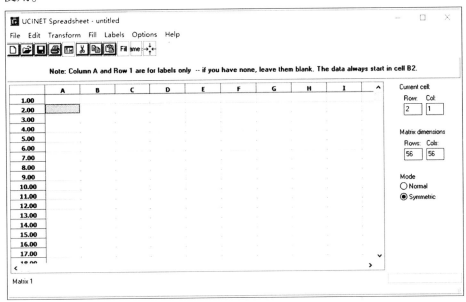

图 5 UCINET Spreadsheet 窗口

3. 数据处理

UCINET 的常用数据处理方式有以下几种：

（1）中心度分析。社会网络中个体分析常用的指标包括度数中心度、中间中心度和接近中心度。UCINET 提供了较为便捷的统计指标分析模块，可在菜单 Network→Centrality And Porwer 中选择 Multiple Centrality Measures，能够一次输出多种中心指标，方便统计分析使用，如图 6 所示。

（2）可视化处理。社会网络分析方法的特色在于能够将网络内复杂的节点关系通过简单、直白的可视化操作展现出来，方便分析者掌握节点地位以及节点关系。UCINET 集成 NetDraw 模块，可点击 图标直接调用，如图 7 所示。

图 6　中心度测度

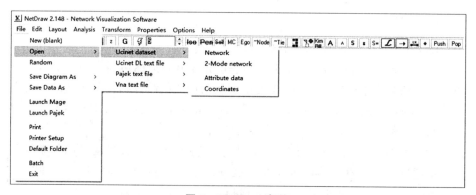

图 7　NetDraw 窗口

NetDraw 既可以对 1-模关系网络进行可视化处理，也可对 2-模关系网络进行分析，模块自动生成结果如图 8 所示。

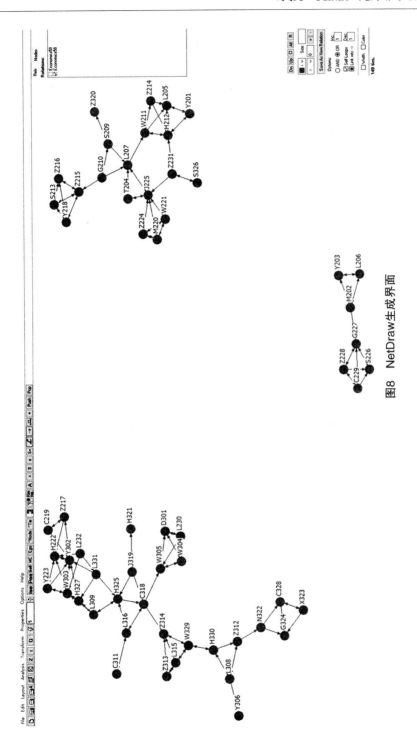

图8　NetDraw生成界面

对于初步结果可以进行进一步操作，如改变节点形状、节点颜色、标签大小等，可直接点击菜单快捷图标调用，如图 9 所示。

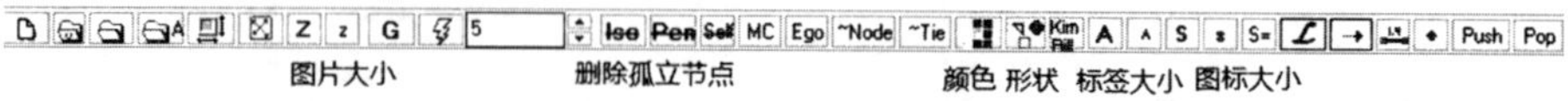

图9　常用的可视化操作

默认状态下的节点图标大小一致，并不能反映节点个体的差异，可以通过改变图标大小直观体现节点相关指标的大小。在菜单 Analysis→Centrality Measures 中，选择相应的指标定义节点大小（Node Size）。可供使用的指标包括接近中心度、Harmonic 中心（接近中心的替代算法）、中间中心度、特征向量、局部特征向量以及度数中心度。一般度数中心度较为常用，如图 10 所示。

结合使用节点形状、颜色等操作，可以使得结果更加丰富、可读。最终图片可在 Edit→Copy to Clipboard 中完成复制，直接粘贴到 Word 文档中。也可在 File→Save diagram as 中将图片保存到本地。结果如图 11 所示。

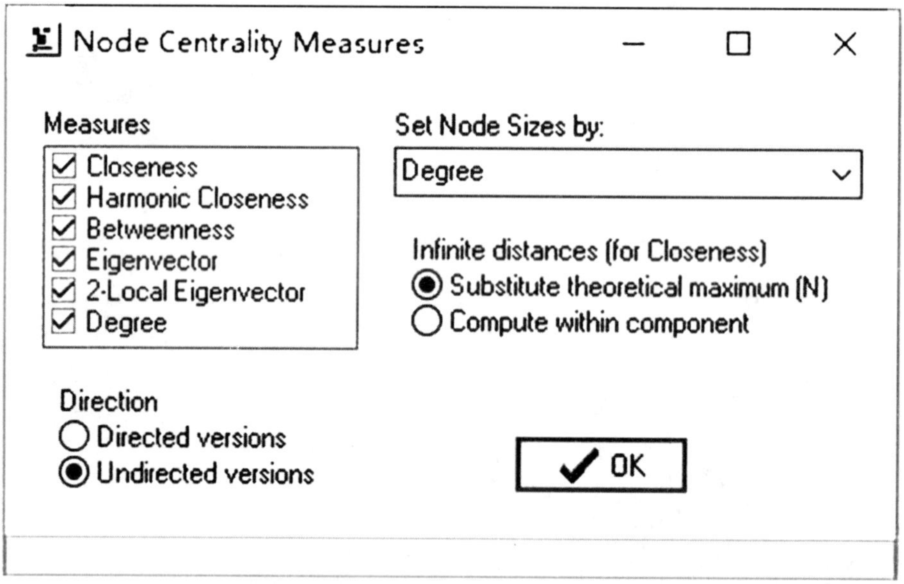

图10　节点大小的改变

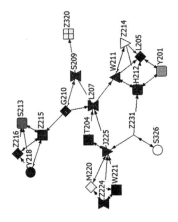

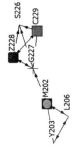

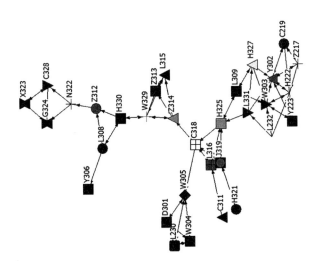

图11 可视化关系网络的修改